本书属于教育部人文社会科学研究项目·青年项目
"瞿秋白与左翼文学的中国化进程（1917–1942）"
（11YJC751021）的研究成果

瞿秋白

与左翼文学的中国化进程

Qu Qiubai and the Sinification of Left Wing Literature

傅修海◎著

人 民 出 版 社

序

程 光 炜

我是在早几年去郑州大学文学院参加研究生论文答辩的时候认识傅修海教授的。他一直从事中国左翼文学思潮及其现象的研究，而我虽然也偶尔阅读一下这方面的著述，例如艾晓明、程凯等人的著作，但因为始终没有在此领域下过工夫，所以我的知识储备和视野是很表面的。这次修海教授嘱我写序，自知完全不能胜任，但出于对这位青年学者辛勤工作的肯定，只能勉为其难地写几句话。

左翼文学是 20 世纪中国革命中衍生出来的重要现象，对中国现代文学史尤其是中国当代文学史地图的重绘，具有重大的影响。研究十七年文学，包括与之有关联的 80、90 年代文学的思潮、现象和作家作品，不能不注意到这个知识源头和知识结构。而在诸多历史线索上，瞿秋白显然是一个重要的关节点。他的政治身份，他与左翼文化的关系，他与鲁迅的交往，都不能不使他在那个特殊的历史场域中发生作用。因此，对他左翼文化事迹的整理和研究，就使这种作用在今天的学术视野里产生了还原，产生了修复和客观呈现的历史效果。正如作者明确指出的："显然，中国左翼文艺思想的源头，不能仅仅追溯到左翼文艺世界性高涨的 20 世纪 30 年代。五四文艺与左翼文艺都是五四时期思想资源的一部分，都只是共时性存在的西学接受引发的大潮之一。而讨论左翼文艺思想资源的成长史，讨论马克思主义如何成为中国文艺思想的基本资源，无论从革命政治角度还是从文艺思想史角度，左翼文艺运动的领导者、五四青年的先锋人物瞿秋白都是一个关节性人物。

其中,五四西学的接受与瞿秋白的关系无疑是一个恰切的突破口。"

当然,鉴于从事现代学术研究的人,都无法规避自己所处时代的复杂语境一样,我们对左翼文化和关键人物的历史认识,一旦开始推进的时候,理所当然地要受到它的限制。当我们展开问题讨论的时候,实际上所研究的问题,就一直这样那样地在限制我们的思考和分析框架。因此,某种意义上,我们的研究实际一定程度上具有反抗所研究的对象的崭新意义,我们的研究所产生的反抗力量的大小,决定了我们研究的走向、性质和学术含量。

没有反抗意识的学术研究,只能是一种犬儒式的历史研究。在读这本书稿的过程中,我注意到作者在有意识地摆脱研究成规,即那种来自研究对象本身的思想成规的限制,努力用自己的思考来重新校正和重建与研究对象之间的历史联系。其中,有不少亮点值得注意。

在本书即将出版之际,我愿意写出自己真实的想法与作者共勉。

2015 年 6 月 30 日

目　录

引　言

瞿秋白出身于没落的世家大族,乳名阿双,学名瞿双,中学后期改名为爽、霜,字秋白,此后以秋白字行世。他"从没落的封建家庭中叛逆出来,经由激进民主主义走向了共产主义"①,仅仅三十六个春秋。

然而,曾任中国共产党第二任"总书记"的瞿秋白,他作为中国左翼文学杰出的开山祖师的地位却是不容否认的:他是左翼文艺思想"从亭子间到延安"的飞跃点,"是有思想的……特别是在文化事业方面"(毛泽东语);他与鲁迅并称为"左翼文台两领导"(茅盾语)、"现代中国两大文艺思想家"(李何林语);他造就了与鲁迅的传奇友谊和中国左翼文学发展史上的"黄金三年"……如果要数两三人代表 20 世纪 20—40 年代左翼文学在中国文学思想史、文学理论史和文学批评史上的成就,则必有瞿秋白。

有鉴于此,确立"瞿秋白与中国左翼文学思想史"这一议题,只是藉瞿秋白文艺思想研究为切口,诠释他与中国左翼文学丰富而复杂的内在关联。事实上,这不仅是对一个中国现代文学史上著名作家、批评家和理论家的讨论,也是对中国共产党在中国现代文学与文化贡献上的总结,更是对中国文学和中国文化百年来现代变迁的洞察体味。这一讨论,起码有着如下四点理论意义和两个方面的实际应用价值:

一、四点理论意义

第一,革命传统的弘扬。瞿秋白是中国共产主义革命的早期领导人,现

---

① 杨尚昆:《在瞿秋白同志就义五十周年纪念会上的讲话》,《人民日报》1985 年 6 月 19 日。

1

代左翼文学开创期的悍将。本研究既是总结现代中国文艺思想的需要,也是对革命文学传统的弘扬。

第二,文学思想史的认识。瞿秋白是中国左翼文艺运动的集大成式人物,贯穿了整个前延安时期左翼文学的发展史。以文学思想史视野研究瞿秋白,有助于细致理解中国文学思想的现代转型和左翼转折,还原左翼文学问题的中国性、政治性和文化性。

第三,文学学术史的丰富。瞿秋白是左翼文论中国化进程的倡导者、组织者和实践者。考辨20世纪中外文论资源对瞿秋白的影响,有益于深入思考中国学术史的世纪曲折。

第四,左翼文学研究的创新。瞿秋白是文学家兼政治革命家,有必要结合文艺学、中国现代文学、文化研究和思想史研究等理论方法进行跨领域跨学科研究。这不仅是对瞿秋白讨论深度的突破,更是对中国左翼文学在研究模式及论点高度上的创新。

二、两方面的实际应用价值

第一,总结革命先驱瞿秋白的文学思想和文学贡献,考察中国共产党在文学政策和制度上的历史演变,既可弘扬革命文艺传统,增进对马克思主义的中国化、大众化进程的理解,也可以左翼文学的中国化进程研究为契机,深入体会中国现代文学与现代政治革命二者的血脉联系,理解中国文化百年现代化更新的艰难之所在和之所由。

第二,瞿秋白与左翼文学的中国化进程研究,这不仅是学术问题,更是现实问题,更与实现中华民族文化伟大复兴的时代要求密不可分。围绕瞿秋白这位革命先驱和左翼文学干将,进行包括中国现代文学的现代转型和左翼转折问题在内的集大成式整理、研究,对认清中国文学和文化在20世纪的现代性进程极有裨益,这必将为21世纪中华民族的伟大复兴,提供重要的思想资源与智力支持。

令人遗憾的是,众所周知,瞿秋白牺牲前后的命运几度浮沉,甚至曾被诬成"叛徒",相关研究也长期被视为学术禁区。直到1980年中央为其平反后,与其相关的研究工作才能逐渐展开。目前,国内外已有的研究成果常常体现在对他传奇经历、复杂历史和某一文学观点的关注,如:周永祥等的瞿秋白年谱家世整理工作,筚路蓝缕;王铁仙等致力的瞿秋白评传写作,粲然可观;[美国]保罗·皮科威兹、李何林讨论瞿秋白对马克思主义文论在中国传播的影响,启人深思;[斯洛伐克]玛利安·高利克、胡明注重瞿秋白某些文学观点的疏证,时有精见;[澳大利亚]Nick Knight 的瞿秋白典型性讨论,高屋建瓴。上述这些研究为我们认识瞿秋白的人生经历、文学观等提供了重要参照,但此类研究往往将瞿秋白僵化为书生革命家的简单形象,且多仅仅依靠《瞿秋白文集》的“文学编”取证,讨论又多从个别文学观念展开,将瞿秋白与中国左翼文学发展史进行整合讨论的并不多见,很少人能站在中国民族文学与文化在现代转型的处境中,去理解瞿秋白的文学活动和政治革命壮举,对瞿秋白与左翼文学中国化进程的思想史观照更是仍有待展开。

可见,本论题未来的研究趋势,正如杨胜群先生所言,“要把瞿秋白从事的文学工作同革命事业、同党的工作统一起来”[①],即要把瞿秋白研究与中国共产主义政治革命进程、中国文学文化的世纪命运、左翼文学的中国化进程结合起来。这就必须突破纯文学、纯文本框架,将瞿秋白置于 20 世纪宏阔的中国革命、中国文学和民族文化视野中讨论,必须将瞿秋白与中国左翼文学思想史进行整体观照。是故,本书将结合思想史、文化研究等理论,分析瞿秋白对域外文论和中国古代文论的扬弃,讨论他对左翼文学的中国化进程的贡献,廓清其文学观念、文学实践活动和文学思想形态,揭示他作为中国左翼文学思想史的飞跃点、中国民族文学和文化的世纪复兴与变革的探索者的历史意义。其间或有鄙陋粗疏之处,恳请海内外博雅方家不吝批评教诲。

---

① 杨胜群:《关于瞿秋白研究的意义和方法的几点看法》,《光明日报》2005 年 8 月 9 日第 7 版。

第 一 章

瞿秋白与中国左翼文学思想的发生

瞿秋白是从五四开始成长的中国早期的马克思主义文艺理论家。他的文艺思想变迁,不仅是理解中国五四文艺在中国现代历史语境里百折不挠、仆继潜行的突破口,更是梳理中国左翼文艺继五四之后何以成为新文学主流和正统这一问题的重要理路。

长期以来,人们对左翼文学发生的研究都不约而同地引用了丁守和先生的看法①,即将其溯源至马克思主义思潮的中国进入,并将此作为一种先定的、革命真理般的事实。于是,大量关于左翼文学的研究或直接切入 20世纪 30 年代"左联"时期,或以鲁迅左翼文艺思想的接受为发端,如张大明先生②、陈方竞先生的讨论③。对中国 30 年代左翼文艺形成前后思想资源的考究、对延安文学传统生成的前世今生等问题,更是长期缺少审慎深入的学术研究。甚至多采用以共产革命史的大判断,来淹没对左翼文艺思想资源接受与变迁的具体而微的讨论。

只见革命队伍,不见革命心灵;只有革命思想崇拜,没有文学趣味选择。这种情形,导致诸多现当代文艺思想史的研究,或者随波逐流,或者顾左右言他,最终流于以政治共识取代文艺思潮辨析。尽管在革命年代的文艺论

---

① 丁守和:《马克思主义在中国的传播及其对文学的影响》,见马良春:《中国现代文学思潮流派讨论集》,北京:人民文学出版社 1984 年版,第 175—208 页。

② 张大明:《不灭的火种——左翼文学论》,成都:四川文艺出版社 1992 年版。

③ 陈方竞:《中国现代文学批评发展中的左翼文艺理论资源》。全文分十个部分,第 1—5 部分刊于《鲁迅研究月刊》2006 年第 3、4、7 期,2007 年第 9 期,2008 年第 3 期;第 6—10 部分刊于《中国左翼文学国际学术研讨会论文集》(汕头大学文学院、新国学研究中心主编,汕头:汕头大学出版社 2006 年版,第 273—325 页。)

争语境里,任何话语和理论争鸣首先是为了现实利益(包括政治利益),学术推进并不是根本旨趣。然而,以目的功利为笼罩一切左翼文学研究的大前提,只能证明研究本身的循环论证和研究者心态的无可奈何。

显然,中国左翼文艺思想的源头,不能仅仅追溯到左翼文艺世界性高涨的 20 世纪 30 年代。五四文艺与左翼文艺都是五四时期思想资源的一部分,都只是共时性存在的西学接受引发的大潮之一。而讨论左翼文艺思想资源的成长史,讨论马克思主义如何成为中国文艺思想的基本资源,无论从革命政治角度还是从文艺思想史角度,左翼文艺运动的领导者、五四青年中的先锋人物瞿秋白都是一个关节性人物。其中,五四西学的接受与瞿秋白的关系无疑是一个恰切的突破口。

第一节　左翼先锋,还是五四典型

—— 以瞿秋白的五四时期的西学接受为中心

从五四时期瞿秋白对西学与新思潮的独特接受与其文艺思想变迁的关系,来讨论中国左翼文艺思想的发生,从而廓清延安后新文学传统的来龙去脉,也许将是救正左翼文艺思想研究界长期忽略五四这个新文学共同发生背景之弊病的尝试。而对五四时期西学接受与瞿秋白文艺思想变迁的关系讨论,除可体谅历史个体经验的独特性外,更可析见五四群体在西学潮流中不断分化的歧异效果,也可发现中国左翼文艺思潮发生现场之历史本然与现实应然。

一、外语学习为发端的西学接受

作为中国共产党一度的核心思想政治权威、中国左翼文艺运动的实质领导者,瞿秋白有着足够的资本和代表性成为延安新文艺传统发展史上的关节点。毛泽东在公开发布《延安文艺座谈会上的讲话》讲稿前,曾潜心研读瞿秋白文艺译著的集大成之作——《海上述林》①,这足以证明瞿秋白文

---

① 李又然:《毛主席——回忆录之一》,《新文学史料》1982 年第 2 期。

艺思想作为中国左翼文艺思想资源的原初意味。自瞿秋白之后,中国文艺才在形形色色的文艺思潮和纷纭复杂的异域现实观念中,最终皈依于马列主义的革命现实观,并生成以中国革命语境为依托的现实主义文艺思潮。

瞿秋白终其一生,都保有浓厚的古典文艺趣味。这种古典文艺趣味,自瞿秋白入读新式小学始就不断受到近代以来西学大潮的刺激。在初步的西学刺激下,瞿秋白的古典文艺趣味找到了对象化反思的机缘。这为其后来接受西学和新思潮、并渐而接受其中的现代文艺现实观,打下了情感和思想基础。

与诸多五四知识分子不同,瞿秋白的西学体验是因动物解剖课的刺激开始,从外语学习起步的。

1905 年,瞿秋白到刚刚建立的冠英小学堂(原为冠英义塾)读书。冠英小学堂此时已从私塾更为学堂,并聘请日本人教解剖小狗之类的博物课。然而,作为"新学"的动物解剖,没有唤起瞿秋白对自然科学的兴趣,反倒迅速激起了他对传统儒家良心世界的沉思①。瞿秋白的好奇与沉思,带有现代知识世界对传统伦理思想的反思意味。1909 年秋天,瞿秋白入读当时常州府中学堂。常州府中学堂盛行民族革命教育,学生也大多思想活跃,倾向于革命,瞿秋白在这里接受了包括英文、军事体操等现代教育。② 中学教育,加之此时困顿的家庭体验③,唤醒了瞿秋白对国家民族独立命运的思考,也蕴育着反抗思想。然而,瞿秋白当时的反抗只是选择逃避现实的"名士化",研究诗词古文、讨究经籍、诗文唱和④。中学时瞿秋白接受了较为系统的现代教育,但却"喜欢阅读课外的书籍、报刊,特别爱读哲学、历史和文学一类的书籍"⑤。瞿秋白说:"中国的旧书,十三经、二十四史、子书、笔记、

---

① 羊牧之:《我所知道的瞿秋白》。羊牧之先生回忆的一件事颇为耐人寻味:"记得一次放学回来,(瞿秋白)说:'教师作了解剖小狗的实验。'他兴致特高,在纸上向我讲心的位置,并低声说:'我母亲平常总对我说,为人心要放在当中。其实,没有一个人心在当中的,可见古人不了解心的位置'。"(《忆秋白》编辑小组编:《忆秋白》,北京:人民文学出版社 1981 年版,第 64 页)

② 周永祥:《瞿秋白年谱新编》,上海:学林出版社 1992 年版,第 10 页。

③ 王铁仙:《瞿秋白论稿》,上海:华东师范大学出版社 1984 年版,第 162 页。

④ 瞿秋白:《瞿秋白文集》(文学编)第 1 卷,北京:人民文学出版社 1985 年版,第 24 页。

⑤ 羊牧之:《我所知道的瞿秋白》,《党史资料》丛刊 1979 年第 1 辑。此处转引自周永祥:《瞿秋白年谱新编》,上海:学林出版社 1992 年版,第 17 页。

丛书、诗词曲等,我都看过一些"①,书中的"乱贼"、英雄好汉,给瞿秋白留下"最强烈的印象和记忆"②。

动物解剖、英文学习等初步西学刺激,使瞿秋白逆转到避世的"名士化"世界,却没有惊醒他另投实学③,也和同学张太雷一开始就选择现实的革命反抗不同。瞿秋白的独特,与家境身世相关,对古典文艺热爱与浸习之深也有重要影响。初步的西学刺激对瞿秋白的实际意义,仅在于发现了作为谋生之技的外语学习的时代趋势和现实性。当时学校开设外语课,无非为引入新学考虑。但对瞿秋白而言,外语除了可为谋生之技外,还是了解外国文学的通道。为此,1917年春瞿秋白母丧后投奔堂兄瞿纯白,首选考取武昌外国语学校习英语。然而,英语学习,并没有引导瞿秋白转向欧美寻求思想资源。且因该校师资落后、学费昂贵,瞿秋白再次辍学随表兄周均量一起研习佛学诗词,寻求慰藉。

终于,俄文专修馆稳住瞿秋白的人生与思想的漂泊状态,也将其受到的西学刺激引向深入接受,致使其古典趣味与现代观念相遇、碰撞,形成朴素的现实主义文艺思想。

1917年暮春,瞿秋白跟着堂兄瞿纯白到北京。和许多热爱文史诗词的年轻人一样,瞿秋白也曾到北大旁听学习,但最初选择的仍旧是听中文系陈独秀、胡适等先生的课程④,想"能够考进北大,研究中国文学,将来做教员度这一世"⑤,可见外语学习并非其真正爱好。后来,参加北京文官考试未果,1917年9月,瞿秋白还是选择习外语之技以谋生,进了北洋政府外交部设立的俄文专修馆习俄文,并自修英文、法文。也许是受堂哥启发,以外语谋生始终是瞿秋白生计首选。俄文专修馆里,瞿秋白一下子修习三门外语,

---

① 瞿秋白:《瞿秋白文集》(政治理论编)第7卷,北京:人民文学出版社1991年版,第713页。
② 瞿秋白:《瞿秋白文集》(文学编)第3卷,北京:人民文学出版社1989年版,第79页。
③ "实学",此处为"实体达用之学"意。具体参见葛荣晋主编:《中国实学思想史》,北京:首都师范大学出版社1994年版。
④ 《党史资料》丛刊(总第4辑):上海:上海人民出版社1980年版,第75页。
⑤ 瞿秋白:《多余的话》,《瞿秋白文集》(政治理论编)第7卷,北京:人民文学出版社1991年版,第695页。

既见其习技心切,也可看出他的语言天分和勤勉。俄文专修馆是"一个既不要学费又有'出身'"的学校①,可满足求学、生存与发展多种需要,但毕竟本意在于培养对俄外交译员。

俄文专修馆历史性改变了瞿秋白的命运,也成为其文艺思想现代转折的开端。当时俄文专修馆"用的俄文课本就是普希金、托尔斯泰、屠格涅夫、契诃夫等的作品"②。瞿秋白在此既可继续研究文学与哲学,又与正常学习并行不悖。身心暂时有所寄托,使他得以刻苦攻读,不仅生计有望,也有灵肉和谐的勉慰。事后,瞿秋白认为彼时是"最枯寂的生涯",无疑已被放大刻苦攻读的思想苦闷,而且有追溯革命逻辑的意味。瞿秋白说:"友朋的交际可以说绝对的断绝。北京城里新官僚'民国'的生活使我受一重大的痛苦激刺。厌世观的哲学思想随着我这三年研究哲学的程度而增高……渐渐的心灵现象起了变化。因研究国故感受兴趣,而有就今文学再生而为整理国故的志向;因研究佛学试解人生问题,而有就菩萨行而为佛教人间化的愿心。"瞿秋白认为这样"足以说明"他"当时孤独生活中的'二元的人生观'。一部分的生活经营我'世间的'责任,为自立生计的预备;一部分的生活努力于'出世间'的功德,做以文化救中国的功夫"③。

瞿秋白的判断,带有简单化的理性武断。但瞿秋白刻苦程度的确惊人,除了完成优异的外语功课外,"同时为哲学研究不辍,一天工作十一小时以上的刻苦生涯"。然而,他同时也说"当时一切社会生活都在我心灵之外。学俄文是为吃饭的,然而当时吃的饭是我堂阿哥的,不是我的。这寄生生涯,已经时时触动我社会问题的疑问——'人与人之关系的疑问'"。读书首先是为了吃饭,道理很朴实,和科举相比没有根本变易。但瞿秋白体认到"寄生生涯"的尴尬,并进而与"社会问题的疑问——'人与人之关系的疑问'"联系起来反省,转而对鄙弃此尴尬的"社会"——"厌世"代替了"避世"。于是,瞿秋白认定"菩萨行的人生观,无常的社会观渐渐指导我一条

---

①　瞿秋白:《多余的话》,《瞿秋白文集》(政治理论编)第 7 卷,北京:人民文学出版社 1991 年版,第 695 页。

②　郑振铎:《回忆早年的瞿秋白》,《文汇报》1949 年 7 月 18 日。

③　瞿秋白:《瞿秋白文集》(文学编)第 1 卷,北京:人民文学出版社 1985 年版,第 25 页。

光明的路"①。

俄文专修馆的学习,潜移默化地从语言到文学,又从文学而思想,一步步强化着瞿秋白的西学刺激。然而,瞿秋白此时更多为佛教哲学笼罩,西学思想冲击力远远小于佛教哲学。但通过俄国经典文学等教材,瞿秋白毕竟开始进入了俄国文学体验。从外语学习与文学译介得来的西学刺激,随着瞿秋白大量的翻译实践,产生"随风潜入夜,润物细无声"的影响,细腻而且无形,甚至比理性接受更加深入。托尔斯泰的"民粹主义"和"无政府主义",果戈理的批判现实主义、屠格涅夫的"民族情怀",不仅润泽着瞿秋白固有的古典趣味,而且渐渐启发他对现代文艺的思想认识。

当然,现代文艺思想方面的西学和新思潮接受,并非一开始就是瞿秋白的着意选择。瞿秋白回忆时也坦诚说:"这样,我就开始学俄文了(一九一七年夏),当时我并不知道俄国已经革命,也不知道俄国文学的伟大意义,不过当做将来谋一碗饭吃的本事罢了"②。瞿秋白的回忆无疑有点颓唐,但也较平实,道出了他当时选择学习俄文的初衷。

二、"现实"观的诞生与新思潮接受

瞿秋白古典文艺趣味的渐渐沉潜,尽管受到早年西学体验的刺激,但在五四之前却没有产生质变的机缘。质变时机,一直等到五四时期新思想的狂潮爆发,才使瞿秋白古典文艺的趣味主义,渐渐转向现代文艺的现实观。文学观从讲究趣味到转向现实关注,是瞿秋白从杂志里大量接受新思潮,并且在实践中批判吸收五四时期西学资源的结果。从浸淫于古典趣味到关注现代社会现实,这是五四时期瞿秋白文艺思想一大飞跃。

五四前夕的杂志阅读,使瞿秋白的思想起冲天大浪,摇荡不安。西学里的大量"主义",拓宽了瞿秋白对社会人生的理解和体会,使他渐渐将眼光从个人唯思出发的佛教唯识,进到在西学主义潮中进行对比、抉择。而在大

---

① 瞿秋白:《瞿秋白文集》(文学编)第 1 卷,北京:人民文学出版社 1985 年版,第 24—25 页。

② 瞿秋白:《多余的话》,《瞿秋白文集》(政治理论编)第 7 卷,北京:人民文学出版社 1991 年版,第 695 页。

量的西学主义潮中,十月革命并非是率先触动瞿秋白的"俄国经验"。

　　1917 年 11 月(俄历十月),俄国十月革命爆发。三天后,上海《国民日报》作了报道。但十月革命的意义,并没有立即引起国人的热烈关注。直到 1918 年夏,才有孙中山先生致电列宁祝贺。1918 年 7 月,李大钊发表《法俄革命之比较观》,明确指出十月革命"是立于社会主义上之革命",它"非独俄罗斯人心变动之显兆,实 20 世纪全世界人类普遍心理变动之显兆"[①]。陈独秀对十月革命意义的认识更迟。1919 年 4 月底,陈独秀才写文章表示欢迎[②]。共产革命第一批先驱尚且如此,瞿秋白的认识更为滞后,目前也没有资料显示瞿秋白对十月革命在当时有何认识。1917 年年底至1918 年年初,瞿秋白作旧体诗《雪意》,该诗的诗意格调看不出思想上有何突进,倒是恰切地体现他从"避世"到"厌世"的"颓唐气息"和"'忏悔的贵族'的心情"[③]。

　　与许多五四青年学生一样,瞿秋白集中地进行西学和新思潮的接受,是从对新杂志的大量阅读开始的。

　　1918 年,由于"看了许多新杂志,思想上似乎有相当的进展",瞿秋白"新的人生观正在形成"[④]。1918 年,是中国历史上的转折年头,更是激变思潮涌动的时刻,周策纵称"1918 年,为《新青年》的极盛时代,也是知识青年最激动的时期"[⑤]。配合着激变思潮的诞生,有一批重要杂志如《新青年》、《新潮》、《每周评论》也纷纷创刊。其中,对瞿秋白影响较大的起码有《新青年》和《新潮》。瞿秋白对五四前后中国社会思想变动情况的追忆,也可证实这一点:

－－－－－－－－－－

① 李大钊:《李大钊选集》,北京:人民文学出版社 1959 年版,第 102、104 页。

② 陈独秀:《二十世纪俄罗斯革命》,《每周评论》第 18 号,1919 年 4 月 20 日。

③ 1932 年 12 月瞿秋白重录《雪意》赠鲁迅时加的《跋语》,见《瞿秋白文集》(文学编)第2 卷,北京:人民文学出版社 1986 年版,第 359 页。

④ 瞿秋白:《多余的话》,见《瞿秋白文集》(政治理论编)第 7 卷,北京:人民文学出版社1991 年版,第 695 页。

⑤ 周策纵语。参见《〈新青年〉90 周年纪念:一本杂志和一个时代》,《国际先驱导报》2005 年 9 月 16 日。

> 五四运动陡然爆发……我们处于社会生活之中,还只知道社会中了无名毒症,不知道怎么样医治,——学生运动的意义是如此,——单由自己的体验,那不安的感觉再也藏不住了。有"变"的要求,就突然爆发,暂且先与社会以一震惊的激刺,——克鲁扑德金说:一次暴动胜于数千百万册书报。同时经八九年中国社会现象的反动,《新青年》《新潮》所表现的思潮变动,趁着学生运动中社会心理的倾向,起翻天的巨浪,摇荡全中国。①

通过阅读新杂志,瞿秋白开始参与社会问题思考。正是在阅读——思考——参与讨论的互动中,瞿秋白接受了克鲁扑德金(今译"克鲁泡特金")的无政府主义、社会主义等当时的各种思潮主义,包括储备了大量的西学知识。但毕竟也只是书面知识,庞杂的主义纠缠,未能让瞿秋白更加理性和冷静地思考社会。瞿秋白对西学和新思潮接受的辨析与抉择,要等到在学生运动和大量社会问题的参与讨论中完成。

在社会运动的实践检验中,瞿秋白成功地改造了自己的唯思、唯识的现实观,走向了社会改造的现实观。

1919年5月4日,五四运动爆发,大量的青年学生开始卷入了街头政治。此刻,五四时期涌入的纷纭复杂的主义思潮,新杂志阅读储备下来的西学知识,开始对瞿秋白生发了效应。因为"五四运动陡然爆发",瞿秋白被"卷入旋涡",他"孤寂的生活"被"打破了"②。在运动中,瞿秋白在实践中体验、反思了个中的诸多主义、理论和思潮,渐渐地倾向于改造社会的革命现实观。

1919年11月1日,瞿秋白和瞿菊农、郑振铎、耿济之等组织出版《新社会》旬刊。瞿秋白认为这是他的思想"第一次与社会生活接触"③。从阅读新杂志到亲自参与创办新杂志,瞿秋白的思想终于在西学新潮的冲击下,随着五四思想的滔滔激流历史性地拐了弯。瞿秋白先是觉得"菩萨行的人生

---

① 瞿秋白:《瞿秋白文集》(文学编)第1卷,北京:人民文学出版社1985年版,第25页。
② 瞿秋白:《瞿秋白文集》(文学编)第1卷,北京:人民文学出版社1985年版,第25页。
③ 瞿秋白:《瞿秋白文集》(文学编)第1卷,北京:人民文学出版社1985年版,第26页。

观,无常的社会观渐渐指导我一光明的路";继而由于"思想第一次与社会生活接触"和"学生运动中所受的一番社会的教训","更明白'社会'的意义",于是参与常常引起他"无限的兴味"的"社会主义的讨论";接着他"以研究哲学的积习,根本疑及当时社会思想的'思想方法'",并在北京社会实进会的支持下和朋友们合办《新社会》旬刊,探讨"新社会"。但1920年5月1日,刊物"被警察厅封闭了"。此时五四运动落潮,"在也象俄国新思想运动中的烦闷时代似的,'烦闷究竟是什么?不知道'"的思想苦闷中,原《新社会》的同人们继而组织《人道》(Humanity)月刊,"要求社会问题唯心的解决"①。

从入北京到五四运动之前的三年,是瞿秋白"最枯寂的生涯"②。而从"看了许多新杂志"、"新的人生观正在形成"③的1918年,到五四运动落潮后与同人们合办《人道》月刊的1920年,前后也恰是三年。前三年与后三年,从与社会隔绝到融入社会,瞿秋白的思想变化可谓波涛汹涌。以社会为思考出发点,瞿秋白第一次真正跳出了佛教哲学以人生为出发点的思维定势。这个思维跳板,正是五四前后新杂志里大量关于思潮主义的探讨和争论。当然,瞿秋白通外语,按理说其对西学的吸收应该较为深入,其实不然。瞿秋白自己回忆说:

> 然而究竟如俄国十九世纪四十年代的青年思想似的,模糊影响,隔着纱窗看晓雾,社会主义流派,社会主义意义都是纷乱,不十分清晰的。正如久壅的水闸,一旦开放,旁流杂出,虽是喷沫鸣溅,究不曾自定出流的方向。其时一般的社会思想大半都是如此。④

---

①　瞿秋白:《瞿秋白文集》(文学编)第1卷,北京:人民文学出版社1985年版,第25—27页。

②　瞿秋白:《瞿秋白文集》(文学编)第1卷,北京:人民文学出版社1985年版,第24页。

③　瞿秋白:《多余的话》,《瞿秋白文集》(政治理论编)第7卷,北京:人民文学出版社1991年版,第695页。

④　瞿秋白:《瞿秋白文集》(文学编)第1卷,北京:人民文学出版社1985年版,第26页。

尽管西学为瞿秋白思想渐变提供了"阿基米德支点（Archimedean point）"①，但也应对瞿秋白理解西学的深度保有一定限度感②。毕竟瞿秋白对西学的认识，主要从新杂志期刊的文章中获得，并没有系统深入研读，更没有人指导。但对西学理解的不彻底和不系统，并不影响瞿秋白思想获得激发，也不妨碍瞿秋白通过参与五四社会实践而获得思想上的升华。瞿秋白对西学的理解和把握，更多是在社会事件的亲身参与和思想争鸣中得到发展和深入。

1919 年 7 月 17 日，瞿秋白发表了第一篇政论文——《不签字后之办法》③。1919 年 12 月，瞿秋白主动投稿参与关于"爱国青年林德扬投水自杀"的社会讨论。④ 1920 年 1 月，瞿秋白参与"文学研究会"创建工作。⑤ 瞿秋白主动投稿参与讨论巴黎和会签字问题、爱国青年的社会自杀问题，可谓意味深长。前者显示了瞿秋白对社会问题深入的政治思考，颇有政治家眼光；而后者则表明瞿秋白思想上升到了社会视野的高度。

对此，周利生认为，"如果不抛弃'避世''厌世'的人生观，对于极具挚情爱心的瞿秋白来说，三年后不可能讨论起自杀问题。经受了五四的洗礼，于迎接新的思潮，怀着极大的热情；于改造旧的社会，充满胜利的信心。这就是当年的瞿秋白"⑥。五四对瞿秋白的改造巨大而深刻，从此瞿秋白终于可以堂而皇之地向"社会"追问命运悲苦的答案了。找到原因，对解决问题来说无疑是突破性的进展。况且，找到原因之后采取行动便成为正义之举。

---

① 古希腊科学家阿基米德发现了杠杆原理后曾说："给我一个支点，我就能撬动地球。"于是，后人以"阿基米德支点（Archimedean point）"指称一个能够把事实与理论统筹起来的关键点。

② 胡秋原：《瞿秋白论》，是胡秋原为姜新立《瞿秋白的悲剧》一书写的"序"。胡秋原不无贬低瞿秋白之意，但也有一定道理。姜新立：《瞿秋白的悲剧》，台北：幼狮文化事业公司1982 年版，第 1—34 页。

③ 瞿秋白：《不签字后之办法》，《晨报》1919 年 7 月 17 日。

④ 瞿秋白：《林德扬君为什么要自杀呢？》，《晨报》1919 年 12 月 3 日。

⑤ 参见郑振铎：《回忆早年的瞿秋白》，《文汇报》1949 年 7 月 18 日；王铁仙：《瞿秋白文学评传》，天津：百花文艺出版社 1987 年版，第 44 页。

⑥ 周利生：《从"避世""厌世"到"打起精神，往前干去"？——从〈新社会〉句刊解读瞿秋白的早期思想》，《常熟高专学报》2001 年第 3 期。

师出有名,事出有因,个人奋斗和前行也才有动力和目标。对瞿秋白而言,既然原因是"旧宗教,旧制度,旧思想的旧社会",那么动力和目标就是改造这些"旧"物。1919 年 12 月 1 日,瞿秋白就自杀问题呼吁"革新的时机到了"①,"要在旧宗教,旧制度,旧思想的旧社会里杀出一条血路,在这暮气沉沉的旧世界里放出万丈光焰"②。

西学,一方面导致瞿秋白思想转向,跳出大乘佛教哲学主导的思维定势,上升到社会视野的思想高度来探讨问题;另一方面,也影响着瞿秋白文艺思想的朴素现实主义走向。在 1919—1920 年这两年时间,瞿秋白翻译了下面 11 部(篇)作品③:

译文篇目	原作者	（翻译/发表）时间	刊载杂志	《瞿秋白文集》中的归类
《闲谈》(小说)	(俄)托尔斯泰注:《告妇女文》、《答论驳〈告妇女〉书》后附有"译者志"。	1919 年 9 月 15 日(刊)	《新中国》第 1 卷第 5 号	文学编,第 4 卷
《告妇女文》(论文节录)		1920 年 1 月 13 日(译)	《解放与改造》第 2 卷第 5 期。	政治理论编,第 8 卷
《答论驳〈告妇女〉书》(论文节录)		1920 年 3 月 1 日(刊)		
《祈祷》(小说)		1920 年 3 月 15 日(刊)	《新中国》第 2 卷第 3 号	文学编,第 4 卷
《论教育书》(书简论文)		1920 年 6 月 15 日(刊)	《新中国》第 2 卷第 6 期	政治理论编,第 8 卷
《俄国革命纪念》	(俄)托摩	1920 年 3 月刊	《曙光》第 1 卷第 6 号	政治理论编,第 8 卷
《仆御室》(剧本,后附有"译者志"。)	(俄)果戈理	1920 年 2 月 14 日(译)1920 年 2 月(刊)	《曙光》第 1 卷第 4 号	文学编,第 4 卷

①　瞿秋白:《革新的时机到了》,《新社会》1919 年第 3 号,1919 年 11 月 21 日。
②　瞿秋白:《自杀》,《新社会》1919 年第 5 号,"随感录"专栏。
③　据丁景唐、文操合编的《瞿秋白著译系年目录》和蔡国裕著的《瞿秋白政治思想研究》之《附录一:瞿秋白著译作品年表(一九一九——一九三四)》统计。丁景唐、文操合编:《瞿秋白著译系年目录》,上海:上海人民出版社 1959 年版。蔡国裕:《瞿秋白政治思想研究》,台湾"法务部调查局"印行 1984 年版。

续表

译文篇目	原作者	（翻译/发表）时间	刊载杂志	《瞿秋白文集》中的归类
《付过工钱之后》（小说，后附有"译者志"。）	（法）都德	1920 年 4 月 3 日（译） 1920 年 4 月 11 日（刊）	《新社会》旬刊第 17 期	文学编，第 4 卷
《马德志尼论"不死"书》（绪言、书信，前附有"译者志"。）	（意）马志尼	1920 年 2 月前（译） 1920 年 2 月（刊）	《曙光》第 1 卷第 4 号	本篇未入《瞿秋白文集》，而入《瞿秋白译文集》下卷（政治理论编）①。
《妇女》（小说，后附有"译者志"。）	（俄）果戈理	1920 年 10 月（译） 1920 年 11 月 1 日（刊）	（苏州）《妇女评论》月刊第 2 卷第 3 期	文学编，第 4 卷
《社会之社会化》（长篇政治论文，前附有"译者志"。）	（德）伯伯尔	1920 年 4 月 13 日（译） 1921 年 2—3 月（刊）	《改造》第 3 卷第 5—7 号	政治理论编，第 8 卷

这 11 部（篇）译作，文学类占 5 部（篇），其中俄国文学占 4 部（篇），托尔斯泰占 2 部（篇），果戈理占 2 部（篇）。1920 年 2 月 14 日，在果戈理的《仆御室》（剧本）译毕时，瞿秋白写了一段"译者志"：

> 现在中国实在很需要这一种文学。不过文学这门学问，有人说还未形成一种科学，更因国界言语的不同，环境的不同，所以翻译外国文实在还不能满足这一种需要。这是我个人的私见，我不是研究文学的，所说或者全是外行话，更希望现在研究文学诸君注意到这一层。②

1917 年年底 1918 年年初，瞿秋白还在写旧体诗《雪意》，大有自我伤怀

---

① 郑惠、瞿勃编：《瞿秋白译文集》，南京：译林出版社 1999 年版。《马德志尼论"不死"书》的归类见下卷"编后记"，第 605 页。

② 《仆御室》：瞿秋白译，《曙光》第 1 卷第 4 期，1920 年 2 月。

之感。而五四运动后的 1919 年 9 月,瞿秋白刊载了第一篇文学译作《闲谈》,借托尔斯泰的小说来传达自己对生活和社会改革出路的苦闷。到 1920 年 2 月翻译《仆御室》时,瞿秋白已经在呼吁果戈理式的以文学改造社会了。从颇为古典唯美的旧体诗到基本上以白话译成的对话体小说,从自我内心独白转向外在思想对话,从文艺自伤自悼到以文艺参与社会改造批判,瞿秋白的文艺思想发生了巨大的变化。

五四前后的西学大潮的影响,最重要的一点就是理性启蒙,强调个人觉醒,主张思想公开对话与论辩。此时,瞿秋白不仅写时论参与社会政治问题讨论,而且亲自参与、融入到五四运动实践之中。他不仅在思想上,而且在行动上转到以社会层面为出发点的现实关照。无疑,从家庭、个人到社会的层层深入的系列反思,对瞿秋白个人、对传统中国人都是一次巨大的思想革命历程。

1920 年 3 月 6 日,瞿秋白以《心的声音》①为总题,写了一组 5 篇、另加一篇《绪言》的系列散文,分别是《错误》、《战争与和平》、《爱》、《劳动?》、《远!》。除了《绪言》有心路历程的意味外,其他 5 篇每一篇都是一幅社会现实的情境化描述和勾勒,标题就是反思的主旨。从小说性质的“劳动”篇到诗歌体的“远”篇,从“?”到“!”,瞿秋白文艺眼光的焦点,从以往专注于个人悲惨身世转向了拷问社会现实情境的一幕幕不公和悲惨,其文艺趣味也从凄凄惶惶的自我哀叹,一变为沉痛庄严的民生呼吁与抗辩。

总体而言,社会视阈和现实民瘼的关怀,使瞿秋白的文艺思想走出古典文人的逼仄的唯美,获得了宽广而深刻的现实主义美学内涵。在大量主义思潮的激荡鼓动下,瞿秋白转向了从社会视阈来生发个人行动和思想意义。这种转变,改变了瞿秋白文艺独白的古典趣味,转向以文艺参与社会改造实践。新杂志的阅读、学生运动的参与、自杀讨论等社会问题的热烈讨论,不仅导致了瞿秋白对西学的接受和吸收、扬弃,也致使他的现实观发生质变。从单纯佛教唯识的唯心现实观,到带有朦胧社会主义色彩的、社会改造的现

---

① 瞿秋白:《瞿秋白文集》(文学编)第 2 卷,北京:人民文学出版社 1986 年版,第 5—19 页。《绪言》和前 4 篇分别发表在《新社会》旬刊第 1 卷第 15、18、19 号,第 5 篇发在《人道》月刊创刊号。

实观,瞿秋白的文艺思想开始了从古典趣味主义到现代现实主义的渐变。

当然,在文艺思想渐变过程中,瞿秋白始终存在着对古典趣味的反复。1920 年 10 月,瞿秋白译果戈理的《妇女》。在"译者志"中,瞿秋白却对果戈理"写实主义"表示不满足,反而觉得"神秘主义派"的《妇女》"很有兴味"、"始终觉着他的意味无穷"①。

三、从语言到思想:中国左翼文艺思想的发生现场

和许多同时代人颇不相同,瞿秋白从古典文人自觉地走向自我革新,最终走上现代知识分子革命道路。他初始并没有对古典文学发难,也没介入五四文学发轫的系列运动。瞿秋白唯一承续五四文学传统的通道,就是参与五四外国文学的白话译介。而正是外国文学作品的五四白话译介,对中国文艺思想的现代发生和彻底转型立下汗马功劳。

单说外国文学的翻译,也并不是瞿秋白在五四文学群体中的特异性。五四时期从翻译有意识走上现代文学道路的作家很多,但从学习外语不自觉地从古典文人转向现代文艺理论家,甚至走上现代民族与政治革命道路,但又始终保持自己古典文艺趣味的,却似乎仅有瞿秋白。

外语学习,沟通了瞿秋白儒家经典文艺趣味与俄国经典文艺的心曲②;外语学习,使他不自觉地接受了俄国现代思想中的民粹主义、无政府主义③和批判现实主义;外语学习,使他有幸融入到五四运动的学生群体和《新社会》、《人道》的编辑群体,亲自感受和思考五四滔滔西潮并受启发;外语学习,让他有机会因俄语语言优势,最终获得前往"饿乡"任驻外记者的机会,

---

① 瞿秋白:《瞿秋白文集》(文学编)第 4 卷,北京:人民文学出版社 1986 年版,第 399 页。

② 关于这个论题,爱伦·威德曼有精彩论析。见[美]爱伦·威德曼(Ellen Widemer):《瞿秋白与俄国文学》(Qu Qiubai and Russian Literature),收入默勒·戈尔德曼(Merle Goldman)编:*Modern Chinese Literature in the May Fourth Era*, Harvard University Press,1977 ,第 103—125 页。

③ [美]阿里夫·德里克(Arif Dirlik):《中国革命中的无政府主义》,孙宜学译,南宁:广西师范大学出版社 2006 年版,第 183 页。文中写道:"据梁冰弦说,毛泽东和瞿秋白都曾是'民声社'的记者②。"原注"②:梁冰弦:《解放别录》,出版地点不详,第 6 页。"民声社为民国时期著名的无政府主义团体。

并在思想实证基础上走上革命道路,接受和传播马列主义。

外语学习,对瞿秋白来说,是改变一生的选择。当初仅仅把学外语当做求饭碗的瞿秋白,无论如何也想不到,他的饭碗求索,竟无形中吻合中国现代以来的历史进程,也吻合了五四文艺到延安文艺思想转折的内在理路。瞿秋白的外语学习,从语言工具学习,进而接受了语言背后的文化思想和社会体系。事实上,关于语言的人文性,卡西尔早已有言:

> 因此我们应当把人定义为符号的动物(animal symbolicum)来取代把人定义为理性的动物。只有这样,我们才能指明人的独特之处,也才能理解对人开放的新路——通向文化之路。①

语言同时又具有民族思想文化底蕴的依托,乌申斯基也曾指出:

> 一个民族把自己全部精神生活的痕迹都珍藏在民族的语言里。语言是最生动、最丰富而巩固的一种联系,它把过去、现在和将来的各代人民联结成为一个伟大而富有历史意义的、生气勃勃的整体。②

瞿秋白的外语学习,尤其是俄语专修,不仅使他获得现实饭碗,更为思想变迁找到激变跳板。俄国文学经典的翻译、五四新杂志的阅读,提供了新思想资源,五四运动的社会政治实践和五四文化活动的参与,提供了思想飞跃的动力。从语言到思想,瞿秋白找到了自己的"饿乡"寻觅所在。由俄语学习勾连相通的俄国经典文学,使瞿秋白从中国古典文人痴恋的唯美人生境界破关而出,走进了一个有着俄国宗教思想支撑的、带着强烈批判色彩的广阔领域——社会"现实"③。当然,必须指出,这种现实关怀与瞿秋白的大

---

① ［德］卡西尔:《人论》,甘阳译,上海:上海译文出版社 1985 年版,第 34 页。

② 张焕庭主编:《西方资产阶级教育论著选》,北京:人民教育出版社 1979 年版,第 487 页。

③ ［斯洛伐克］玛利安·高利克(Marian Galik):《中国现代文学批评发生史(1917—1930)》,陈圣生、华利荣、张林杰、丁信善译,北京:社会科学文献出版社 1997 年版,第 206—225 页。

乘佛教里的菩萨行实践①，也是契合的。

在五四时期西学滔滔的刺激与启发下，瞿秋白文艺思想开始渐渐走出狭窄的、古典文艺自伤自悼的自我封闭空间，走向以社会生活为视野的、广阔的现实主义。这无疑意味着朝向现代文艺思想的重大转折。它一旦与苏俄马列主义结合，将生发出更强大的现实功利色彩和巨大的革命实践能量。因此，日后瞿秋白诸多文艺判断上的"过激"语，并非仅仅是文艺理论家小阁楼上的深思，而是更多地被纳入到了政治家对文化策略的某种运筹帷幄。②

瞿秋白是五四大潮中众多从古典文人而转为现代知识分子的普通一份子，是众多从学习外语而转为异域文学译介的平凡一员，也是从作家而转为共产主义革命者的常见角色。然而，众多一般却恰恰酿成他作为一个时代典型的集中意义——他贯穿中国文学从古典形态到现代生态到当代左翼样态的变迁历程。

瞿秋白的五四西学接受是独特的。其西学接受不仅改变他本人思想和现实命运，更为日后中国文学及其政治革命的俄苏式马列主义思想导向埋下引信。瞿秋白文艺思想的流变，勾连中国文艺从"西化"到"欧化"到"俄化"到"普洛大众化"的转折。这条线索既是中国文艺近百年发展史，也是中国文艺思想近一个世纪的曲折史。在这个层面上，瞿秋白文艺思想可谓是中国左翼文艺思想发生期的"这一个"③。

四、结　论

西学接受与近现代中国文艺，从文体兴替到文艺思想的转型，从近代性发生到现代性的变异，近年来都先后成为研究热点。百年来的西学接受，伴

---

① ［韩］赵建国(Jo Hyun-kuk)：《瞿秋白文学思想形成与"菩萨行"的影响》，见《中国文学论文集》第23号第2册，韩国月台：中文文学研究会2003年版，第339—362页。另见哈迎飞：《五四作家与佛教文化》，上海：上海三联书店2002年版，第173—177页。

② ［美］保罗·皮科威兹(Paul Pickowicz)：《书生政治家——瞿秋白曲折的一生》，谭一青、季国平译，北京：中国卓越出版公司1990年版，第258—274页。

③ ［德］恩格斯：《致敏·考茨基》，见《马克思恩格斯选集》第4卷，北京：人民出版社1995年版。

随而来的则是中国文艺俗化与大众化的滔滔洪流。这股洪流,既有启蒙主义的知识普及、革命语境的动员,更有消费逻辑的引导。而左翼文艺思潮在中国语境里的发展,则同时集中了这三种元素,是观察中国百年文艺思想发展的最佳切片。因此,若要考察自 20 世纪 30 年代左翼文艺、乃至《延安文艺座谈会上的讲话》以来的中国文艺发展,必须把握现实革命语境这个根本场态。长期的革命语境,最终使中国人选择"以俄为师";战争动员机制,使得五四以来文艺不断"左翼化"。因此,别一种"西学"——苏俄资源的中国接受,成为讨论中国现当代文艺思想发展原始要终的根本问题。

不管是崇尚自由主义文学传统,还是尊拜左翼以来的革命文学传统,在学术研究层面上,都应该摆脱政治革命、权势转移意味上的"成王败寇"偏见。要考察中国新文学的传统,共同的工作都是从思想资源的追溯起步。对中国革命文艺塑形中起到奠基作用的苏俄文艺资源的追溯,对它在中国语境里独立生长发育过程的讨论,不仅对认识五四以来文学思想发展相当重要,而且对于认清和解释延安之后的当代文学传统也是根本问题。中国左翼文艺思想,其源头不能仅仅追溯到左翼文艺世界性高涨的 20 世纪 30 年代就作罢。长期以来现当代文艺思想的研究,存在着五四文学与左翼文学传统发生时间的认识错位,认为前者是 1919 年或者 1917 年,后者只能从 1927 年大革命或 1930 年"左联"成立开始。其实,五四文学与左翼文学最初都是五四时期思想资源的一部分,都只是共时性存在的五四西学大潮之一而已。

长期以来,学术界对五四与左翼文学的关系缺乏足够认识。因此左翼文学研究往往陷入单纯的思潮、人事、政治、概念之争。其中,最典型的就是文艺"现实主义"和"大众化"问题,可谓众说纷纭,歧见百出。其实,并不是问题本身复杂,而是中国语境庞杂,导致共同的字面下包蕴着各异的内涵。对此,必须清醒地意识到:在革命年代文艺论争语境里,任何话语和理论争鸣,首先是为着现实利益(包括政治利益)的,学术推进不是根本旨趣。这也就意味着:当时的每种言说,都意味着个人家境与身世、个人教育背景与文学趣味的差异,也代表着言说者的利益、立场和政治岗位不同。

考察左翼文艺思潮在五四前后的接续变迁,比直接切入 20 世纪 30 年代左翼文学高潮时期讨论,要来得客观和可靠,如程凯先生、刘永明先生的研究。① 陆机有云:"谢朝华于已披,启夕秀于未振,观古今于须臾,抚四海于一瞬。"②从左翼文艺思潮发生期来考辨延安文学传统的蔚为壮观,不仅可避免先入为主的历史势利病,而且也使研究的文学意味更细腻,意义更深远。③ 要讨论左翼文艺思想资源的成长史,要讨论马克思主义如何成为中国文艺思想的基本资源,无论从革命政治角度,还是从文艺思想史角度,五四西学接受与瞿秋白的关系都是个恰切的切入口。因为,自瞿秋白之后,中国文艺才在形形色色的文艺思潮中,在纷纭复杂的异域现实观念中,最终皈依于马列主义的革命现实观,生成了有中国革命语境为依托的现实主义文艺思潮。

反之,解释当代中国文艺为何以如此面目塑形,不考察其当前正统文艺思想——左翼文艺思想的发生史,仅仅揪住五四自由主义文艺思潮作掩耳盗铃式的反复推演,无论如何都将无法深入奥府、体贴全面。而瞿秋白——第一个从苏俄马克思主义文艺思想那里"窃天火"的人,从学习外语的古典文人走向现实政治革命的文艺理论家,研究他在五四时期从接受西学到最终选择马克思主义的文艺思想心路历程,对理解中国文艺如何从古典世界的唯美走到现代广阔无边的现实主义大潮,无疑有着独特的文艺思想史考察和反拨价值。

第二节　空间旅行与文艺思想转折
——瞿秋白的苏俄经验意义及疏证

1920 年,瞿秋白将十月革命后的"新俄国"当成自己精神"饿乡"的寓

---

① 从 20 世纪 30 年代左翼文艺运动高潮切入中国左翼文论资源讨论的著作非常多。但也有一些研究者开始注意从五四文学发生期来梳理左翼文论资源,如程凯的《革命文学叙述中被遮蔽的一页——1927 年武汉政权下的"革命文化"、"无产阶级文化"言论》(《中国左翼文学国际学术研讨会论文集》,第 418—439 页。)、刘永明的《左翼文艺运动与中国马克思主义文艺理论的早期建设》(北京:中国文联出版社 2007 年版)。

② 陆机:《文赋》。

③ 这一问题近来有所推进,如周平远等:《从苏区文艺到延安文学》,北京:社会科学文献出版社 2014 年版。

言之国,不顾一切地前往实地考察。这一壮举,既是出于他本人的现实生计考虑,也是他寻求异质资源的一次思想取经行动。它不仅给瞿秋白带来深刻丰富的异域文学经验,给其文艺思想增添了不少现代新质,更使他由此介入了中国现代文艺思想的左翼转折进程。

1920 年年初,鉴于中国辛亥革命后黯淡的社会局面,北京兴起对新俄国和"十月革命"的讨论。时人无不对"新俄国"既新奇又畏惧。这种普遍心理,给习俄文的瞿秋白提供了英雄用武之地。而俄国革命的成功对瞿秋白的刺激和吸引更是巨大。"宁可我溅血以偿'社会',毋使'社会'杀吾感觉"①的瞿秋白,决定到"饿乡"去获取新生的历史通道,这既是出于现实生计考虑(年薪千元相当可观),也是思想寻求异质资源以求新变的取经行动——"以学生或流亡者的身份到国外去,致力于自己的研究和写作"②。这不仅给瞿秋白带来深刻丰富的异域文学思想经验,也让他因此介入了中国现代文学思想的左翼转折进程。

一

早在俄文专修馆时,瞿秋白是从俄语学习的出发点来阅读和翻译俄国文学作品的。客观上,这改变了以往从其他语言转译俄国文学的历史。五四运动爆发后,俄罗斯文学研究"在中国却已似极一时之盛","俄国文学就成了中国文学家的目标"③。据王统照记述,"自一九二〇年以来,红俄,广义派,马克思制度下的新国家,早已引动了多少中国青年们的好奇心和尝试心。近年来来往于西伯利亚铁道上的,已不乏其人。"④时人对新兴俄国充满着强烈的了解欲望,甚至纷纷选择文学为通道来阅读俄罗斯,因为"要想

① 瞿秋白:《瞿秋白文集》(文学编)第 1 卷,北京:人民文学出版社 1998 年版,第 220 页。

② [美]莫里斯·迈斯纳:《李大钊与中国马克思主义的起源》,北京:中共党史资料出版社 1989 年版,第 10 页。

③ 瞿秋白:《瞿秋白文集》(文学编)第 3 卷,北京:人民文学出版社 1998 年版,第 248 页。

④ 王统照:《新俄国游记》,见《瞿秋白研究》第 1 辑,上海:学林出版社 1989 年版,第 27 页。

懂得俄国的政治、经济和社会理想,翻他们的蓝皮书或打听他们的新闻界领袖是不中用的,中用的方法只有一个,就是研究他们的艺术"。①

因此,瞿秋白五四时期得来的俄国文学经验,主要是俄国文学对社会问题的执着关切,即俄国文学和俄国作家强烈的社会关注情结。这促成瞿秋白以文学变革社会的认识。五四落潮后,瞿秋白在苏俄文学翻译和接受上,更多从杂志编辑、小说编选者角度,根据社会思潮和读者阅读趣味等因素来加以考虑和选择。语言学习和文艺审美上的计较,逐渐不再居于首要地位。抱着对国家民族命运、对新社会和新文学变革改造的思索,杂糅着从小接受的儒家文艺思想家国情怀,吸收国内俄国文学经验中关注社会、强调社会和现实的文艺观念,瞿秋白逐渐构建起充满意识形态意味的苏俄文学想象,走上文艺思想新变的旅途。

1920 年 11 月 4 日瞿秋白开写《饿乡纪程》,所谓"哈尔滨得空气,满洲里得事实,赤塔得理论,再往前去,感受其实际生活"②。1921 年 1 月 4—25 日是瞿秋白进入"饿乡"的前奏,这段心程初以《自赤塔至莫斯科的见闻记》单独刊行,不时流露出瞿秋白"充满政治激情的政治眼光"③。1922 年 2 月瞿秋白的入党是其思想的重要分水岭,从此他被"编入世界的文化运动先锋队里"④。后因受俄扫盲运动启示,瞿秋白开始研究汉字拉丁化问题并成为中国文字改革先驱者。第一次在俄实地考察长达两年。瞿秋白曾动摇和退缩过,心情非常沮丧茫然。⑤ 两年的俄罗斯文化浸染和革命洗礼,瞿秋白感受旧俄悠久深厚的历史,也见识了革命文化开创期的亢奋。

初到苏俄,瞿秋白对新旧文化分野判断仍很客观,初期喜欢翻译俄罗斯古典名家名作,后来也翻译些带革命味的作品。随着采访的深入和信息渠

---

① 沈泽民:《克鲁包特金的俄国文学论》,《小说月报》1921 年 12 月(号外)。

② 瞿秋白:《瞿秋白文集》(文学编)第 1 卷,北京:人民文学出版社 1998 年版,第 182 页。

③ 丁言模:《寻觅足迹:姐妹篇的演变》,见《瞿秋白研究》第 14 辑,上海:中国福利会出版社 2007 年版,第 113 页。

④ 瞿秋白:《瞿秋白文集》(文学编)第 1 卷,北京:人民文学出版社 1998 年版,第 212—213 页。

⑤ 瞿秋白:《瞿秋白文集》(文学编)第 1 卷,北京:人民文学出版社 1998 年版,第 181 页。

道的日益固定,瞿秋白的所见所闻也逐渐革命化,俄革命政府宣传思维引导着他。瞿秋白文字里"随感录的色彩"①越来越浓厚,《赤都心史》记录了他思想上的巨变。瞿秋白不时依然留恋文艺古典趣味,思想上也不时有焦虑和冲突,有王维佛道式的幽谧,也有柏格森的意识绵延。然历经两年苏俄实际生活,瞿秋白的政治思想却发生质变,文艺思想也发生转向。

最重要的是,唯物论、阶级论成为其思想资源并促使他以此解释文艺和社会,并于 1921 年秋改写半年前的《自赤塔至莫斯科的见闻记》。对于果戈理的心理分析和文学为服务社会的工具主张,瞿秋白高度赞赏。对普希金的现实性与平民性,瞿秋白更是大加称誉。这些都在无形中为瞿秋白日后的文学工具论、文艺的大众化思想打下基础。在苏俄大扫盲运动启发下,瞿秋白对汉字拉丁化的思考及其实践,也为他的文腔革命、革命文艺的大众化思想埋下伏笔。瞿秋白基本的现代文学观念、关于文学问题的思想模式在此时期大致形成。

二

哈尔滨俄人聚会"高呼'万岁'"、"哄然起立"、"声调雄壮"②的《国际歌》合唱,最早让瞿秋白目睹了"赤俄"新文艺的热力。而当发现一边倒的思想政治宣传与现实调查访问得到的社会事实多有抵牾的时候,无法解释的"烦闷"简直让瞿秋白"更落于精神的监狱里"③。强烈的现实感笼罩,使瞿秋白更加明确此行责任在于研究文化。赤塔得来的初步阶级性理论,迅速被瞿秋白运用到对文化研究的理论预设中。他运用零星接受的苏俄革命理论开始对相关现实情况进行思考,得出结论:苏俄革命成功的伟力就是"俄国的所谓无产阶级革命的伟力",应该摆脱此前书本上的"唯心的社会主义试验家"④幻想,开始转到唯物的社会主义。

---

① 陈铁健等:《瞿秋白研究文集》,北京:中共党史资料出版社 1987 年版,第 247 页。
② 瞿秋白:《瞿秋白文集》(文学编)第 1 卷,北京:人民文学出版社 1998 年版,第 61 页。
③ 瞿秋白:《瞿秋白文集》(文学编)第 1 卷,北京:人民文学出版社 1998 年版,第 182 页。
④ 瞿秋白:《瞿秋白文集》(文学编)第 1 卷,北京:人民文学出版社 1998 年版,第 98 页。

　　渐渐地，瞿秋白具备了基本的共产主义革命意识形态的理解之同情，他的阶级倾向已经很鲜明。革命意识形态渐渐构成对瞿秋白苏俄经验的替代，而俄国文学经验第一次成为革命思想倾向内在要求的对立物。苏俄新经济政策实行后，瞿秋白也更深入地观察莫斯科斑驳陆离的文化现象，领略旧俄罗斯深厚文化底蕴，也欣喜陶醉于使人"另成一新奇的感想，特异的象征"①的革命艺术。瞿秋白访问一个赤军兵士，居然认为兵士在享受着人生观被改造成功的"心灵之感受"——"舒泰"②。

　　瞿秋白最终逻辑而必然地走向共产主义革命的意识形态。因为在其遇到困境时，一个转机出现了。这也是瞿秋白苏俄经验意识形态化的转折点——1921 年 9 月东方大学中国班的开办。作为完全异质的文化思想输入和新生力量培育，中国班的革命者首先遇上语言不通的障碍。而此刻在莫斯科，除了瞿秋白，"一个俄文翻译都找不到"③。瞿秋白是最佳的翻译兼教员人选。任职业教员和从事俄国文学和政治思想文化研究也是瞿秋白早就向往的。最后《晨报》"停止了他的薪金"，瞿秋白完全"改领东大的薪水而生活"④。又因职务关系，瞿秋白"对马克思主义的理论书籍不得不研究些，而文艺反而看得少了"⑤。经济来源的完全依赖，使得瞿秋白更加全身心投入到共产主义革命理论的研究和教学译介。最终，由于花费大量时间研究马克思主义理论书籍，频繁作教材讲义，瞿秋白变得没有精力再研究文学，"不久就宣（喧）宾夺主了"⑥。报道、译介、急就章式的马克思主义理论教材讲义制作，让他焦虑不安。而出于种种机缘的凑合，瞿秋白最终被簇拥

---

　　①　瞿秋白：《瞿秋白文集》（文学编）第 1 卷，北京：人民文学出版社 1998 年版，第162 页。

　　②　瞿秋白：《瞿秋白文集》（文学编）第 1 卷，北京：人民文学出版社 1998 年版，第175 页。

　　③　瞿秋白：《瞿秋白文集》（政治理论编）第 7 卷，北京：人民文学出版社 1991 年版，第697 页。

　　④　蔡国裕：《瞿秋白政治思想研究》，台湾"法务部调查局"印行，1984 年，第 15、27 页。

　　⑤　瞿秋白：《瞿秋白文集》（政治理论编）第 7 卷，北京：人民文学出版社 1991 年版，第697 页。

　　⑥　瞿秋白：《瞿秋白文集》（政治理论编）第 7 卷，北京：人民文学出版社 1991 年版，第705 页。

着走进革命队伍。1923 年 4 月瞿秋白出任上海大学社会学系主任,第一次进行苏俄经验在中国语境内的转换尝试。他强调社会科学研究的重要意义,尤其是"形成新文艺的系统"①。

从踏上"饿乡"之旅那刻开始到加入中国共产党,瞿秋白从一名旅外记者变为在俄国成长的中国共产主义革命者。在这一阶段,瞿秋白除发表大量的新闻报道,译述许多共产主义革命理论材料外,还翻译和创作了不少文艺作品。一个记者的客观忠实,渐渐被对共产主义革命的同情和认同左右。如 1922 年 6 月,瞿秋白与王一知共同翻译郭范仑夸的《俄国无产阶级社会观》。此书原名《政治常识》,但瞿秋白"因欲注意于胜利的无产阶级之新人生观"将其改译为《俄国无产阶级社会观》。同年,瞿秋白还完成《俄罗斯革命论》、《俄国文学史》。文学研究者的审慎冷静,慢慢为赤俄新文艺热力激情所淹没。个人丰富细腻的情绪波动和犹疑,当然也在被共产主义革命纪律"理智的力,强行裁制"②。

"饿乡"新社会考察的记者——共产主义革命理论的教员和译介者——共产主义革命思想的中国本土传播者,这一系列的角色转换促使瞿秋白文艺思想产生了新变。社会运动的群体心理、宣传煽动气氛与个人文学趣味格格不入;革命与文学、革命理论的职业培训与科学冷静的学术研究,非此即彼;运动的程序服从、主义为先、集体行动机制也和文学研究的审慎沉思难以兼容。更重要的是,经济来源由《晨报》到莫斯科东方大学的改弦易辙,职业选择的变革,更是从本质上改变了瞿秋白走向现代社会的切入口。

顺着俄罗斯革命洪流采访的体验和马列主义革命理论的接受,瞿秋白的现实观渐渐呈现为俄国列宁主义的现实观——"觉得有趣"却"'自相矛盾'而实际上很有道理的逻辑——马克思主义所谓辩证法"③代替了五四时

---

① 瞿秋白:《瞿秋白文集》(政治理论编)第 2 卷,北京:人民文学出版社 1988 年版,第 126 页。

② 瞿秋白:《瞿秋白文集》(文学编)第 1 卷,北京:人民文学出版社 1998 年版,第 219 页。

③ 瞿秋白:《瞿秋白文集》(政治理论编)第 7 卷,北京:人民文学出版社 1991 年版,第 704—705 页。

期现代思想文化的刺激,也代替了此前菩萨行般的独立思考和实践意识。在革命现实观里,瞿秋白获得汹涌的革命激情。苏俄经验作为革命朝圣的资本被纳入其思想体系,并生成为革命政治的意识形态。苏俄文学经验随即湮没在革命意识形态的洪流中。

三

1928年4月30日,瞿秋白因革命政治任务再次前往苏俄。他认为:"中国迫切需要苏联的文艺作品和文艺理论的介绍",并希望曹靖华"当做庄严的革命的政治任务来完成",同时"充满革命热情地谈着文艺大众化问题"①。瞿秋白又论及汉语拉丁化改革问题,还致信岚兄谈及大众文艺、口头文学、争取群众读者、方言和普通话、文艺大众化的问题。② 这次长达两年的苏俄经验,再次使瞿秋白形成新的文艺关注点——以汉字拉丁化为核心的文艺大众化。

然而,回上海不久后,瞿秋白就被排斥出中央政治局,因此开启了其"左联"时期的文学战线生涯。政治实践的边缘化处境迫使他在文学领域内自我调适。他接着又翻译《铁流·序》、《被解放的唐·吉诃德》、《新土地》、《一天的工作》、《岔道夫》,写《斯大林与文学》、《〈铁流〉在巴黎》、《满洲的〈毁灭〉》、《论弗理契》、《苏联文学的新阶段》,校译《八月四日夜晚》。此外,还集中翻译了高尔基的《冷淡》、《高尔基论文选集》、《高尔基创作选集》,从创作到评论、从思想到作品地对高尔基进行了整体全面的介绍和颂扬,希望为中国文艺界树立创造新文学的苏俄典范。此后,他又陆续翻译关于高尔基的散篇论文《高尔基——伟大的普洛艺术家》、《高尔基的文化论》,文艺作品《市侩颂》、《马尔华》、《二十六个和一个》、《克里慕·萨慕京的生活》。

对高尔基大量集中的译介,无疑是瞿秋白革命文艺事业的策略与规划——即为革命文学寻找榜样的力量,也为自己的革命生涯在文艺领域立

① 曹靖华:《罗汉岭前吊秋白并忆鲁迅先生》,《人民日报》1951年10月21日。
② 瞿秋白:《瞿秋白文集》(文学编)第3卷,北京:人民文学出版社1998年版,第319—324页。

块界碑。此外,瞿秋白还全面着手完成革命文艺理论经典思想构造工程——马克思主义文艺思想译介。他认为所谓"文化引入"除了"变更需要"、"变更榜样"之外,还要"变更思想"和"变更理由"①。树立高尔基也是如此。于是,瞿秋白据苏联共产主义学院主编的《文学遗产》在1932年第1—2期上刊发的相关材料,编译完成《现实——马克思主义文艺论文集》。

瞿秋白也随时注意译介文艺界中代表性文艺论作,如《歌德和我们》、《伯纳·萧的戏剧》、《第十三篇关于列尔孟托夫的小说》、《茨冈》。瞿秋白还据苏俄文艺刊物信息,翻译或评介其他国家的革命文艺论著,如德国"第一部普洛小说"②《爱森的袭击》。翻译之余,瞿秋白更及时对马列主义文艺理论进行总结,如《马克思文艺论底断篇后记》。离开上海赴苏区之际还译出《十五年来的书籍版画和单行版画》,并为高尔基小说《母亲》十四幅版画写解说文字。这也是瞿秋白对高尔基译介工作的延续。

到苏区之后,瞿秋白主持制订《高尔基戏剧学校简章》,不仅建议以高尔基命名中央苏区第一所戏剧学校,而且还推荐高尔基的《母亲》《下层》,认为"那真正是表现劳动人民的小说和戏剧"③,并开展苏区工农大众文艺建设和对集体写作文艺政策的设计。直到《多余的话》中,瞿秋白还希望"可以再读一读"④俄国文学中的《四十年》《克里摩·萨摩京的生活》《鲁定》《安娜·卡里宁娜》。甚至在《未成稿目录》中也包括不少有关苏俄经验的叙述。由此可见,正是瞿秋白不断冷静地将自己的苏俄文学体验与国内革命现实相结合,才形成其此后"左联"时期一系列关涉现代文艺思想史发展的焦点议题。

综上所述,瞿秋白苏俄文学体验,有的是国内师友交游所得,有的源于苏俄时期的私人交游、现实访谈与见闻中获取,有的来自于书籍阅读,有的

---

① ［美］约瑟夫·阿·勒文森:《梁启超与中国近代思想》,刘伟等译,成都:四川人民出版社1986年版,第46页。

② 瞿秋白:《瞿秋白文集》(文学编)第6卷,北京:人民文学出版社1998年版,第347页。

③ 李伯钊:《回忆瞿秋白同志》,《人民日报》1950年6月18日。

④ 瞿秋白:《瞿秋白文集》(政治理论编)第7卷,北京:人民文学出版社1991年版,第723页。

直接从苏俄报纸刊物知晓。同时,瞿秋白对苏俄文学体验进行总结和思想强化的相关活动也是其苏俄文学体验重要组成部分,如在北京女子师范大学演讲、与文学研究会同人的聚会、在上海大学主讲《社会科学概论》等课程、译介作品时的译者志、序言、后记、附注等。而"左联"时期大量参与的文艺论战,则是瞿秋白对苏俄经验进行本土融合的关键。这些林林总总的苏俄经验,不仅让瞿秋白不时勾连起其古典唯美文艺思想并扩展现代内涵,也使他在中国革命语境中能结合本土文艺实践对这些异质思想资源进行疏离改造,并生成"最清醒的现实主义"①。

历经七年洗礼,苏俄经验成为瞿秋白显在的文艺思想刺激。作为中俄文学关系现代交错进程中的关键点,"无论作为学者"或是"作为一个政治家",瞿秋白都自然"倾向于莫斯科"②,这是其专业选择、谋生职业和现代社科兴趣决定的。但瞿秋白对苏俄经验的传播、倡导和实践,使其成为现代文艺思想史上苏俄来源的代表;他对苏俄经验的本土疏离与融合,更是酿就现代文艺思想的左翼转折传奇。

---

① 瞿秋白:《瞿秋白文集》(文学编)第 3 卷,北京:人民文学出版社 1998 年版,第 117 页。

② [英]克莱尔·霍林沃思:《毛泽东和他的分歧者》,高湘泽等译,郑州:河南人民出版社 1989 年版,第 30 页。

第 二 章

瞿秋白对左翼文学中国化的追求

作为五四文学时期的参与者、亲历者,作为中国共产主义革命运动的先驱,在今天重新讨论瞿秋白对左翼文学的中国化追求,不仅有着相当的思想研究价值,也有不凡的历史纪念意义。

在现代思潮滔滔的历史变革洪流中,瞿秋白没有单一地选择走古典化(名士化)或欧化(绅士化)的道路,因为这些都是非革命的文艺大众化①。他也不简单盲目地选择走完全俄化的道路,而是试图走彻底革命的第三条道路——文学革命、文腔革命与文化革命,即革命文艺的大众化路线。尽管瞿秋白的许多文艺思想最后都没有获得充分实践,但是他的所有努力和有限探讨,仍旧为中国现代新文学传统提供了重要的思想资源。

瞿秋白文艺思想的历史性、革命性的真正价值在于,他艰难地探索了这么一个问题:如何既"保持西方文学传统(包括五四资产阶级和俄化马克思的文学传统)"又"保持中国自己的文化传统"②,从而既能继承传统文化以建设新兴文化又能争取群众基础以保无产阶级革命成功? 因此,在左翼文学的中国化追求进程中,瞿秋白无愧为力图独立思考的"时代的一定思想的代表"③。

---

① 瞿秋白:《欧化文艺》,见《瞿秋白文集》(文学编)第 1 卷,北京:人民文学出版社 1985 年版,第 493 页。

② 〔美〕保罗·皮科威兹(Paul Pickowicz):"Qu Qiubai's Critique of the May Fourth Generation: Early Chinese Marxist Literature Criticism",引文见贾植芳主编:《中国现代文学的主潮》,第 203 页。

③ 〔德〕恩格斯:《致斐·拉萨尔》(1859 年 5 月 18 日),见《马克思恩格斯全集》第 4 卷,北京:人民出版社 1958 年版,第 558 页。

第一节　瞿秋白与五四文学"革命"史观的创辟

在瞿秋白诞辰116周年的今天,重新讨论他对五四文学的评述和他试图构建的五四文学史观,有着相当的思想研究价值和历史纪念意义。瞿秋白反对欧化文艺和片面的民族主义文艺,因此有他关于五四文学史观的相关思考。瞿秋白五四文学史观的本质,就是文学史的"革命"重写——追求对文学史的革命叙述和对文学发展史的革命重构,为新文学史发展寻找光荣的革命传统,让革命事业在文学史领域具备历史合理性,为革命事业发展取得稳固的文化革命战线领导权。

瞿秋白生活在历史变幻的风云时代,他曾亲身经历并熟悉现代文学史上的诸多人事。对五四文学革命和大革命时期文学运动和思潮,瞿秋白也曾一再加以评说和论断。[①] 瞿秋白的这些评述,不仅影响历史后来者,而且在当时也引起过诸多论争。瞿秋白甚至以强烈批评五四一代作家及其文学成就的方式,试图促进中国早期马克思主义文学批评发生和发展[②],并以此体现其独特的现代文学史观。正如保罗·皮科威兹所说的:"要理解瞿秋白对于左翼作家的特殊评论以及他对未来的设想,必须了解他对现代文学运动简短历史以及它的革命产物的总评价。"[③]

一

五四运动陡然爆发的时候,瞿秋白说自己是被"卷入旋涡","抱着不可

---

① 瞿秋白对五四运动的历史认识历程,参见叶孟魁:《瞿秋白论五四运动》,见《瞿秋白研究》第5辑,上海:学林出版社1994年版,第25—38页。

② 参见保罗·皮科威兹对此的专题讨论。[美]保罗·皮科威兹(Paul Pickowicz):*Qu Qiubai's Critique of the May Fourth Generation*:*Early Chinese Marxist Literature Criticism*.译文引自贾植芳主编:《中国现代文学的主潮》,上海:复旦大学出版社1990年版,第184—207页。

③ [美]保罗·皮科威兹(Paul G.Pickowicz):《书生政治家——瞿秋白曲折的一生》,谭国青、季国平译,北京:中国卓越出版公司1990年版,第112页。

思议的'热烈'参与学生运动"①。瞿秋白对自己参与后世仰之弥高的五四,其动机描述可谓非常朴素,呈现出穷学生在大时代浪潮中更为常态的被动和激情。而对五四时的思潮纷乱混杂,瞿秋白也有形象生动的观察和回忆,较平实地展现他的心路历程,更客观传达出他对五四时期的体验。直到写《饿乡纪程》时,瞿秋白对五四时期的各种思潮也仍旧只有总体的感受和观察,但没有具体深入的研究,更没有对五四文学有更深入的关注。②

　　然而,瞿秋白日后的文化讨论却仍以五四为所有文化文学问题的讨论起点或者批判源头,原因何在呢? 个中原因,可从《赤都心史》的最后两篇得到些许的解释。《生活》和《新的现实》不仅是瞿秋白思想飞跃的记录,里面有他新世界观和人生观的生成的呈现,也是他现代思想体系生成的一个标志。瞿秋白在文中表示,他从此要运用现代社会科学的科学方法来解释和解决中国社会现象。③ 旅俄期间,瞿秋白用新现实观、世界观和现代社会科学理论对五四进行反思,进而确定自己"为文化而工作"④的奋斗目标。因此,日后只要是讨论到文化问题,瞿秋白总是以五四为起点,其中原因正在于此。

　　瞿秋白1923年扫描当时的文坛,对五四文学革命曾有过一个比喻:"文学革命的胜利,好一似武昌的革命军旗;革命胜利了,军旗便隐藏在军营里去了,——反而是圣皇神武的朝衣黼黻和着元妙真人的五方定向之青黄赤白黑的旗帜,招展在市侩的门庭。"⑤在《鬼门关以外的战争》里,瞿秋白甚至提出"第三次文学革命",要以"文腔革命"来开辟新的文艺战线和提出新

　　① 瞿秋白:《饿乡纪程》(四),见《瞿秋白文集》(文学编)第1卷,北京:人民文学出版社1998年版,第25页。
　　② 华剑:《五四前后瞿秋白中西文化观之历史考察》,见《瞿秋白研究》第3辑,上海:学林出版社1991年版,第43—63页。
　　③ 瞿秋白:《赤都心史》,见《瞿秋白文集》(文学编)第1卷,北京:人民文学出版社1998年版,第246—247页。
　　④ 瞿秋白:《赤都心史》,见《瞿秋白文集》(文学编)第1卷,北京:人民文学出版社1998年版,第252页。
　　⑤ 瞿秋白:《荒漠里》,见《瞿秋白文集》(文学编)第3卷,北京:人民文学出版社1998年版,第312页。

的革命任务,把五四文学革命定为第二次文学革命。

第二次文学革命的前前后后,瞿秋白正是在场亲历者。因此,相关论述不仅篇幅最多,而且讨论尤为细致和充分,评论话语也特别激烈(甚至有不少过激语)。单就在这篇文章里,瞿秋白对五四文学的论述就不少于十处。尽管瞿秋白认为五四文学革命是真正的文学革命——"的确形成了一种新的言语",但还是可以从中看出他此时由于评价要力求周全,因此表述话语有点抽象,对具体文类的成绩评价标准也显得单一。关于五四文学,瞿秋白反复强调两点:读者少——"只有新式智识阶级",用的言语——不是"现代普通话"。因此,很难说瞿秋白对五四文学革命的批评是出于一种文学立场。

《学阀万岁!》里,瞿秋白再次讨论到五四运动的光荣,首次对新文学的不彻底进行带有激烈否定色彩①的夸张描述②:

> 中国文学革命运动所生出来的"新文学",为什么是一只骡子呢?因为他是"非驴非马":——既然不是对于旧文学宣战,又已经不敢对于旧文学讲和;既然不是完全讲"人话",又已经不会真正讲"鬼话";既然创造不出现代普通话的"新中国文",又已经不能够运用汉字的"旧中国文"。这叫做"不战不和,不人不鬼,不今不古——非驴非马"的骡子文学。③

---

① 瞿秋白对表述的偏激是很清楚。茅盾曾问瞿秋白:"难道你真认为五四以后十二年间的新文学一无可取么?他回答说:不用猛烈的泻药,大众化这口号就喊不响呀!那么,他自己未尝不觉得五四以后十二年间新文学不应估计太低,不过为了要给大众化这口号打出一条路来,就不惜矫枉过正。但隔了一年,在论'大众文艺问题'时,他的主张就平稳得多了。"(茅盾:《瞿秋白在文学上的贡献》,《人民日报》1949年6月18日)。

② 蒋明玳先生认为瞿秋白对五四以后文学的估价"就是夸张的",并认为这是瞿秋白杂文的一种"修辞手法"(蒋明玳:《文学家的政治式写作——论瞿秋白的杂文创作》,《瞿秋白研究》,上海:学林出版社1996年版,第367页)。我认为瞿秋白不仅在估价上夸张,而且表述方式也是夸张的,但这不仅仅是"修辞"问题,而是瞿秋白政治思想在文艺表述上的策略共鸣。

③ 瞿秋白:《学阀万岁!》,见《瞿秋白文集》(文学编)第3卷,北京:人民文学出版社1998年版,第176页。

　　瞿秋白认为五四文学革命不彻底,除中国社会实际生活许多原因外,还有一个次要原因是"'文学革命党'自己的机会主义"①。瞿秋白不仅指出五四文学革命的不彻底性,而且认为五四时代文学革命的"三大主义"都堕落为反动的旗帜②,认为不彻底性将必然导致其最终走向革命反动的结局。瞿秋白甚至断定五四娘家是"洋场"③。

　　于是,站在无产阶级革命的立场,瞿秋白进一步对"文学革命之中的文艺革命三大主义"展开批判④,第一次激烈地把汉字说成真正是"世界上最龌龊最恶劣最混蛋的中世纪的毛坑"⑤、"十恶不赦的混蛋的野蛮的文字"⑥,"必须完全打倒才行"⑦。同时,瞿秋白也客观承认"真正的白话文是'五四'文学革命运动里面渐渐的产生出来的"⑧、"并不是说十四年以来的一切新式白话的刊物都是这种骡子话"⑨。

　　而当讨论重点从五四文学革命转移到五四式白话时,瞿秋白已经不是在讨论五四的文学意义,而是讨论五四文学的语言意义。瞿秋白迅速转向从语言变革的贡献反过来评价五四文学革命功绩。⑩ 因此,瞿秋白的五四

---

　　① 　瞿秋白:《学阀万岁!》,《瞿秋白文集》(文学编)第 3 卷,北京:人民文学出版社 1998 年版,第 176 页。

　　② 　瞿秋白:《学阀万岁!》,《瞿秋白文集》(文学编)第 3 卷,北京:人民文学出版社 1998 年版,第 179 页。

　　③ 　瞿秋白:《学阀万岁!》,《瞿秋白文集》(文学编)第 3 卷,北京:人民文学出版社 1998 年版,第 190 页。

　　④ 　瞿秋白:《学阀万岁!》,《瞿秋白文集》(文学编)第 3 卷,北京:人民文学出版社 1998 年版,第 198 页。

　　⑤ 　瞿秋白:《普通中国话的字眼的研究》,见《瞿秋白文集》(文学编)第 3 卷,北京:人民文学出版社 1998 年版,第 247 页。

　　⑥ 　瞿秋白:《大众文艺的问题》,见《瞿秋白文集》(文学编)第 3 卷,北京:人民文学出版社 1998 年版,第 15 页。

　　⑦ 　瞿秋白:《欧化文艺》,见《瞿秋白文集》(文学编)第 1 卷,北京:人民文学出版社 1998 年版,第 495 页。

　　⑧ 　瞿秋白:《新中国的文字革命》,见《瞿秋白文集》(文学编)第 3 卷,北京:人民文学出版社 1998 年版,第 291 页。

　　⑨ 　瞿秋白:《致伯新兄》,见《瞿秋白文集》(文学编)第 3 卷,北京:人民文学出版社 1998 年版,第 344 页。

　　⑩ 　瞿秋白:《新中国的文字革命》,见《瞿秋白文集》(文学编)第 3 卷,北京:人民文学出版社 1998 年版,第 292 页。

文学史观至少存在两次评价思路上的转折:第一次是从对五四文学革命评价转向五四文学的语言革命评价;第二次是从五四文学的语言革命评价转向五四的文学革命的评价。在他的一些论文中,这两种思路同时存在。这就导致瞿秋白对五四文学的评价往往出现夹二缠的混沌和片面论述的过激现象。因此,这也给后人增加不少对瞿秋白五四文学史观的误解和误用。

瞿秋白的两次评价思路,都以无产阶级革命彻底性作为总的评价标准。革命彻底性问题当然至关重要,因此瞿秋白才会认为五四文学革命是"半路上失败了",并且认为"现在需要第二次的文学革命"是"原则上的问题"。① 于是,瞿秋白根据实现文学革命和语言革命彻底性的具体目标——文艺大众化和现代普通话——展开五四文学革命评述。瞿秋白认为"哑巴文学"是过渡期现象,提倡新文学界必须发起朗诵运动,只有"茶馆里朗诵的作品,才是民众的文艺",即"茶馆文学"②。这无疑已经是 20 世纪 30 年代的文艺大众化问题讨论的先声。

瞿秋白以革命历史展开的思路,论述普洛大众文艺的现实问题,因为文艺问题也是阶级革命问题。为发动第三次文学革命,瞿秋白提倡文腔革命,号召"中国还是需要再来一次文字革命"③、"文化革命"④。无产阶级革命——文学革命——文腔革命——文字革命——文化革命,文艺大众化——汉字拉丁化——现代普通话,瞿秋白的论述逻辑渐渐趋于两个极端:一方面,越来越偏重于具体而微的语言文字;另一方面,越来越强调大而化之的民族文化。瞿秋白五四文学史观存在的两次评价思路转折,表现得异

---

① 瞿秋白:《致新兄》,见《瞿秋白文集》(文学编)第 3 卷,北京:人民文学出版社 1998 年版,第 339 页。

② 瞿秋白:《哑巴文学》,见《瞿秋白文集》(文学编)第 1 卷,北京:人民文学出版社 1998 年版,第 360 页。

③ 瞿秋白:《普洛大众文艺的现实问题》,见《瞿秋白文集》(文学编)第 1 卷,北京:人民文学出版社 1998 年版,第 465 页。

④ 皮科威兹认为瞿秋白对待文化革命的态度和毛泽东有契合之处,这涉及对中国现代"左翼"文学文化思想与延至"文革"的中国当代史的关联。[美]保罗·皮科威兹(Paul Pickowicz):《书生政治家——瞿秋白曲折的一生》,谭国青、季平译,北京:中国卓越出版公司1990 年版,第 272—274 页。

常清晰,而且呈现出极端化和可逆化的思维特征。两种思路和两个极端的绞缠论述,在此后瞿秋白的许多论著里随处可见。①

由于瞿秋白论述资源中的五四文学革命具有多幅面孔和多种语义,所以不仅在其本人论述中有时显得驳杂,而且给相关论争带来不少含混和尴尬。在瞿秋白答复胡秋原和《文化评论》的表述里,就涉及对五四文学革命精神继承权和合法性的争论。瞿秋白《文艺新闻》与胡秋原《文化评论》的分歧在两点:一是五四有没有"未竟之遗业";二是不管五四是什么,都只有为谁服务的选择问题。这是瞿秋白批判答复胡秋原的两个中心。归根到底,这里其实只有一个问题,即阶级立场的底线。瞿秋白把五四分成民权革命和自由主义两块,前者"应当澈底完成"但领导权应该而且已经发生转移;后者却是"遗毒"所以"应当肃清"。瞿秋白对五四的比喻性论述,同时带上结论的跛脚病。尽管冒着几乎忘却五四文学革命中文学主体的危险,瞿秋白却牢牢把握住五四文学革命里的革命立场和革命领导权争夺问题。

瞿秋白和胡秋原的论争尴尬,自然经不起学理的严密推敲②,但却经受住了政治斗争的考验。毕竟瞿秋白和胡秋原的论战时值革命政治斗争异常激烈的大时代,因此革命立场是所有问题最后和唯一的标杆。在瞿秋白重写而成的《大众文艺的问题》里,他以更明确、更成熟的革命叙述方式,以大众文艺为准的,对五四新文化运动再度进行革命化重构。在叙述中,瞿秋白特意强化阶级斗争和对立的表述语词以及动机。③

---

① 瞿秋白:《普洛大众文艺的现实问题》,见《瞿秋白文集》(文学编)第1卷,北京:人民文学出版社1998年版,第465—466页;瞿秋白:《"我们"是谁?》,见《瞿秋白文集》(文学编)第1卷,北京:人民文学出版社1998年版,第488页;瞿秋白:《欧化文艺》,见《瞿秋白文集》(文学编)第1卷,北京:人民文学出版社1998年版,第491—492页。

② 有论者往往过于喜好以文字表层逻辑的推理证明20世纪30年代诸多文艺论争的"政治性"和"非文学本位",尽管因有大量文本依托而显得切实,但沉溺于此则有过犹不及的细碎之病。如曹清华:《中国左翼文学史稿(1921—1936)》,北京:中国社会科学出版社2008年版。

③ 瞿秋白:《大众文艺的问题》,见《瞿秋白文集》(文学编)第3卷,北京:人民文学出版社1998年版,第13—16页。

二

既然五四文学革命已经成为革命双方争夺历史合理性的重要资源,那就不仅要展开论争和局部重构,而且必须进行系统化的革命历史意识形态的建构。《五四和新的文化革命》堪称这方面力作。此文同时被收入《瞿秋白文集》的"文学编"和"政治理论编"①,这也说明它的意义非同寻常——既有文艺思想价值也有政治思想地位。瞿秋白从革命领导权转移的角度,论述只有无产阶级才真正能够继续伟大的五四精神。②

瞿秋白还同步构建无产阶级领导的新文化革命和五四接续的历史合理性。对五四的成绩,瞿秋白根据阶级分化的革命进化论,结合革命领导权向无产阶级转移的过程,进行再次辩证论述。此外,瞿秋白还肯定五四时期三个最初的革命贡献:"在反对帝国主义的斗争里,最初发生了国际主义的呼声"③、"最初发现了阶级斗争的口号"④、"最初发动了白话文学运动,要想废除文言,要想废除汉字"⑤。

既然否定原初的五四及其文学史意义,因此瞿秋白就有必要倡导"来一个无产阶级的五四"⑥。至此,瞿秋白的五四文学史观可谓基本定型。在新文化革命的宏伟蓝图的观照下,瞿秋白确定五四在革命历史叙述中的起点地位和原初意义。此后,五四都以此面目成为瞿秋白的话语资源。而新文化革命的具体革命目标,则是现代普通话的建立与文艺大

---

① 此文收入文学编第 3 卷和政治理论编第 7 卷。收入政治理论编时题目稍有出入,五四没有引号,题为《五四和新的文化革命》,其他完全一致。

② 瞿秋白:《五四和新的文化革命》,见《瞿秋白文集》(文学编)第 3 卷,北京:人民文学出版社 1998 年版,第 22—23 页。

③ 瞿秋白:《五四和新的文化革命》,见《瞿秋白文集》(文学编)第 3 卷,北京:人民文学出版社 1998 年版,第 29 页。

④ 瞿秋白:《五四和新的文化革命》,见《瞿秋白文集》(文学编)第 3 卷,北京:人民文学出版社 1998 年版,第 29 页。

⑤ 瞿秋白:《五四和新的文化革命》,见《瞿秋白文集》(文学编)第 3 卷,北京:人民文学出版社 1998 年版,第 30 页。

⑥ 瞿秋白:《大众文艺的问题》,见《瞿秋白文集》(文学编)第 3 卷,北京:人民文学出版社 1998 年版,第 13 页。

众化的实现。① 那些"偏偏用些不文不白的新文言来写革命的文章"的做法是"'革命骡子'的害虫政策"②,都是"死人"③的力量。显然,瞿秋白以阶级斗争的革命思维来叙述中国语文、艺术历史变迁,自然有他不够体贴的地方。但反过来说,他的论述也因此获得从社会历史角度理解语言文学艺术发展变革的哲学深度。例如,瞿秋白对五四文学革命与文言正统之间的关系论述,就存有相当深刻的历史洞见。

也正是出于革命思维的历史重构动机,瞿秋白才给鲁迅写信论及中国文学史整理问题。瞿秋白整理中国文学史的思想前提,是相信社会历史和政治经济领域的阶级斗争在文学史上应有同步体现。整理中国文学史就是整理中国社会史、政治史、经济史。历史构建和重新叙述,是为了给革命事业寻找历史合理性的支撑力量。站在整个中国文学史高度,从元曲时代到五四前的历史自然更重要;但当前革命更急需的是首先重构五四以后的历史——从五四说起,那么以革命思维重估"五四时期对于著名的旧小说的估量"就更为紧迫。毕竟无产阶级革命事业的领导权争夺,最早也只能追溯到五四这个历史原点。

历史总是由点到面构建起来。瞿秋白对此已经有面上的宏观把握——从五四到新的文化革命。但瞿秋白还需要寻找点的依托。革命的中国文学史要在五四到1933年的历史时段寻找符合叙述要求的点,而且必须是瞿秋白熟悉的点——这当然只有鲁迅最为合适。于是,瞿秋白花费四个白天的时间,认真选录鲁迅从1918年到1932年的75篇杂文,编成《鲁迅杂感选集》。④

---

① 瞿秋白:《再论大众文艺答止敬》,见《瞿秋白文集》(文学编)第3卷,北京:人民文学出版社1998年版,第50页。

② 瞿秋白"害虫政策"的说法出自高尔基,类似的情况估计还很多。详见瞿秋白:《"非政治化的"高尔基——读〈革命文豪高尔基〉之二》,见《瞿秋白文集》(文学编)第2卷,北京:人民文学出版社1998年版,第113页。

③ 瞿秋白:《再论翻译——答鲁迅》,见《瞿秋白文集》(文学编)第1卷,北京:人民文学出版社1998年版,第523页。

④ 《鲁迅杂感选集》是否为瞿秋白独立编选似乎仍有疑问。杨之华回忆是瞿秋白独立编选。(杨之华:《〈鲁迅杂感选集〉序言是怎样产生的》,《语文学习》1958年第1期)但鲁迅则明确说是"我们有几个人在选我的随笔"。(鲁迅:《致李小峰(1933年3月20日)》,见《鲁迅全集》第12卷,北京:人民文学出版社2005年版,第383页)从这个角度上说,此书编选工作贯串着政治意味和集体主义精神考量。

同时,瞿秋白又花费四个晚上的时间,写成《〈鲁迅杂感选集〉序言》。

瞿秋白从五四以来中国思想斗争史的革命高度来定位鲁迅,认为这里反映着五四以来"中国的思想斗争的历史"①。接着,瞿秋白从政治立场、社会观察和民众斗争的肯定性角度来观照鲁迅。在瞿秋白笔下,矗立在五四到1933年间革命斗争洪流里的"红色"鲁迅被迅速崭新构建起来。当然,在论述中,瞿秋白时刻注意把鲁迅红色历史的起点与急需的革命历史构建起点都定在共同的五四。自此,瞿秋白以阶级斗争为纲的革命文学史观颇成体系。五四是急需的、革命化现代文学史的光辉起点,五四文学史观自然就是重中之重。《关于整理中国文学史的问题》因此成为"用马克思主义观点指导编写中国文学史"时具有"开路和导向价值"②的重要文献。

三

在中国共产主义革命的历史上,瞿秋白是少数在政治斗争和文化斗争两条战线都有亲身体验的领导人。他也最早提出对中国文学史进行革命化整理的意见并亲自进行尝试。而在重构中国现代革命文学史实践中,瞿秋白最重要的成绩便是编定《鲁迅杂感选集》并写长篇序言。瞿秋白这一举措,为中国现代文学史树立经典,更找到革命文艺战线上的旗手。此外,瞿秋白对五四文学革命的历史梳理,对其加以革命领导权争夺为主线的重新叙述,都为中国现代文学史革命构建确立了光辉起点,并以此凿定了革命文学史的思想界碑。这两项历史意识形态构建的重大工程,不仅足以让瞿秋白在中国文艺思想史占有一席之地,而且也给后来的中国文学史留下宝贵的革命历史书写传统:一是文学的社会历史批评传统,一是文学史按革命史思维加以整理的传统——也就是重写文学史的革命传统。无疑,这也是文

---

① 瞿秋白:《〈鲁迅杂感选集〉序言》,见《瞿秋白文集》(文学编)第3卷,北京:人民文学出版社1998年版,第96页。

② 钱瑟之:《瞿研小札(三则)》,见《瞿秋白研究》第6辑,上海:学林出版社1994年版,第207页。此信对鲁迅文学史思想的影响目前讨论阙如。但鲁迅在1932年8月15日《致台静农》中把郑振铎的《中国文学史》评为"文学史资料长编,非'史'也。但倘有具史识者,资以为史,亦可用耳"。鲁迅强调文学史写作史识,不知是否有瞿秋白的影响呢?

学史叙述上的一次造反有理。①

　　社会历史批评，是瞿秋白现代文学史观中最常运用的文学批评方法。此前尽管有对文学社会价值的讨论，但没有人像瞿秋白这样用社会历史批评方法来系统分析作家作品。而文学史的整理意见，则是瞿秋白文艺思想的革命性在重写文学史实践中的具体体现。这是中国共产党人在陈独秀提出"三大主义"建设"文学革命军"后，再次按革命要求对文学史进行的重新叙述。瞿秋白以"骡子文学"、"骡子话"来形容五四文学和语言，本意都在于强调其革命性不够彻底，并非源自于对文学史发展史实的切实体会。例如，陈望道就曾经不客气批评说："例如所谓'骡子文学'论，便不能不令人怀疑对于'文学革命'以来的这几年史实也是隔膜的。"②而瞿秋白提出用服食泻药的方式重新开展第三次文学革命和文腔革命，后来甚至致力于开展以废除汉字为最终目标的汉字拉丁化工作，认为这才是"无产阶级的五四"，如此等等，根本上都是为了革命思想里文化意识形态的建设。

　　瞿秋白自重返文学园地以来，始终潜在地把自己定位为文学战线上的无产阶级革命领导者。面对五四文学革命之后、欧化文艺占据主流文化话语的情势，对民族主义极为反感的瞿秋白需要在欧化和俄化中选择自己的思想资源。然而，尽管政治实践中盲从共产国际已经给他以深刻教训，但苏俄的文字拉丁化和扫盲运动成绩却给了他文学文化变革上的启发。而与吴玉章等人共同从事汉字拉丁化的经验，加之结合上海期间对《礼拜六》等新式流行文化读物泛滥的文化现象观察，瞿秋白才最终提出"革命文艺的大众化"的文化革命目标。

　　从反对欧化文艺到反对民族主义文艺，瞿秋白逐渐走向"革命文艺的大众化"，完成他对新文学发展史的革命道路设计。而拟订新文学史的发展路线，自然就得对此前的文学史进行传统的接续与寻找。于是，就有瞿秋白关于整理中国文学史问题的相关思考。瞿秋白的文学史整理本质就是文

---

　　①　现代意义上的文学史几乎都是重写，只不过重写时各自所本的主义、思想不同而已。参见[美]宇文所安：《过去的终结：民国初年对文学史的重写》，见刘东主编《中国学术》，北京：商务印书馆2001年版，第180—202页。

　　②　陈雪帆(陈望道)：《关于理论家的任务速写》，《现代》1932年2卷1期。

学史的"革命"重写——追求对革命的文学史叙述和对文学发展史的革命重构,为新文学史的发展寻找光荣革命传统,让革命事业在文学发展领域具备历史合理性。最后在明确"我们是谁"①的前提下,为革命事业的发展取得稳固的文化革命战线上的领导权。

瞿秋白的五四文学史观的形成过程,体现他试图以革命叙述的模式重写中国文学史的基本意图。瞿秋白的这些努力,无形之中完成了革命意识形态下的中国文学史重构。因此,不管对于瞿秋白还是对于中国革命事业而言,尽管这都还是最初的工程,但它毕竟成为此后评述作家作品和文学史现象的根本思路,并且影响着新文学史后来在相当长一段时间内的文学史写作模式,意义相当深远。

第二节　瞿秋白与中国现代文艺思想的左翼转折
——论瞿秋白的"革命文艺大众化"思想

在中国现当代文学思想的变迁历史中,文艺大众化相关理论的发生转折无疑是一个相当重要的议题。而瞿秋白对此的思考,则是此漫长议题史中的一个关键点。瞿秋白文艺思想的独特之处,就在于他为了左翼革命政治的现实需要,把长期以来的文艺写作直接定性为"政治写作"②,从而提出"革命文艺的大众化"③思想。瞿秋白这一现代文学思想的左翼扭转,是他在结合语言文字改革的思考和论战中渐渐突显出来的,并最终成为其革命文艺思想的理论主轴。而由瞿秋白等革命先驱所奠定的文艺大众化思想,也因此被研究者认为是"从中国的实际情况和现实需要出发,比较全面系

---

① 瞿秋白:《"我们"是谁?》,见《瞿秋白文集》(文学编)第 1 卷,北京:人民文学出版社 1998 年版,第 486—490 页。

② 罗兰·巴尔特认为,在政治革命语境里,"写出作品就是一种行动。"参见[法]罗兰·巴尔特:《符号学原理·结构主义文学理论文选》,李幼蒸译,北京:三联书店 1988 年版,第 76 页。

③ 瞿秋白:《瞿秋白文集》(文学编)第 1 卷,北京:人民文学出版社 1999 年版,第 493 页。

统地阐述了这个问题,从而丰富了马克思主义的文艺理论",①更是中国马克思主义文艺理论的一次重大发展。

作为一种知识启蒙和市场消费倾向的文艺威权下移,文艺大众化的思想趋势在中国并非自左翼始,起码在近代中国被迫向世界打开国门和视界的时候就已经催生了。但把现代政治革命与文艺大众化思想相联系,则应该从 1927 年中国大革命失败后全面生成的左翼氛围开始——从文学革命到革命文学。而从理论上和思想上将文艺大众化与左翼革命相提并论,瞿秋白无疑是一个关键人物。

瞿秋白对革命文学在不同阶段曾有过不同的命名,如"大反动文学"②、"普洛文学"、"茶馆文学"、"俗语文学"、"普洛大众文艺"、"无产文艺和革命文艺"等。尽管名称各异,但在本质上,以"文艺大众化"理论为基础的"无产文艺和革命文艺"才是瞿秋白理想中的革命文艺形态,并成为他最终认定的较满意的文艺思想表述。瞿秋白不仅把"文腔革命"、"第三次文学革命"作为文学和文化革命的前提,而且认为只有这些才是实行革命文艺大众化的根本问题。

瞿秋白甚至因此提出,应该继五四文学革命之后再来一次新的文学革命——"俗语文学革命运动",认为"需要的是澈底的俗话本位的文学革命。"③在瞿秋白的思想视野里,新的文学革命并非只是五四的简单继续,还是"辩证法的开展"④,目的是为了创造出"无产文艺和革命文艺",⑤从而进一步创造出"就其实质而言"是"大众的、普及的、人民的"的"新文化"⑥。

---

① 朱辉军:《西风东渐——马克思主义文艺理论在中国》,北京:燕山出版社 1994 年版,第 45 页。

② 这是反语式的表述。

③ 瞿秋白:《瞿秋白文集》(文学编)第 1 卷,北京:人民文学出版社 1999 年版,第 480 页。

④ 瞿秋白:《瞿秋白文集》(文学编)第 3 卷,北京:人民文学出版社 1999 年版,第 331 页。

⑤ 瞿秋白:《瞿秋白文集》(文学编)第 1 卷,北京:人民文学出版社 1999 年版,第 496 页。

⑥ [俄]托洛茨基:《文学与革命》,刘文飞等译,北京:外国文学出版社 1992 年版,第 179 页。

一、大众"革命化"与群众路线

瞿秋白对文艺大众化思想的正式论述,当以《大众文艺和反对帝国主义的斗争》为发端。此后瞿秋白发表了一系列论文加以深化,包括围绕这一思想进行的相关创作实践。瞿秋白甚至以反语口吻提出"反动文学"口号并倡导文艺要"转变方向"①,说"大反动文学"是"所谓无产阶级的文学,所谓普罗文学"②;瞿秋白进而有"茶馆文学"的说法,认为"新文学界必须发起一种朗诵运动。朗诵之中能够听得懂的,方才是通顺的中国现代文写的作品!"只有"茶馆里朗诵的作品,才是民众的文艺"③。

在《大众文艺和反对帝国主义的斗争》中,瞿秋白正式号召"革命文艺向着大众去",强调文艺革命的大众化。瞿秋白首先描述彼时彼刻中国大众文艺生活的落后情状:

> 中国的大众是有文艺生活的……城市的贫民工人看的是《火烧红莲寺》等类的"大戏"和影戏,如此之类的连环图画,《七侠五义》,《说岳》,《征东》,《征西》,他们听得到的是茶馆里的说书,旷场上的猢狲戏,变戏法,西洋镜……小唱,宣卷。这些东西,这些"文艺"培养着他们的"趣味",养成他们的人生观。④

落后的大众文艺生活需要革命改造,否则就是"豪绅资产阶级所需要的"⑤。瞿秋白从三个层次上深入对大众文艺的号召⑥:首先就是大众文艺的必要性。"这次日本占领东三省的巨大事变,激动全国民众的热血。这

---

① 瞿秋白:《瞿秋白文集》(文学编)第3卷,北京:人民文学出版社1999年版,第193页。
② 瞿秋白:《瞿秋白文集》(文学编)第3卷,北京:人民文学出版社1999年版,第194页。
③ 瞿秋白:《瞿秋白文集》(文学编)第1卷,北京:人民文学出版社1999年版,第360页。
④ 瞿秋白:《瞿秋白文集》(文学编)第3卷,北京:人民文学出版社1999年版,第3页。
⑤ 瞿秋白:《瞿秋白文集》(文学编)第3卷,北京:人民文学出版社1999年版,第3页。
⑥ 瞿秋白显然受到了勒庞思想的影响。勒庞在其《革命心理学》中说:"诸如此类的尝试向我们揭示了这样一个事实,那就是:一个民族除非首先改造它的精神,否则就无法选择自己的制度。"〔[法]古斯塔夫·勒庞(Gustave Le Bon):《革命心理学》(*The Psychology of Revolution*),佟得志、刘训练译,长春:吉林人民出版社2004年版,第34页〕

种沸腾的情绪需要文艺上的组织。但是新文艺和民众是向来绝缘的"①,所以革命文艺必须"向着大众去";其次是大众文艺说什么话。向着大众必须"说人话""说中国话"②;再次,大众文艺写什么话。既然向大众说人话,那么"写出来的东西也要念出来像人话——中国人的话。"③

　　瞿秋白关于大众文艺必须加以革命改造的思路,在《普洛大众文艺的现实问题》一文中显得更清晰。这篇论文可谓是瞿秋白关于普洛大众文艺思想的集大成式的思想纲领式文件。因为《普洛大众文艺的现实问题》开篇摘引的,正是列宁《党的组织和党的出版物》中强调确立文艺服务对象的一段话。④

　　对于普洛文艺的性质,瞿秋白同样征引列宁的观点,即普洛文艺"要是自由的文艺,因为调动新的力量和更新的力量到这种文艺的队伍里来的,并非贪欲和声望,而是社会主义的理想和对劳动者的同情"。⑤ 在两次对列宁文集的权威征引之后,瞿秋白不仅明确著文的阶级立场和指导思想,而且给普洛文艺进行革命和阶级定性。问题讨论尽管是在征引列宁原著的前提下展开,但目标却是为了讨论"现在的中国情形"⑥。瞿秋白认为彼时的中国"普洛文艺的胚胎还没有,只有普洛文艺的理论和所谓前辈。只有普洛文艺的'母亲',她应当怀胎,但是还没有怀胎"。⑦ 在瞿秋白眼里,中国文艺生活的现象可谓神奇古怪:

　　　　因为封建余孽的统治,所以文艺界之中也是不但有阶级的对立,并且还有等级的对立。中国人的文艺生活显然划分着两个等级,中间隔着一堵万里长城,无论如何都不相混杂的。第一个等级是"五四式"的白话文学和诗古文词——学士大夫和欧化青年的文艺生活。第二个等

① 瞿秋白:《瞿秋白文集》(文学编)第3卷,北京:人民文学出版社1999年版,第3—4页。
② 瞿秋白:《瞿秋白文集》(文学编)第3卷,北京:人民文学出版社1999年版,第5页。
③ 瞿秋白:《瞿秋白文集》(文学编)第3卷,北京:人民文学出版社1999年版,第5页。
④ 瞿秋白:《瞿秋白文集》(文学编)第1卷,北京:人民文学出版社1999年版,第461页。
⑤ 瞿秋白:《瞿秋白文集》(文学编)第1卷,北京:人民文学出版社1999年版,第462页。
⑥ 瞿秋白:《瞿秋白文集》(文学编)第1卷,北京:人民文学出版社1999年版,第463页。
⑦ 瞿秋白:《瞿秋白文集》(文学编)第1卷,北京:人民文学出版社1999年版,第462页。

级是章回体的白话文学——市侩小百姓的文艺生活。①

基于列宁主义立场和中国文艺的现实,既然"普洛文艺应当是民众的。新式白话的文艺应当变成民众的",瞿秋白"劈头一个问题就是:怎样去变",也就是如何进行革命改造。普洛文艺的问题,于是就变成"革命的作家要向群众去学习",这就是"'怎样把新式白话文艺变成民众的'问题的总答复"。不仅"'欧化文艺'尚且要努力大众化,扩大自己的读者社会。同时必须打进大众的文艺生活之中去——跳过那一堵万里长城,——跑到群众里面去。这就必须创造普洛的革命的大众文艺。"因此,主要的工作应该是创造普洛的大众文艺,"应当向那些反动的大众文艺宣战。这是一条唯一的道路——可以造成新的群众的言语,新的群众的文艺,站到群众的'程度'上去,同着群众一块儿提高艺术的水平线。所谓'非大众的普洛文艺'和'普洛大众文艺'之间的区别,将要在这一条道路上逐渐的消灭净尽。"②可见,瞿秋白对大众文艺的考虑,一开始就包蕴着以政治斗争为纲的目的。瞿秋白倡导的大众文艺运动,就是政治运动在文艺战线上的表现,因为:

> 文艺问题里面,同样要"由无产阶级反对资产阶级而完成资产阶级民权革命的任务",准备着,团结着群众的力量,以便"立刻进行社会主义的革命"。为着执行这个任务起见,普洛大众文艺应当在思想上,意识上,情绪上,一般文化问题上,去武装无产阶级和劳动民众:手工工人,城市贫民和农民群众。这是艰苦的伟大的长期的战斗!③

因此,可以说《普洛大众文艺的现实问题》是瞿秋白拟订的实行普洛大众文艺的革命行动纲领,宗旨就是普洛大众文艺"应当立刻实行,应当认真的解决一些现实的问题"。这一文艺的革命行动,分为五个步骤:

---

① 瞿秋白:《瞿秋白文集》(文学编)第1卷,北京:人民文学出版社1999年版,第462页。
② 瞿秋白:《瞿秋白文集》(文学编)第1卷,北京:人民文学出版社1999年版,第464页。
③ 瞿秋白:《瞿秋白文集》(文学编)第1卷,北京:人民文学出版社1999年版,第462—464页。

"用什么话写",目的就是需要在无产阶级领导下"再来一次文字革命,象俄国洛孟洛莎夫到普希金时代的那种文字革命","主张真正的用俗话写一切文章","还需要有一个积极主张俗话的运动,不但自己这样写、并且还要号召一切人应当这样写,还要攻击不这样写的人",这需要"像五四时期一样的战斗精神"。"俗话革命的任务"是"一般文化革命的任务,一切革命的文化组织应当担负起来,而尤其是文学的革命组织。"①任务的革命性质、完成任务的办法及任务承担者,每一个环节都是革命行动的周密策划和强制规约。相反,对里面的文艺和语言的成分的考虑则是存在弹性的——"大众文艺和其他文章在言语上的区别,仅仅只在于深浅"。

比较而言,"写什么东西"的区别则是很大的"作品的体裁问题"②。普洛大众文艺所要写的"应当是旧式体裁的故事小说,歌曲小调,歌剧和对话剧等,因为识字人数的极端稀少,还应当运用连环图画的形式;还应当竭力使一切作品能够成为口头朗诵,宣唱,讲演的底稿。我们要写的是体裁朴素的东西——和口头文学离得很近的作品",同时还要"预防一种投降主义,就是盲目的去模仿旧式体裁",因此应当做到两点:"第一,是依照着旧式体裁而加以改革;第二,运用旧式体裁的各种成分,而创造出新的形式",而且在文艺形式上"普洛大众文艺也要同着群众一块儿提高艺术的程度"。写什么的最终目的是"同着群众一块儿提高",要防止的是对旧形式的"投降主义",文艺大众化思想中的革命旨趣始终是不可动摇的前提。

"为着什么而写"是指"题材——艺术内容上的目的"。这个问题"在所谓'非大众的普洛文艺'和'普洛大众文艺'之间,差不多没有什么区别的。如果有的话,那只是相对的。譬如说,因为读者对象的不同,所以'非大众的文艺'大半要是捣乱敌人后防的,而'大众的'大半要是组织自己的队伍的。这是文艺,所以这尤其要在情绪上去统一团结阶级斗争的队伍,在意识

---

① 瞿秋白:《瞿秋白文集》(文学编)第 1 卷,北京:人民文学出版社 1999 年版,第 464—466 页。

② 瞿秋白:《瞿秋白文集》(文学编)第 1 卷,北京:人民文学出版社 1999 年版,第 469—470 页。

上在思想上,在所谓人生观上去武装群众。"①在瞿秋白看来,只要是普洛文艺,不管大众还是非大众,首先都是在同一战线,是内部统战问题,不是对外的阶级革命斗争问题;只是革命分工不同,不是革命内部的分裂。这和革命军事斗争的战术战略如出一辙。

瞿秋白把普洛大众文艺按斗争目的和效果,分为三类:鼓动作品、为着组织斗争而写的作品、为着理解人生而写的作品。但是,瞿秋白仍然念念不忘强调普洛大众文艺在政治斗争上的根本目的——"普洛大众文艺的斗争任务,是要在思想上武装群众,意识上无产阶级化,要开始一个极广大的反对青天白日主义的斗争。……我们要有一个无产阶级的五四,这应当是无产阶级的革命主义社会主义的文艺运动,这就是反对青天白日主义"②。上述一系列主义的取向和拣择,鲜明地呈现出瞿秋白文艺大众化思想的革命旨趣,即为了"苏维埃的革命文艺运动"。目的在于"反对帝国主义的国际主义"和"反封建宗法的劳动民众的民权主义和社会主义"。

至于"怎么样去写"的确"并不是大众文艺的特殊问题",其实就是创作方法的问题,而创作方法本身是没有阶级性的,只有观点和立场才有阶级性。因此"普洛作家要写工人,民众和一切题材,都要从无产阶级观点去反映现实的人生,社会关系,社会斗争",文艺作品"应当经过具体的形象,——个别的人物和群众,个别的事变,个别的场合,个别的一定地方的一定时间的社会关系,用'描写''表现'的方法,而不是用'推论''归纳'的方法,去显露阶级的对立和斗争,历史的必然和发展。这就须要深切的对于现实生活的了解"。不仅要克服主观主义,而且要预防"用一种轻率的态度来对大众文艺"③。瞿秋白把这些不良倾向概括为四种:感情主义、个人主义、团圆主义、脸谱主义。但无论哪个层次,瞿秋白最终总是拐回到政治革命和

①　瞿秋白:《瞿秋白文集》(文学编)第1卷,北京:人民文学出版社1999年版,第471—472页。
②　瞿秋白:《瞿秋白文集》(文学编)第1卷,北京:人民文学出版社1999年版,第475页。
③　瞿秋白:《瞿秋白文集》(文学编)第1卷,北京:人民文学出版社1999年版,第476—477页。

阶级斗争的最高宏旨进行总结和强调：

> 无产阶级是资本主义社会里的最先进的阶级，他不需要虚伪，不需
> 要任何的理想化，不需要任何的自欺欺人的幻想。"现实"用历史的必
> 然性替无产阶级开辟最终胜利的道路。无产阶级需要认识现实，为着
> 要去改变现实。无产阶级不需要矫揉做作的麻醉的浪漫谛克来鼓舞，
> 他需要切实的了解现实，而在行动斗争之中去团结自己，武装自己；他
> 有"现实的将来"的灯塔，领导着最热烈最英勇的情绪，去为着光明而
> 斗争。因此，普洛大众文艺，必须用普洛现实主义的方法来写。这需要
> 开始一个运动，一个为着普洛现实主义而斗争的运动。①

至于"要干些什么"，则是革命任务和目标问题。瞿秋白归纳出四大任
务：俗话文学革命运动、街头文学运动、工农通讯运动、自我批评的运动。②
瞿秋白的讨论无疑受到苏俄文艺政策和论战的影响，例如"单是有无产阶
级的思想是不够的，还要会象无产阶级一样的去感觉"③一类的论述，就是
苏俄"拉普"内部的重要争论。既然瞿秋白对文艺"能干些什么"的认识是
基于革命功利的文艺工具论，对于文艺大众化里的"要干些什么"的判断，
自然只能在革命斗争的目标预设下思考。

因此，在普洛大众文艺现实化的四大任务里面，文学本身并不重要，重
要的是俗话、街头、工农和自我批评，每个任务都有要打倒的政治敌人——
胡适之主义、知识精英意识、青天白日主义、非辩证法和非唯物论倾向。总
而言之，就是要走群众路线。毕竟革命需要的是群体力量，群众则是群体力
量的最好代名词和最后承担者。普洛大众文艺的运动"必须立刻回转脸来
向着群众，向群众去学习，同着群众一块儿奋斗，才能够胜利的进行"，"没

---

① 瞿秋白：《瞿秋白文集》（文学编）第 1 卷，北京：人民文学出版社 1999 年版，第 479—
480 页。

② 瞿秋白：《瞿秋白文集》（文学编）第 1 卷，北京：人民文学出版社 1999 年版，第 480—
482 页。

③ 瞿秋白：《瞿秋白文集》（文学编）第 1 卷，北京：人民文学出版社 1999 年版，第
481 页。

有大众的普洛文学是始终要枯死的,像一朵没有根的花朵。"①看来,大众不仅是普洛文学的根,更是共产主义革命伟大事业的根。瞿秋白的革命群众观,正是他文艺大众化思想的最高革命指导原则。

二、"大众"扩大化与文艺统战

革命文艺大众化朝向的倡导,除了可以形成战争动员和知识启蒙之间搭便车式的含混理解②之外,还可以顺便完成对文艺创作主体的革命整顿和统战工作。显然,在群众政治的革命战争年代,知识分子的精英意识不仅阻碍着文艺大众化工作的开展,更限制对大众化运动的无产阶级领导权争取,因此必须要严加批判。这就是瞿秋白的良苦用心。因此,"作者生活的大众化"成为"革命文艺大众化"中最中心的问题之一,即转变阶级立场。

《苏维埃的文化革命》是瞿秋白为中央文化工作委员会起草的文件。瞿秋白再次明确提出:"革命的文化运动的大众化,就是目前最重要的中心问题。"③而在《上海战争和战争文学》里,瞿秋白则强调"革命文学和普洛文学对于战争的态度,自然就是工人阶级领导之下的劳动民众的态度"④。瞿秋白认为,文学叙述与作者的政治立场是同一而对等的,因为"劳动民众和兵士现在需要自己的战争文学,需要正确的反映革命战争的文学,需要用劳动民众自己的言语来写的革命战争的文学"⑤,所以革命文艺的大众化、尤其是革命大众文艺的创造更加迫切。站在现实革命政治立场上,文艺首

---

① 瞿秋白:《瞿秋白文集》(文学编)第 1 卷,北京:人民文学出版社 1999 年版,第483 页。

② 在政治革命语境里,学理的认识和辨析不是目的。相反,一些必要的含混和模糊恰恰是必须的。这也是革命的策略之一。在 20 世纪 30 年代的许多所谓的文艺论战,都有这种夹二缠的现象。对此,后人各执一端的学术追究在学理层面上是对的,但在思路上是脱离历史背景的。

③ 瞿秋白:《瞿秋白文集》(政治理论编)第 7 卷,北京:人民文学出版社 1999 年版,第231 页。

④ 瞿秋白:《瞿秋白文集》(文学编)第 3 卷,北京:人民文学出版社 1999 年版,第 8 页。

⑤ 瞿秋白:《瞿秋白文集》(文学编)第 3 卷,北京:人民文学出版社 1999 年版,第 10—11 页。

先是武器和工具，"无产阶级的先锋队要用一切武器，以及文艺的武器，去进攻反动的思想。"①于是，在《谈谈工厂小报和群众报纸》里，瞿秋白再次提出党的宣传首先要"脸向着群众"②。

由此看来，郑伯奇的《大众化的核心》一文会引起瞿秋白的关注，正是同样出于他对五四知识分子精英意识的批判。由于郑伯奇恰好延续的是郭沫若"老实不客气的是教导大众"③的、五四知识精英的启蒙立场，所以瞿秋白相当严肃地驳斥他道："这些革命的智识分子——小资产阶级，还没有决心走进工人阶级的队伍，还自己以为是大众的教师，而根本不肯'向大众去学习'。因此，他们口头上赞成'大众化'，而事实上反对'大众化'，抵制'大众化'。"④瞿秋白认为，郑伯奇的文章正好暴露出这类智识分子的态度，由此可见大众化工作的深刻障碍"就是革命的文学家和'文学青年'大半还站在大众之外，企图站在大众之上去教训大众。"⑤

为此，瞿秋白还自封为"我们"的代表"做了另外一篇文章"⑥。而在《"我们"是谁?》刊出后，瞿秋白还进一步约郑伯奇进行谈话交流——其实就是思想说服。尽管多年以后，郑伯奇在回忆此事时，更多承认自己"把作者——知识分子出身的文艺工作者和工农大众对立起来"的"错误思想"和"立场态度问题"⑦，但当年既然瞿秋白有找他单独谈话的必要，问题也许正是瞿秋白的意见有点贬低知识分子的启蒙作用和政治热情，这的确令郑伯奇等一类人难以接受。但是，从另一个角度上，这也表明瞿秋白"文艺大众化"观点的激进，乃至于当时在五四知识分子里引起的抵触情绪和阻力相

---

① 瞿秋白：《瞿秋白文集》（文学编）第 1 卷，北京：人民文学出版社 1999 年版，第489 页。

② 瞿秋白：《谈谈工厂小报和群众报纸》，《红旗周报》(31)1932 年 3 月 11 日。

③ 郭沫若：《新兴大众文艺的认识》，《大众文艺》1930 年第 2 期第 3 页。

④ 瞿秋白：《瞿秋白文集》（文学编）第 1 卷，北京：人民文学出版社 1999 年版，第486 页。

⑤ 瞿秋白：《瞿秋白文集》（文学编）第 1 卷，北京：人民文学出版社 1999 年版，第487—488 页。

⑥ 这篇文章其实就是《普洛大众文艺的现实问题》。参见《瞿秋白文集（文学编）》第 1卷《"我们"是谁?》。

⑦ 郑伯奇：《忆创造社及其他》，香港：三联书店 1982 年版，第 161—162 页。

当之大。

在批驳郑伯奇后，知识分子在大众文艺运动里的角色、立场和作用问题，已经凸显出来。瞿秋白因此更加认识到，文艺大众化问题实质上是"欧化文艺"与"无产阶级文艺"在争夺文艺革命领导权。也就是说，知识精英的权威身份和知识话语权力，并没有因为共产主义革命而必然地发生阵地转移。毕竟暴力革命、思想革命和文化权势转移之间不可能同步前行。对于革命事业而言，这起码是同样重要、甚至是更为根本的革命领导权争夺。因此，1932 年 5 月 4 日，瞿秋白专门作《欧化文艺》，对此展开批判，明确指出文艺大众化的问题是"无产文艺运动的中心问题，这是争取文艺革命的领导权的具体任务"。①

然而，就欧化文艺现象的批判而言，其实早在《新鲜活死人的诗》里，瞿秋白就有涉及。不过那时候瞿秋白只是站在文艺发展本身的立场上，对欧化文学现象、尤其是新诗进行批判，认为欧化新诗人"把外国诗的格律，节奏，韵脚的方法，和自己的活死人的腔调生吞活剥的混合起来，结果，成了一种不成腔调的腔调，新鲜活死人的腔调。"②可到写《欧化文艺》时，瞿秋白已不再是就欧化文艺现象谈文艺发展，而是已经隐藏着政治批判和争夺文艺思想领导权的基本预设。瞿秋白首先对欧化文艺进行历史辩证的梳理。因此，瞿秋白借批判欧化文艺而批判五四知识精英和现代启蒙立场的旨趣可谓一目了然：

> 因为新文艺——欧化文艺的最初一时期，完全是资产阶级智识分子的运动，所以这种文艺革命运动是不澈底的，妥协的，同时又是小团体的，关门主义的。这种运动里面产生了一种新式的欧化的"文艺上的贵族主义"：完全不顾群众的，完全脱离群众的，甚至于是故意反对群众的欧化文艺，——在言语文字方面造成了一种半文言（五四式的

---

① 瞿秋白：《瞿秋白文集》（文学编）第 1 卷，北京：人民文学出版社 1999 年版，第 492 页。

② 瞿秋白：《瞿秋白文集》（文学编）第 1 卷，北京：人民文学出版社 1999 年版，第 394 页。

假白话），在体裁方面尽在追求着怪僻的摩登主义，在题材方面大半只在智识分子的"心灵"里兜圈子。初期的无产文学运动也承受了这些资产阶级的遗产。

……

中国资产阶级不能够完成民权革命在文化上的任务，它也绝对不愿意完成这种任务，而且正在反对民众自己的文化革命。而对于无产阶级，所有这些欧化文艺的流弊却是民众自己的文化革命的巨大的障碍。无产阶级应当开始有系统的斗争，去开辟文艺大众化的道路。只有这种斗争能够保证无产阶级在文艺战线上的领导权，也只有无产阶级的领导权能够保证新的文艺革命的胜利：打倒中国的中世纪式的文艺，取消欧化文艺和群众的隔离状态，肃清地主资产阶级的文艺影响。①

可见，瞿秋白是以政治和阶级斗争的思路梳理中国五四欧化文艺发展史的。因此，瞿秋白认为只有通过展开批判欧化文艺的思想斗争，才"能够保证无产阶级在文艺战线上的领导权"，因为"这种文艺战线上的斗争，正是总的政治斗争的一部分"。而为了打倒欧化文艺，瞿秋白甚至规定了无产阶级领导的文艺革命的路线——"民众自己的文艺革命的路线是革命文艺的大众化：一方面要创造革命的大众文艺，别方面要使革命的欧化文艺大众化"；另一方面，瞿秋白制定对欧化文艺的统战路线："中国的民众，尤其是中国工人的先锋队，同时也需要利用世界无产阶级的经验，接受世界的文化成绩。对于革命文艺，只有在这个意义上，方才说得上所谓'欧化'。革命文艺的'大众化'，不但不和'欧化'发生冲突，而且只有大众化的过程之中方才能够有真正的欧化，——真正运用国际的经验。真正的'欧化'是什

① 瞿秋白：《瞿秋白文集》（文学编）第 1 卷，北京：人民文学出版社 1999 年版，第 492—493 页。

么？这是要创造广大群众的新的文字和言语,创造广大群众的新的文艺形式,——足以表现现代的无产阶级的社会关系的,足以使广大群众能够理解国际劳动群众的生活和斗争,理解国际的一般社会生活的。"此后,瞿秋白对欧化文艺的统战,就成为"关于运用旧的形式去创造革命的大众文艺的问题"①。

总而言之,瞿秋白用"革命文艺"和"文艺大众化"规约了涉及"革命文艺和无产文艺"的所有问题。因为文艺的欧化本身并不是问题,自近代以来就已经渐渐成为无法扭转的趋势。文艺欧化的真正问题就在于:谁来欧化,怎样欧化,站在什么阶级立场欧化,为什么要欧化? 瞿秋白对文艺欧化本身也不反对,他甚至以此为例,用战争术语比拟自己对无产阶级文艺战线的运筹帷幄:

> 欧化文艺的大众化和革命大众文艺的创造,这是文艺战线上的两支生力军,它们的目的只有一个:用坚决的刻苦的斗争去消灭"非大众文艺"和"大众文艺"之间的对立和隔离。②

瞿秋白的思路是,欧化文艺用大众化对付,非革命的大众文艺用革命化解决。目的是消灭"非大众文艺"和"大众文艺"之间的对立和隔离,创造出无产文艺和革命文艺。至此,无产文艺革命化和大众化、欧化和国际化、国际化和革命化的双重目标得到统一,这便是瞿秋白的革命文艺大众化思想。

三、五四的革命再出发

经过两年来的思考和论争,瞿秋白革命文艺大众化思想已相当系统清晰,目标也很明确——建立无产文艺和革命文艺。瞿秋白此时写的《五四

---

① 瞿秋白:《瞿秋白文集》(文学编)第1卷,北京:人民文学出版社1999年版,第493—494页。

② 瞿秋白:《瞿秋白文集》(文学编)第1卷,北京:人民文学出版社1999年版,第496—497页。

和新的文化革命》①，从论述的对象、思想高度和指向性都承继着《大众文艺的问题》，并因此成为他文艺思想的集大成之作，更是他提出文腔革命、第三次文学革命后对中国文艺发展的阶段性总结和判断——对中国现代文学的源头五四文化运动的一次正本清源。

瞿秋白提出，要在五四后进行"新的文化革命"。但是，与此前对五四过激否定和主要持批判立场不同，瞿秋白在《五四和新的文化革命》中对五四有较为全面客观的评价：

> 五四是中国的资产阶级的文化革命运动。但是，现在中国资产阶级早已投降了封建残余，做了帝国主义的新走狗，背叛了革命，实行着最残酷的反动政策。光荣的五四的革命精神，已经是中国资产阶级的仇敌。中国资产阶级在文化运动方面，也已经是绝对的反革命力量。它绝对没有能力完成民权主义革命的任务——反帝国主义的及封建的文化革命的任务。新的文化革命已经在无产阶级领导之下发动起来，这是几万万劳动民众自己的文化革命，它的前途是转变到社会主义革命的前途。②

瞿秋白明确提出，只有无产阶级"才是真正能够继续伟大的五四精神的社会力量"，强调无产阶级"决不放弃五四的宝贵的遗产"。瞿秋白认同"五四的遗产"是"对于封建残余的极端的痛恨，是对于帝国主义的反抗，是主张科学和民权。虽然所有这些抵抗的革命的倾向，都还是模糊的和笼统的，都包含着资产阶级的个人主义，一切种种资产阶级性的自由主义和人道

---

① 此文当写于《欧化文艺》之后。1932 年 5 月，瞿秋白写《五四和新的文化革命》。尽管此文没标明具体写于哪一天，但从两个因素可判断当在《欧化文艺》后：其一，此文引用了胡秋原刊载于 1932 年 4 月 20 日《文化评论》第四期《文化运动的问题》里的文字；其二，瞿秋白在 1932 年 5 月 18 日作《"自由人"的文化运动——答覆胡秋原和〈文化评论〉》批判胡秋原《文化运动的问题》和发表该作的刊物《文化评论》。《五四和新的文化革命》的批判视点显然比《"自由人"的文化运动——答覆胡秋原和〈文化评论〉》要高屋建瓴，视野更阔大。可见此文当写于 1932 年 5 月 18 日后。

② 瞿秋白：《瞿秋白文集》（文学编）第 3 卷，北京：人民文学出版社 1999 年版，第 22 页。

主义;——但是,这种反抗精神已经是现在一般资产阶级和小资产阶级的智识分子所不能够有的了"。① 然而,这份遗产却只有无产阶级"能够反对着资产阶级,批判一切个人主义,人道主义和自由主义等类的腐化的意识,而继承那种极端的深刻的对于封建残余的痛恨"。

瞿秋白把五四文化运动与"俄国19世纪60年代"的历史相比附,赋予五四无产阶级革命历史的正统权威,认为这就是列宁所说的"新文化运动(启蒙运动)"。显然,瞿秋白已经习惯以阶级斗争的思维理解文化运动,他对五四文化运动梳理也同样如此。他说:"所谓文化运动之中自然反映着阶级分化的过程,而表现着许多方面的斗争……直到'科学','民权'之类的旗帜完全落到了无产阶级的手里。"②

瞿秋白把五四文化运动之后的文学界分化概括为两种:披着"粉红色的外套"的"马路民族主义"是"从狂人到疯狗";"中国新文艺的礼拜六派化"等则是"从狂人到面首"。这些疯狗和面首自以为是民族意识代表、"艺术至上主义的神仙"、"反对马路文学——礼拜六主义的健将",其实他们自己就是"高级趣味的礼拜六派"。瞿秋白认为,彼时的中国劳动群众、尤其是工人阶级"已经有了觉悟的先锋队",已经"锻炼出了绝对新式的'下等社会'里的'英雄'",这才是中国社会里"绝对新的文化革命的力量"③。瞿秋白以阶级斗争为纲完成五四后的新文化革命历史的系统勾勒。但对革命文学的创作方针,无论是"表现革命战斗的英雄",还是"揭穿一切种种假面具",瞿秋白都显然横向移植于苏俄"拉普"的文艺创作政策,甚至还加着重号表示完全认同。最后,瞿秋白带着展望未来的口气写道:"五四是过去的了。文化革命的领导已经落到了新的阶级手里。今年这种剧烈战斗的年头,文化战线上的战斗正在开展着许多新的方面。"④的确,在以阶级斗争的

---

① 瞿秋白:《瞿秋白文集》(文学编)第3卷,北京:人民文学出版社1999年版,第22—23页。

② 瞿秋白:《瞿秋白文集》(文学编)第3卷,北京:人民文学出版社1999年版,第23—24页。

③ 瞿秋白:《瞿秋白文集》(文学编)第3卷,北京:人民文学出版社1999年版,第25—27页。

④ 瞿秋白:《瞿秋白文集》(文学编)第3卷,北京:人民文学出版社1999年版,第31页。

政治逻辑统筹文艺思考的瞿秋白看来,没有比完成文艺战线上的作战规划和建设蓝图更快慰的事情了。

1932 年 7 月,瞿秋白看到茅盾对《普洛大众文艺的现实问题》的回应文章,于是他再次写下对大众文艺的思考。《再论大众文艺答止敬》开篇,瞿秋白欣喜地肯定大众文艺的问题总算开始讨论了。除了扫除一些误会和进行过头话的自我纠偏、补充方言文学论述外,瞿秋白主要就茅盾提出"技术为本、文字是末"的问题,从"文学革命"和"大众文艺运动"必要性高度进行辨析。瞿秋白认为两人"原则上的分别是在于他不觉得肃清文言余孽应当是一个群众的革命运动,他只要求作家'多下功夫修炼';而我以为一定要一个自觉的革命的斗争,领导群众起来为着活人的言语而斗争。分别是在于发动一个攻击'新文言和死白话'的运动,还是不要"。

瞿秋白论断"在中国的特别情形之下,必须和文艺运动的问题联系在一起。所以这个'文字问题'必须特别的提出来,使一般开始写大众文艺的人就注意到。说'文字是末'——在这个意义上——是错误的"。① 瞿秋白口口声声强调,茅盾的错误在于不承认文艺大众化运动的革命立场。但瞿秋白此时的论辩文字却特别周全委婉,乃至对于他的反诘与辩驳,茅盾的反应显得相当冷静和谨慎。茅盾当然明白内在的分歧与利害,因此除了写给"迪兄"信中谈及外,他没有就此问题对瞿秋白再有专文回应。他清楚知道论说差异在于"立场"问题——"与秋白是从不同的前提来争论的,即我们对文艺大众化的概念理解不同。"②但不管如何,郑伯奇的被说服和茅盾的不再回应,都表明瞿秋白以文艺大众化为核心的新文化革命思想初步成熟。

瞿秋白以革命文艺大众化为主轴建立了自己的革命文艺思想,其意义不仅仅是个人的,更是历史的。起码,自此之后,左翼文学阵营内部和党内文艺战线都对"革命文艺大众化"思想基本达成一致的政治和文艺上的双重认同。而"文艺大众化"文艺思想的基本约定和革命内涵,也成为了中国

---

① 瞿秋白:《瞿秋白文集》(文学编)第 3 卷,北京:人民文学出版社 1999 年版,第 53 页。
② 茅盾:《我走过的道路》(中册),北京:人民文学出版社 1984 年版,第 155 页。

共产党人在文艺思想上对国际左翼思潮本土化的早期成果。尤其是《在延安文艺座谈会上的讲话》之后，"文艺大众化"的相关讨论更是不仅从理论朝向现实层面全面铺开，而且在革命规约的内涵上走向深入。瞿秋白的"革命文艺的大众化"思想，作为中国现代文艺思想史上左翼转折的一个关节点，其思想的发轫意义和理论的历史价值正在于此。

第三节　瞿秋白与文艺大众化思想的中国化进程

瞿秋白在苏区最重要的文艺贡献，是进行文艺大众化思想的现实调适：在思想上，因地制宜调整为"创造工农大众艺术"；在理论上，将文艺大众化思想现实制度化。在苏区，瞿秋白以从事教育和宣传工作来延续自己的政治生命，其"左联"时期的文艺大众化思想不仅与苏区戏剧大众化活动、工农大众艺术水乳交融，且与苏区基础教育和民众战争宣传动员政策天然转换，最终生成中国本土化的集体写作政策。

文艺大众化思想，是马克思主义理论与中国共产主义革命实践相结合后在文艺指导思想方面的体现。在其艰难的中国进程中，瞿秋白起了关键作用，尤其是他在苏区时期文艺实践的影响至为重要。

瞿秋白在苏区最重要的文艺贡献，是进行文艺大众化思想的中国革命现实调适：在思想上，因地制宜调整为"创造工农大众艺术"；在理论上，将文艺大众化思想现实制度化。在苏区，瞿秋白以从事教育和宣传工作来延续自己的政治生命，其"左联"时期的文艺大众化思想不仅与苏区戏剧大众化活动、工农大众艺术水乳交融，且与苏区基础教育和民众战争宣传动员政策天然转换，最终生成中国本土化的集体写作文艺政策。

一、战地体验与现实调适

瞿秋白文艺大众化思想的调适，首先源于他在苏区办教育体验的反拨。在革命战争最艰苦激烈的中央苏区，政治宣传、教育和文化事业融合一起，不论是机构设置还是实践工作的开展都如此。而且，苏区教育和文化事业的宗旨都是服务革命需要,特点是"军事化、革命化、大众化和国家化"①。

早在 1929 年 12 月,共青团闽西特委召开第一次县宣传科联席会议,那时就已提出"一切的文化都是宣传,资产阶级的文化是资产阶级的宣传工具,无产阶级的文化是无产阶级的宣传工具。在这个工农革命高潮日益高涨的时候,文化更成了我们宣传上的一个重要的力量"②。1933 年 6 月 5 日,中央人民教育委员部发布第二号训令,强调俱乐部是"教育群众的政治文化的中心"③。10 月 20 日,中央教育人民委员部提出的第一条任务就是,要求"在工农民主专政的共和国内,一切教育事业的设施,无论在政治教育范围内,或普通的工艺的教育范围内,或文艺的范围内,都应当从阶级斗争出发"④。

而在"一苏大会"和"二苏大会"上,瞿秋白都当选为教育部部长。教育部的"艺术局和社会教育局共同分管戏剧运动和俱乐部的工作,使中央苏区戏剧运动有了统一领导。苏区的不断巩固和壮大,也为戏剧运动的发展创造了良好的政治环境,并把苏区的戏剧运动推进到一个新的阶段"⑤。瞿秋白抵达苏区后随即就任教育部长,不久开始领导苏区文艺规范化工作,制订《高尔基戏剧学校简章》,重订《俱乐部纲要》,批准《工农剧社简章》、《苏维埃剧团组织法》、《俱乐部的组织与工作》、《儿童俱乐部的组织和工作》等,从制度上保证苏区工农文艺正常发展。

1935 年 4 月,教育部把文件汇编为《苏维埃教育法规》,这是中国共产党领导下的第一部文化教育法规。⑥ 据徐特立回忆,瞿秋白到苏区后

---

① 王予霞,汤家庆,蔡佳伍:《中央苏区文化教育史》,厦门:厦门大学出版社 1999 年版,第 191 页。

② 江西省文化厅革命文化史料征集工作委员会、福建省文化厅革命文化史料征集工作委员会编:《中央苏区革命文化史料汇编》,南昌:江西人民出版社 1994 年版,第 118 页。

③ 《中华苏维埃共和国中央教育人民委员部训令第二号——关于建立和健全俱乐部的组织和工作》。

④ 《中央文化教育建设大会决议案(1933 年 10 月 20 日)》,《红色中华》1933 年 11 月 17、20 日。

⑤ 王予霞、汤家庆、蔡佳伍:《中央苏区文化教育史》,厦门:厦门大学出版社 1999 年版,第 55 页。

⑥ 王予霞、汤家庆、蔡佳伍:《中央苏区文化教育史》,厦门:厦门大学出版社 1999 年版,第 128 页。

"从制订教育方针到编写教材,都提出了自己的见解",不同意当时"左"倾路线指导下强调以共产主义为内容的国民教育政策和对知识分子的过"左"政策,为此还发生过分歧和争论。① 当然,苏区教育"直接住校负责者"②是徐特立,瞿秋白多从事原则指示,尤其是将文艺阶级性要求一如既往灌注到教育事业,对教育阶级性强调非常明确。即使在严峻革命情势下,瞿秋白仍不忘强调"苏维埃的教育,是阶级的教育,是马克思列宁主义的阶级教育"③。

其实,在阶级性强调和革命立场坚持上,办教育和从事文化战线斗争是相通的,尤其在侧重政策设计的草创阶段。而理论规划和政策设计工作,也一直是瞿秋白的强项。④ 因此,从文化战线转移到苏区办教育,瞿秋白能顺利过渡。但苏区教育实际状况,对瞿秋白刺激巨大。苏区强大的革命教育传统,使他看到文化教育事业的崭新形态和革命前景,也让他认识到其独特性和困难。这些都促使瞿秋白对此前的文艺大众化理论进行自觉反思。《多余的话》中,瞿秋白回忆道:

> 最近一年来,叫我办苏维埃的教育。固然,在瑞金、宁都、兴国这一带的所谓"中央苏区",原本是文化非常落后的地方,譬如一张白纸,在刚刚着手办教育的时侯,只是创办义务小学校,开办几个师范学校,这些都做了。但是,自己仔细想一想,对于这些小学校和师范学校,小学教育和儿童教育的特殊问题,尤其是国内战争中工农群众教育的特殊问题,都实在没有相当的智识,甚至普通常识都不够! ……譬如"中央苏区"的土地革命已经有三四年,农民的私人日常生活究竟有了怎样的具体变化? 他们究竟是怎样的感觉。我曾经去考察过一两次。一开

---

① 杨之华:《回忆秋白》,北京:人民出版社 1984 年版,第 151 页。

② 《忆秋白》,北京:人民文学出版社 1981 年版,第 322—323 页。

③ 瞿秋白:《瞿秋白文集》(政治理论编)第 7 卷,北京:人民出版社 1991 年版,第 671 页。

④ 瞿秋白擅长于系统思维和理论思辩,编过讲义教材,写过诸多长篇论文。1931 年上半年周恩来要瞿秋白提出几条整理文件的规定出来,瞿秋白欣然从命,代中央起草了《文件处置办法》。

口就没有"共同的语言",而且自己也懒惰得很,所以终于一无所得。①

生活是最好的老师。瞿秋白"左联"时的文艺大众化思想,包括启发于苏俄扫盲的汉字拉丁化思考,都因到苏区从事教育管理而获得现实调适:一来,二者在强调阶级性和革命立场、强调大众化的文化和革命思想启蒙本质上是延续的;二来,诸如汉字拉丁化、废除汉字等激进思想得到反拨和校正。出于反思与种种现实因素的制约,苏区戏剧活动的热潮吸引了瞿秋白,并与"左联"时期的文艺大众化思考和现实主义文艺思想汇合起来,成为推动他从事苏区戏剧大众化活动的驱动力。②

二、地方文化生态考察与民间融合

瞿秋白文艺大众化理论的现实调适,还包括对苏区戏剧活动热的文化生态考察。

中央苏区戏剧活动率先发展,首先因为它是红军部队宣传普遍采用的形式,如红四军第九次代表大会通过的大会决议案,就规定军队宣传要适合地方特点,"化装宣传是一种最具体最有效的宣传方法,各支队各直属队的宣传队均设化装宣传股,组织并指挥对群众的化装宣传",要求"各政治部征集并编制表现各种群众情绪的革命歌词","出版石印的或油印的画报"③。古田会议后,红军部队更强调宣传工作重要性④。闽西第一次工农代表大会则强调"各县要组织新剧团,表演新剧本"⑤。毛泽东在"二苏大"报告中也指出:"群众艺术在开始创建中,工农剧社与蓝衫团运动有了发

---

① 瞿秋白:《瞿秋白文集》(政治理论编)第 7 卷,北京:人民出版社 1991 年版,第 717—718 页。

② 《瞿秋白研究》第 12 辑,上海:学林出版社 2002 年版,第 189—196 页。

③ 汪木兰、邓家琪编:《苏区文艺运动资料》,上海:上海文艺出版社 1985 年版,第 3—18 页。

④ 毛泽东:《中国共产党第四军第九次代表大会决议案》(1929 年 12 月闽西古田会议上通过,1945 年 5 月,新民主出版社再版),见《苏区文艺运动资料》,上海:上海文艺出版社 1985 年版,第 4 页;姚芳藩:《战斗的苏区文艺运动》,《语文教学通讯》,1981 年第 1 期。

⑤ 刘云主编:《中央苏区文化艺术史》,南昌:百花洲文艺出版社 1998 年版,第 61 页。

展,江西、福建、粤赣三省的 2931 个乡中,有俱乐部 1656 个"①,可见,中央苏区已普遍开展戏剧运动。赵品三回忆说:"开始时并没有剧团机构和专门演员,演剧时,不论指挥员或战斗员,都可以参加。特别是担任政治工作的同志们政治委员、政治部主任、指导员、宣传员,都当着政治任务来积极参加。② 从硬性战斗任务转变为主动政治宣传,这是苏区戏剧发展实际。在部队和群众文艺活动的双重推动下,中央苏区产生了戏剧活动热潮。③

当然,苏区盛行戏剧(尤其是话剧),还因为当时苏区"左倾"思想相当盛行。韩进说:"当时认为话剧是进步的东西,京、评、越、昆是封建落后的,所以很少"④。思想倾向与实际需要,使话剧成为苏区戏剧活动首选。况且,旧戏演出在中央苏区所属客家地区非常发达、甚至深受群众喜爱,⑤这也使戏剧率先成为革命改造和争夺的文艺形式。旧戏⑥在苏区的繁荣发达争夺了大量群众,以至对革命文化工作造成巨大压力,自然就成为革命必须反对和改造的对象。既如此,以话剧作为革命文艺宣传活动的形式就自然而然了。

此外,中央苏区所在恰好与客家人主聚居区重合,以客家人为主是它与别的苏区最大区别之一。⑦ 这也是中央苏区能够盛行戏剧大众化活动的原因。客家人聚居赣闽粤边远山区,文化经济发展较落后,崇山峻岭的地理环

---

① 汤家庆编著:《中央苏区文化建设史》,厦门:鹭江出版社 1996 年版,第 129 页。

② 汪木兰、邓家琪编:《苏区文艺运动资料》,上海:上海文艺出版社 1985 年版,第291 页。

③ 胡志毅先生认为"30 年的戏剧大众化则不仅是起源于新俄的演剧运动,更主要的是出于无产阶级革命的宣传需要"(胡志毅:《国家的仪式:中国革命戏剧的文化透视》,桂林:广西师范大学出版社 2008 年版,第 43—44 页)。

④ 江西省文化厅革命文化史料征集工作委员会、福建省文化厅革命文化史料征集工作委员会编:《中央苏区革命文化史料汇编》,南昌:江西人民出版社 1994 年版,第 557 页。

⑤ 《红色中华》1933 年 1 月 28 日、9 月 18 日、9 月 27 日/1934 年 1 月 10 日。

⑥ 欧达伟先生认为,"民众从戏曲中得到的,比单纯的消遣娱乐和逃避乏味的日常生活要多一些",但"一般地说,乡村戏曲的娱乐功能要大于政治内涵"([美]欧达伟:《中国民众思想史论——20 世纪初期—1949 年华北地区的民间文献及其思想观念研究》,董晓萍译,北京:中央民族大学出版社 1995 年版,第 2—3、22 页)。

⑦ 陈荣华、何友良编著:《中央苏区史略》,上海:上海社会科学院出版社 1992 年版,第130—131 页。

境又为其文化传播交流设置天然屏障。客家文化、闽文化、赣南文化、福佬文化及畲文化等在此多元并存。客家人富有革命传统、统一的客家方言、地处边陲的地理位置，国民党政府统治薄弱等条件，蓝青官话的话剧既使群众能听懂，作为新鲜事物和多元文化也易被客家文化接纳。

　　戏剧成为苏区文艺大众化形式，其间也有苏俄戏剧艺术的影响。瞿秋白、李伯钊、沙可夫都在苏俄学习并有深厚体验，胡底和韩进都参加过"左联"。而由李伯钊从苏联带入苏区的活报剧更是典型例子。胡德兰回忆，活报剧宣传在徐特立负责教育部工作时就已进《共产儿童读本》①。活报剧又叫"蓝衣剧"或"游戏剧"②，20年代初流行于苏联红军部队，有"活新闻""活报纸""红色扩音器"之称。中野淳子将其概括为"以宣传、启蒙为目的的，是处理军事、政治、社会等时事的问题的，是通过小歌剧、喜剧、蒙太奇、哑剧、丑角剧（模拟动作）、讽刺剧、歌唱、清唱剧等等创作舞台形象的一种戏剧报导"③。

　　以上种种因素，不仅使得戏剧大众化活动天然成为部队倡导、群众喜爱的行之有效的文艺样式和革命工作形式④，而且使客家地区成为苏区文化建设发展繁荣所在。既然新剧是上下内外都喜欢的文艺活动和宣传形式，而瞿秋白"左联"时期也赞同其革命内涵，⑤加之他在苏区对地方文艺生态的实地考察，进而融合民间艺术的思想智慧，戏剧自然就成为瞿秋白调适文艺大众化思想，创造工农大众文艺的实践形式。

---

　　①　刘云：《"二苏大"与中央苏区文艺——访老红军胡德兰》，《新文化史料》1995年第2期。

　　②　刘云主编：《中央苏区文化艺术史》，南昌：百花洲文艺出版社1998年版，第92页。

　　③　刘云主编：《中央苏区文化艺术史》，南昌：百花洲文艺出版社1998年版，第92页。

　　④　戏剧宣传的革命实践效果日后甚至成为解放区解决地方民众思想问题的一个好办法。（白桃等：《从一个村看解放区的文化建设》，香港：新民主出版社1949年版，第96—104页。）

　　⑤　早在上海时期，瞿秋白《普洛大众文艺的现实问题》已提出"因为话剧（文明戏）没有音乐，对于群众的兴趣是比较的少的"，因此他设想"可以模仿文明戏而加入群众自己的参加演戏；可以创造新式的通俗歌剧，譬如说用'五更调'、'无锡景春调'等等凑合的歌剧，穿插着说白，配合上各种乐器"（瞿秋白：《普洛大众文艺的现实问题》，《瞿秋白文集》（文学编）第1卷，北京：人民文学出版社1998年版，第472页）。

三、苏区集体写作制度:文艺大众化思想的中国化进程

瞿秋白尽管在苏区大力提倡戏剧大众化活动,但在教育事业开展和戏剧表演实践的过程中,他仍深刻体会到文艺大众化理论设想与现实革命环境之间的差距:师资力量、群众接受能力、表演场地、革命斗争的现实需要等因素,都严重限制文艺大众化的革命现实化。曾花费精力从事拼音文字改革的瞿秋白,迅速对自己的文艺大众化理论作出实际调适,率先解决文艺大众化本身的言语问题,即希望在苏区工农大众的实际生活中,寻找"共同的言语"①,从而创造符合中央苏区革命实际需要的工农大众化文艺,在事实上推动文艺大众化思想的中国化进程。

苏区时期的瞿秋白并没有留下多少有关文艺的理论性文章。② "左联"时期,瞿秋白也并未能将自己的革命文艺理论完全付诸实践。进入苏区后,因职务关系,瞿秋白才顺理成章将自己的文艺思想与苏区教育工作、戏剧大众化实践结合起来,进一步开辟"中央苏区戏剧的新阶段及其前进方向"③。

因此,苏区戏剧大众化实验,既是瞿秋白在文艺大众化思想的调适与实践,更是工农大众艺术建设的尝试,也是他在"左联"时期亲自写作大众文艺作品(如《东洋人出兵》等)等创作活动的延续。④ 通过苏区戏剧大众化活动实践,瞿秋白实现了文艺大众化思想在革命战争处境下的中国化、现实

---

① 瞿秋白:《瞿秋白文集》(政治理论编)第7卷,北京:人民文学出版社1991年版,第717页。

② 1934年4月21日《红色中华》刊出一则广告说:"中央教育人民委员会,决定于五月初出版《苏维埃文化》月刊","要反映苏区文化教育工作的实际情形,和群众的文化生活,要表扬模范工作以推进落后区域,给小学、夜校、俱乐部、剧社等以切实而具体的领导。"1934年5月21日,《红色中华》再次刊出广告——"《苏维埃文化》出版了",《目录》上第一篇文章就是瞿秋白的《文化战线上的红五月》。1934年6月26日,《红色中华》再次刊出广告——"《苏维埃文化》(刊物)出版预告","创刊号将于七月间出版"。(参见周葱秀:《瞿秋白与〈红色中华〉》,见《瞿秋白研究》第7辑,上海:学林出版社1997年版,第74—83页。)由此可见瞿秋白在中央苏区时期对文化的思考仍贯串着革命政治和现实斗争的基本理念。

③ 刘云主编:《中央苏区文化艺术史》,南昌:百花洲文艺出版社1998年版,第153—188页。

④ 瞿秋白在中央苏区也写了一些民歌小调宣传革命,如发表在《红色中华》副刊上的《送郎参军》《红军打胜仗》《消灭白狗子》等。(参见郑德金:《瞿秋白在〈红色中华〉报发展过程中的地位和作用》,《瞿秋白研究》第13辑,上海:学林出版社2003年版,第271页)

化和政策化。在文艺思想的现实表演形态转化中,他也因此得以完成从文艺大众化的思想探索到制定工农大众文艺的发展政策——集体写作政策——的转换。① 而以苏区革命生活为源泉的取材模式、集体参与的创作组织模式、文艺演出的预审模式,则是瞿秋白文艺大众化思想经过苏区调适后的具体呈现。从这个意义上说,集体写作政策的设计,无疑是瞿秋白文艺大众化思想的革命再出发,也是此后苏区和延安所谓建设工农大众艺术的文艺政策的雏形。

从1933年年底以戴罪之身②进入苏区到1935年6月就义,瞿秋白在那度过了短暂而宝贵的最后年华。曾在上海"左联"期间的文坛上激战犹酣的他,显然希望能在此一如既往延续文艺战线上的工作。这对他来说自然也是一种政治生命。本来,此文化美梦在当时资讯贫瘠、教育落后的苏区几乎不可能。③ 但瞿秋白政治角色的模糊④却反而使其成为事实。如果说"左联"时期的瞿秋白是以从事文艺战线的革命来延续政治生命;那么,在苏区时期他则是以从事基础教育和文艺宣传工作来延续文艺生命。

不仅如此,更重要的问题是,苏区革命战争时期特有的文艺、教育、宣传工作间的界限模糊,以及瞿秋白对苏区革命现实的体验和当地民间文化生态的考察,都使他得以完成其身份政治与文艺思想状态的过渡。最为难能可贵的是,瞿秋白由此得以对其文艺大众化思想进行现实调适,并融合民间文化智慧,在实际上推动了文艺大众化思想的中国化进程。因于此,瞿秋白"左联"时期已大张旗鼓的文艺大众化思想,才能既与中央苏区时期工农大

---

① 《瞿秋白研究》(第4辑),上海:学林出版社1992年版,第211—226页。

② 瞿秋白曾要求和妻子杨之华一起到苏区,但被拒绝。(参见袁孟超:《一九三三年中共江苏省委的一些情况》,《党史资料丛刊》,1984年第4辑)在江西苏区时,瞿秋白曾向苏区最高"三人团"要求参加"长征",也遭到拒绝。(参见张闻天:《从福建事变到遵义会议》,《福建党史月刊》,1985年第3期)

③ 毕植蓓编著:《中国共产党第一次整风运动的伟大胜利》,长春:吉林人民出版社1957年版,第18页。

④ 瞿秋白是一边受政治批判,一边被调来参加实际政治工作(尽管是革命政治布局中的教育工作),这种身份定位本身就背谬和模糊。瞿秋白担任教育人民委员,但实际上教育部负责人是毛泽东的老师徐特立,瞿秋白真正管辖的只是教育部艺术局直属的中央剧团。因此,瞿秋白的工作实质上是戏剧宣传与苏区扫盲教育兼而有之。这种身份是模糊的,既政治又文艺,既宣传又戏剧。

众艺术水乳交融,又能与苏区基础教育和民众动员政策天然调适转换,最终生成曾在苏区得到系统推广、对后世文艺政策和文艺思想生发巨大影响的集体写作文艺政策。

第四节　瞿秋白与现代中国的集体写作制度
——以瞿秋白的苏区戏剧大众化运动实践为中心

在 20 世纪 30 年代,随着大量白区文艺力量相继转移到中央苏区,时任苏区人民教育委员的瞿秋白,花费巨大精力从事苏区文艺大众化活动且取得了可喜成绩,并以此为依托推动了中国现代集体写作制度的本土构建。这不仅为延安新文艺的发展积累了宝贵经验,深刻影响了此后中国当代文学的发展路向和思想内涵,更生成了中国文学现代化进程中"集体主义"的写作规范和叙事规约,包括其当下困境与疑难。

一

中国现代文艺思想史上的文艺大众化思潮,内在关联着自晚明以来中国文学的变革传统,其间既有改良的渐进,也有启蒙的精英意识,有革命的激情,也有消费的策动。百年来现代革命洪流的浩浩荡荡,前所未有地规约着文艺大众化在中国语境下的独特变动,并生成了诸多有意味的当代文艺制度、文艺思潮,包括"集体写作制度"[1]。

诚然,就创作活动的组织模式言,字面意义上的集体写作,古今中外都有。它既存在于古老的民间创作,也与商业因素导致的文学社会生产有关。不同的是,"近代的集体创作产生在意识的创作之后"[2]。当民族革命战争

---

[1]　现代意义的集体创作,渊源可溯及 1934 年 8 月 17 日到 9 月 1 日所举行的苏联作家大会。该次会上,高尔基"仿佛是一种伟大的天启似的号召了集体创作",并"提议请大家合力创造一部划时代的全世界的集体创作——就是此后轰动各国文坛的《世界的一日》"(邱韵铎:《集体创作的渊源、理论及方法》)。本书主张以"集体写作"来概括这种现象,主要虑及在集体规约下的文字工程,创造的成分并非没有,但既不占主流也不会被推为主流。

[2]　黄既:《论集体创作》,《文风》1937 年 1 卷 1 期。

环境、共产主义革命意识形态、现代商业因素的交错刺激后,集体写作制度的内涵已与此前大不相同,它"起源于集体主义的文艺思想"①。因此,"早期的文人合著活动与'集体'无关,也与集体创作无关。"②况且,把百衲衣式的大杂烩、王朝的文库编修视为"集体创作",也容易"忽略了它(指集体创作)提出的生活基础和题材主题对于时代的关系,生活底具体形象的表现和写作手法的和谐性。"③

现代中国的集体写作制度,其思想资源和现实借鉴,都源于苏联时期的集体写作经验。在苏联,集体写作被作为"一种特殊的'科学艺术'的编年术"④、是用来"表现伟大的社会主义建设和斗争"⑤的半军事化的文字工程组织模式,在舆论空间和人心向背的争夺极为紧迫的战争或拟战争年代,发挥了极为重要的思想动员和政治宣传功效。最著名的例子就是高尔基倡导编写的《世界的一日》。进入中国后,也引发了不少类似的、以宣传鼓动为旨趣的文字组织工程,如茅盾主编的《中国的一日》。

中国引进集体写作的相关思想和经验,最早产生于大革命时期。当时,瞿秋白、李伯钊、沙可夫等留苏学生陆续回国,苏联的集体写作经验便由这些"播火者",伴随着苏联的"通讯员运动"、"普罗戏剧"等左翼文艺运动形式,被逐渐引入上海左翼文化圈和中央苏区。在上海"左联"时期,集体写作的倡导,往往被淹没在文艺大众化运动的激辩声中。一直到全面抗战爆发的前夜,它才被当做一项新的文艺运动来提倡和展开(始作俑者是洪深、沈起予主编的《光明》半月刊⑥),并日益俨然成为当时文艺界除"国防文学"和"民族革命战争的大众文学"论争外的、1936 年文学上一种新的运动。⑦

此后,人们不仅在口号和行动上大力提倡集体写作,而且还对其方式方

---

① 邱韵铎:《集体创作的渊源、理论及方法》,《中行》1939 年 1 卷 4 期。

② 孙晓忠:《抗战时期的"集体创作"》,《中国现代文学研究丛刊》2001 年第 1 期。

③ 昭琛(王瑶):《论集体创作》,见《王瑶全集》第 7 卷,石家庄:河北教育出版社 2000 年版。

④ M.辛霍维支:《论苏联工厂史》。转引自邱韵铎:《集体创作的渊源、理论及方法》。

⑤ 《提倡集体创作的意义——答李健汶陈志敏》,《读书生活》1936 年 4 卷 12 期。

⑥ "《光明》是集体创作的娘家"(转引自《关于集体创作》,署名"凡",《光明》1937 年 2 卷 7 期)。

⑦ 《提倡集体创作的意义——答李健汶陈志敏》。

法、步骤和实施方案进行了深入、严肃的探讨。1936 年 8 月,周钢鸣在《展开集体创作运动》中认为"集体创作和集体研究,是新文学运动者的工作两面",并概括出"关于集体创作方法的优越性"的五个特点。① 黎锦熙把集体创作分成"目标""组织""综合"三部曲。② 邱韵铎更是对集体创作的渊源、理论及方法进行系统考察。③ 当全民族抗战展开后,"集体写作"更是风行一时,乃至于被当时的知识分子作为"以尽一点文人的救亡责任"的现实方式。④

有意思的是,从苏联引入的集体写作经验,却被率先运用到了中央苏区。中央苏区是共产党武装政权的核心所在地,戏剧以其特出的宣传效应被当做革命文化事业率先获得发展,同时也是红军部队宣传普遍采用的形式。⑤ 因此,苏联集体写作中的普罗戏剧经验(如化妆演出、即兴演出等)被率先结合运用,所谓"苏联套套,苏区特色"⑥,导致集体写作在苏区出现了创作实践的雏形。⑦

不仅如此,中央苏区戏剧发展还有着武装政权从思想纪律到行动计划上的保证。闽西第一次工农代表大会通过的《文化问题决议案》,再次强调"各县要组织新剧团,表演新剧本"⑧。1933 年 3 月 5 日工农剧社召开第四次社员大会,决定征调青年创办蓝衫剧团学校。4 月 4 日中央苏区第一个戏剧专业学校——蓝衫剧团学校正式开学,同时以此为阵地组织了蓝衫剧团⑨。

---

① 周钢鸣:《展开集体创作运动》,《光明》1937 年 2 卷 1 期。

② 黎锦熙:《集体创作三部曲》,《读书通讯》1941 年第 28 期。

③ 邱韵铎:《集体创作的渊源、理论及方法》,《中行》1939 年 1 卷 4 期。

④ 《关于集体创作》(署名"凡"),《光明》1937 年 2 卷 7 期。

⑤ 斯诺写道:"在共产主义运动中,没有比红军剧社更有力的宣传武器了,也没有更巧妙的武器了。由于不断地改换节目,几乎每天变更活报剧。许多军事、政治、经济、社会上的新问题都成了演戏的材料,农民是不易轻信的,许多怀疑和问题就都用他们所容易理解的幽默方式加以解答。成百上千的农民听说随军来了红军剧社,都成群结队来看他们演出,自愿接受用农民喜闻乐见的形式的戏剧进行的宣传。"([美]埃德加·斯诺:《西行漫记》,董乐山译,北京:三联书店 1979 年版,第 99 页)

⑥ 何宇:《1927—1937:苏区的"红色戏剧"》,《上海戏剧》1998 年第 10 期。

⑦ 江西师范大学中文系编著:《江西苏区文学史》,江西人民出版社 1984 版,第 121—130 页。

⑧ 刘云主编:《中央苏区文化艺术史》,南昌:百花洲文艺出版社 1998 年版,第 61 页。

⑨ "蓝衫剧团"成立时,剧团命名曾引起误会,与国民党的"蓝衣社"相混淆。《青年实话》编委会在该刊第 3 卷第 15 号特地以通信答问的形式进行了解释说明。

1934 年 1 月毛泽东在"二苏大"报告中指出:"群众艺术在开始创建中,工农剧社与蓝衫团运动有了发展,江西、福建、粤赣三省的 2931 个乡中,有俱乐部 1656 个。"①与后期集体写作制度化成熟期不一样,早期苏区戏剧演出的军事化和战斗序列形态非常明显。赵品三回忆说:"开始时并没有剧团机构和专门演员,演剧时,不论指挥员或战斗员,都可以参加。特别是担任政治工作的同志们政治委员、政治部主任、指导员、宣传员,都当着政治任务来积极参加。"②也正是在部队文艺活动和群众文艺活动的双重推动下,才产生中央苏区先期存在着戏剧运动的良好基础,并成为日后瞿秋白推演和规范集体写作制度、发动苏区戏剧大众化运动的前提和前奏。

由此可见,中国现代文艺视野里的集体写作,最初是作为俄苏共产主义革命中的文艺生产经验,经过从俄苏归国的知识分子的挪移到了上海左翼文化圈,③但在上海"左联"时期只是被融化在文艺大众化论战中偶尔论及,后来才与抗战情势结合而为一种新的文艺运动。

相反,集体写作中的普罗戏剧经验,倒是先期与苏区宣传活动有初步的实际结合。而当左翼文艺力量因 1934 年左右的白色恐怖而逐渐转入苏区后,在瞿秋白的着力推动和规划下,集体写作便与苏区戏剧大众化运动全面融会贯通,不仅可以达成思想文化扫盲,也可以由此调动文艺力量来配合军事鼓动和战争宣传。当时主管苏区文艺宣传的瞿秋白,审时度势,出于多方面的原因,花费其巨大精力从事着这项活动,融合自己长期以来对文艺大众化的理论设想,对集体写作的相关经验和理论进行制度化规范和系统现实推演,最终将其打造成了有着武装政权依托的一项苏区政治文化政策。

二

瞿秋白是第一批留俄并较早与俄苏共产党人亲密接触的中国现代知识分子,集体写作等苏俄文学经验不过是来自俄苏实际生活中的体验。早在

---

①　陈元晖、邹光威等编:《老解放区教育资料(一)》,北京:教育科学出版社 1981 年版,第 18—19 页。

②　《苏区文艺运动资料》:汪木兰,邓家琪编,上海:上海文艺出版社 1985 年版,第 291 页。

③　刘云主编:《中央苏区文化艺术史》,南昌:百花洲文艺出版社 1998 年版,第 92 页。

进入苏区之前,置身于上海左翼文化圈的瞿秋白,对"左联"的两种集体写作方式——工农通信员运动①、蓝衫剧团运动以及文艺集体主义思想就已有所了解并融入到其"左联"时期的文艺论述中。② 瞿秋白甚至还曾经认为,普罗文学将要在"集体工作之中产生出自己的成熟的作品"。③ 但"左联"时期的瞿秋白,忙于文艺大众化问题的论战,对集体写作的深入思考,一直到其政治命运进一步突转的1934年年初才得以继续。

1933年6月,瞿秋白遵令搬去与冯雪峰同住,以便协助其通讯工作并为党报写文章。④ 此前是冯雪峰常往瞿秋白处商议并取文章。角色的戏剧性转换,不但表明其政治命运的每况愈下,也象征着他"左联"文艺战线生涯的收束。但瞿秋白仍以"假使他的生命溶化在大众的里面,假使他天天在为这世界干些什么"的前提,争取为革命事业牺牲的坦然和安慰。⑤ 再次飘零于政治漩涡中的瞿秋白,此时此刻也迫切需要真实的大众来溶化自己。集体主义的大众⑥不仅是革命道德高地上的天然护身符,也是瞿秋白苏区文艺政策设计的理论圆心。

---

① "通信员运动的发展过程,毫无疑义的是无产阶级文学运动的发展过程。中国无产阶级运动过去提出来的大众化口号也只有在通信运动当中找得具体办法,作品之内容与形式问题,在这里当会毫无困难的得到解决。通信员运动不但促进我们的作家到工厂、到农村、到战线上、到被压迫群众当中去的决心,并且能够从封锁了的地下层培养工人农民作家。"(《无产阶级文学运动新的情势及我们的任务》,《文化斗争》1930年第1卷)

② 瞿秋白在《普洛大众文艺的现实问题》《鬼门关以外的战争》《〈鲁迅杂感选集〉序言》里多次用"集体主义"来概括革命文艺的思想精神。(参见瞿秋白:《瞿秋白文集》,第478页;《瞿秋白文集》(文学编)第3卷,第116、146页)

③ 瞿秋白:《普洛大众文艺的现实问题》,见《瞿秋白文集》(文学编)第1卷,北京:人民文学出版社1998年版,第482页。

④ 冯雪峰:《回忆鲁迅》,北京:人民文学出版社1981年版,第118页。

⑤ 瞿秋白:《"儿时"》,见《瞿秋白文集》(文学编)第2卷,北京:人民文学出版社1998年版,第95页。

⑥ 在这个意义上,"大众"有很多替换词,如"我们""大家""民众"等。如钱理群先生所言:"'我们'代表的不仅是一种集体的,多数的力量,更是真理、信仰,具有道德的崇高性。在以后抗日战争的血与火中,在一切都被毁灭的废墟上,'我们'更成为无所依傍的个体生命的精神归宿,显示出一种神圣性。……于是'我'在被'我们'所接纳(融化)中,既感到了群体生命的崇高,又获得了一种安全感。'我'向'我们'的靠拢(皈依)就这样成为时代的大势所趋。'我们'体的话语也成为一种时代追求。"(钱理群:《〈大众文艺丛刊〉研究》,《二十一世纪》总第40期,1997年4月)

1934 年 2 月 5 日,瞿秋白以戴罪之身①进入苏区到达瑞金沙洲坝,主要负责苏区教育和文化艺术宣传。此时,瞿秋白既有"左联"时期文艺大众化运动的现实经验,又有战争火线上的艺术新体验,如今又得着了文艺大众化实现必需的"政治之力的帮助"②。于是,瞿秋白,这个从古典文艺和五四文艺转型而来的书生革命家,出于政治和文化、个人与组织的双边需要,开始了自己革命的文艺大众化蓝图的再出发。

瞿秋白的再出发,便是以苏区戏剧大众化运动为契机,以集体写作制度的推演和系统构建为内容,试图在政治困境中重寻自己可堪寄托的组织岗位。显然,他仍然希望能以此延续自己在 30 年代左翼文艺战线上的工作(这也是一种政治生命)。因此,如果说"左联"时期瞿秋白以从事文艺战线上的革命来延续政治生命,那么,在苏区,他便是以从事教育和文艺宣传上的政治工作来延续文艺生命。而鉴于苏区文艺活动的战时情境,加之文艺活动条件和人才缺乏的现实等因素,一时掌管苏区文艺宣传工作的瞿秋白,他对苏区文艺政策设计,便是既能体现其革命的文艺大众化理想、又能介入苏区现实革命战斗的集体写作制度(主要是戏剧)。具体而言,包括三方面:思想制度化、创作集体化、艺术大众化。

首先,作为中央苏区文化教育法规的制定人,瞿秋白坚持将文艺政治化的理念加以制度化的基本立场,尤其强调文艺指导思想的制度化。他明确以制定、修订、汇编出版系列文艺活动、教育活动政策法规的方式,完成中央苏区文艺活动有法可依、有理可据的制度化工作,并把无形的思想控制,落实到有条条框框的现实文字拘限。

在瞿秋白主持制定的《俱乐部纲要》里,明确规定:苏区"戏剧及一切表演的内容必须具体化,切合当地群众的需要,采取当地群众的生活的材料,

---

① 瞿秋白曾要求和妻子杨之华一起到苏区,但被拒绝。(参见袁孟超:《一九三三年中共江苏省委的一些情况》,《党史资料丛刊》1984 年第 4 辑;杨之华:《回忆秋白》,北京:人民出版社 1984 年版,第 147—148 页)。在江西苏区时,瞿秋白曾向苏区最高"三人团"要求参加"长征",也遭到拒绝。(张闻天:《从福建事变到遵义会议》,《福建党史月刊》,1985 年第 3期。)

② 鲁迅:《文艺的大众化》,《鲁迅全集》第 7 卷,北京:人民文学出版社 2005 年版,第350 页。

不但要一般的宣传红军革命战争,而且要在戏剧故事里表现工农群众的日常生活,暗示妇女解放,家庭及生活等的革新,揭破宗教迷信的荒谬,提倡卫生及一切科学思想,发扬革命的集体主义和战斗精神","俱乐部的一切工作都应当是为着动员群众来响应共产党和苏维埃政府每一号召的。都应当是为着革命战争,为着反封建及资产阶级意识的斗争的。"①

《苏维埃剧团的组织法》第四条则规定:"中央苏维埃剧团的任务是:1.研究并发展苏维埃的革命的戏剧运动,争取无产阶级意识在戏剧运动之中的领导权。2.在戏剧的技巧内容等方面,帮助广大工农群众的工农剧社运动的发展。3.用表演戏剧等的艺术宣传,参加一般的革命斗争,赞助工农红军的革命战争。4.发扬革命和斗争的精神,并有计划有系统的进行肃清封建思想、宗教迷信以及帝国主义及资产阶级的文艺意识的坚决斗争。"②

就连《工农剧社章程》也有条文,明确要求工农剧社"以提高工农劳苦群众政治和文化的水平,宣传鼓动和动员来积极参加民族革命战争,深入土地革命"③为宗旨。不仅如此,即便《工农剧社社歌》的打头歌词,都是"我们是工农革命的战士,艺术是我革命武器。/创造工农大众的艺术,阶级斗争的工具"。④ 以上文艺政策、法规、条例,不仅革命色彩鲜明,其实践效果也相当显著。

1934年6月,闽西上杭县教育部为配合节省粮食运动,特组织临时苏维埃剧团深入各地演出。结果一周之内就收到"节省米七十余担、大洋二百三十九元四角,布草鞋一千余双,布三匹,伞四十把,伞袋三十余条,干菜二十三担,干粮袋三十个,毛巾十九条"。⑤ 现实社会效果的明显,并非仅仅是文艺的力量,更多是其背后依托的武装震慑。但文艺宣传生成并放大的

① 江西省文化厅革命文化史料征集办公室、福建省文化厅革命文化史料征集办公室编:《中央苏区革命文化史料汇编》,江西人民出版社1994年版,第218页
② 江西省文化厅革命文化史料征集办公室、福建省文化厅革命文化史料征集办公室编:《中央苏区革命文化史料汇编》,南昌:江西人民出版社1994年版,第27页。
③ 江西省文化厅革命文化史料征集办公室、福建省文化厅革命文化史料征集办公室编:《中央苏区革命文化史料汇编》,南昌:江西人民出版社1994年版,第16页。
④ 江西省文化厅革命文化史料征集办公室、福建省文化厅革命文化史料征集办公室编:《中央苏区革命文化史料汇编》,南昌:江西人民出版社1994年版,第20页。
⑤ 《上杭临时苏维埃剧团在突击线上的活跃》,《红色中华》1934年6月14日。

武装压力和政治威严,无疑也是功不可没的。

除了以条文制定来体现思想要求之外,瞿秋白还通过政策法规,规定苏区文艺内容和形式,规约着它们必然要走向革命生活和集体主义的组织世界。在《红色中华》文艺副刊《赤焰》的发刊词里,明确要求"为着抓紧艺术这一阶级斗争武器,在工农劳苦大众的手里,来粉碎一切反革命对我们的进攻,我们是应该来为着创造工农大众艺术发展苏维埃文化而斗争的。因此,我们号召红中的通讯员与读者努力的去把苏区工农群众的苏维埃生活的实际,为苏维埃政权而英勇的斗争的光荣历史事迹,以正确的政治观点的立场在文艺副刊可以有充实内容来经常发刊,而且对于创造中国工农大众艺术上也有极大的帮助"。①

既然一切以宣传效果都要化为思想革命性的衡量,苏区艺术门类自然出现了发展不平衡。由于苏区多为贫苦客家人的居住地,鉴于其文化水平、地理环境、语言特色及交流习惯,"在中央苏区,除了演习,就属歌咏活动最活跃"、"歌咏活动在苏区是最普及的,是最受欢迎的。"②不仅如此,从中央苏区出版物登载的文艺作品情况统计来看③,"歌谣"、"新剧"、"漫画"和"通讯"也的确成为当时文艺活动主要样式。尤其是前面三种,更以其直观、形象、生动的特征而备受欢迎。

实际生活的情形也是如此,例如歌谣。据《青年实话》通讯员当时报道:"一九三三年的广州暴动纪念节,代英县芦丰太拔区的少年先锋队,举行以区为单位的总检阅,并举行游艺晚会,在晚会上,太拔的妇女山歌队,突击了太拔全体出席检阅的队员加入红军。芦丰的妇女突击队,亦突击了七个队员加入红军。因为她们是指着名字来唱,所以格外动人,能够收到达样

①　汪木兰、邓家琪编:《苏区文艺运动资料》,上海:上海文艺出版社 1985 年版,第 213 页。

②　刘云:《"二苏大"与中央苏区文艺》,《新文化史料》1995 年第 2 期。

③　备注:本统计根据钟书棋先生、谢济堂先生、吴邦初先生等的整理资料进行,参见江西省文化厅革命文化史料征集工作委员会、福建省文化厅革命文化史料征集工作委员会编:《中央苏区革命文化史料汇编》,南昌:江西人民出版社 1994 年版。其中,《中央苏区报刊上发表的小说、散文、诗歌、特写、通讯、漫画目录》(钟书棋等整理,第 323—347 页)、《中央苏区薄命歌谣选·目录》(谢济堂编,第 348—356 页)、《江西苏区创作、演出的剧目大观》(吴邦初整理,第 357—375 页)、《中央苏区摄影作品目录》(钟书棋,整理,第 376—379 页)

大的成绩。"①除了"指着名字来唱"导致的效果即时性和针对性外,歌谣的民间亲和力、在形式宣传上的便利、内容上对革命生活的就地取材,都使它成为革命政治文化运动眼中的宠儿。至于艺术创作和鉴赏要求较高的"小说"、"散文"、"诗歌"和"特写",则不被看好。那些被视为革命改造对象的"旧戏",其情形更是寒碜。即便是中央苏区所在地的客家聚居区里的山歌民谣,也都清一色地被要求植入革命思想,②然后才能成为革命宣传最便捷和最有效的形式。③

文艺活动的思想制度化,还包括对革命文艺活动主体的改造和利用。个中要害,则涉及中央苏区的知识分子政策。张闻天曾特别指出:"我们不但应该尽量的用这些知识分子,而且为了吸收这些知识分子参加苏维埃的文化教育工作(其他工作也是如此),我们还可以给他们以优待,使他们能够安心地为苏维埃政府工作。"④瞿秋白更是明确"反对'吃知识分子'主义"⑤并把这一思想自觉贯彻到革命文化建设中,形成苏区文艺的知识分子政策,如吸收一部分人曾在国民党军队中做戏剧、美术、音乐工作的战俘到戏剧学校任教员。⑥

从文艺统战政策的制定到文艺表现内容的规约,瞿秋白以文艺思想制

---

① 汪木兰、邓家琪编:《苏区文艺运动资料》,上海:上海文艺出版社 1985 年版,第222 页。

② 如把江西赣南客家民歌《十送郎》、采茶调《长歌》曲牌的改造为《十送红军》,就是典型例子。

③ 革命与"旧戏""民歌民谣"的紧张,一直是个大问题。中央文委 1943 年指出,旧戏原本大都是"宣传封建秩序,颠倒是非黑白,其中不少还有迷信和淫荡的成分",倘若"不加选择不加改造的拿到一般干部和群众中去,则不独谈不到服务于战争、生产、教育,且势必发生相反的结果"(消息:《中央文委确定剧运方针,为战争生产教育服务》,《解放日报》1943 年 3 月27 日)。1944 年夏,西北局文委在一次会议上指出:"过去我们反对旧剧,只是反对旧剧的反动内容,并不是反对利用旧形式来表达新内容——根据新民主主义精神来教育群众的内容。所以,我们一方面反对一切宣传封建秩序的旧剧,另方面又利用各种旧形式(秦腔、平剧、秧歌等)来作为我们的宣传武器,这里的所谓'利用',是包含着'改造'二字的意思的。"(《西北局文委召集会议总结剧团下乡经验奖励优秀创作》,《解放日报》1944 年 5 月 5 日)

④ 洛甫(张闻天):《论苏维埃政权的文化教育政策》,《斗争》1933 年第 26 期。

⑤ 瞿秋白:《阶级斗争中的教育》,《斗争》1934 年第 62 期。

⑥ 汪木兰、邓家琪编:《苏区文艺运动资料》,上海:上海文艺出版社 1985 年版,第321—322 页。

度化的方式,从思想上保证了"集体写作文艺制度"的政治精髓——"集体主义",从而将艺术变成为政治意识形态斗争所用的现实武器,形成了中央苏区文化活动与革命战争互相配合的良好局面。洛甫(张闻天)在一次演讲中,也曾明确指出集体写作的群众立场(即集体主义)的实质:

> 白区中一些作家他们都是过小房子里孤独的生活,他们看不到群众,更不易知道群众的斗争和力量,所以他们只能描写一些个人的生活,不能创作群众真实的生活,特别是群众斗争的伟大作品,因为他们没有这种生活经验。我们苏区就不同,我们成天融合在广大工农群众的生活中,能看到或参加广大群众的斗争,在群众的武装斗争中我们能认识群众的伟大力量,这些材料都是取之不尽用之不竭的,这种伟大的现实斗争的宝贵材料,白区的作家是得不到的,所以他们不能有伟大的群众的作品。①

集体写作就是站在群众立场写作,"用工农正确的敏锐的眼光去观察各种事情"②、"与人民一道滚过几身泥土,吞过几次烈火浓烟"③,才可能有伟大的群众的作品。

三

"集体写作制度"在写作行为上的组织规范,是创作活动集体化。这种形式虽源于对苏联集体写作制度的借鉴,且在"左联"时期还被认为是解决"创作不振"问题的"出路"④。但在苏区革命现实中,由于敌我斗争极端对立和白热化,尤为强调思想革命性和阶级性,个人思想的危险性也被同步放大,更是亟须对原为口头文字论辩的"集体写作制度"进行本土调适和现实规避。

---

① 《洛甫同志讲演略词》,《红色中华》1936 年 11 月 30 日。
② 《〈红色中华〉的通讯员》,《红色中华》1933 年 3 月 25 日。
③ 张学新,王玉树主编:《创造新世界的文学》,文化艺术出版社 1989 年版,第 297 页。
④ 张天翼:《创作不振之原因及其出路》,《北斗》1932 年第 2 卷第 1 期。

创作过程的集体化,就是"在某一个题材下,用着共同的力量,来处理创作的过程"①。这既可满足战时宣传速度的文字产品需要,又可保证作品的思想满足"众目睽睽"之下的审视要求。在这种文学场域中,一方面参与者思想压抑,但另一方面也会有精神蓬勃感。所谓"集体创作既是一种应对机制,也是一种在意识形态强制状态下的自我防御机制"②。在战争氛围下的集体写作尤其如此。

从写作心理动力层面上,"集体写作"盛行于战争情境的原因,如孙晓忠所论:"战争,尤其是民族战争,对知识分子的震荡和整合又远远大于其他人群,对于一直处于焦躁和苦闷中的中国 20 世纪 30、40 年代的知识分子来说,一方面他们有了'发现'共同的敌人后相互传染的兴奋和激昂的群体心理,另一方面空间上和精神上的'家'的坍塌,逼迫他们大规模迁徙,双重流浪使他们渴望在'集体'中寻找精神的家园,正是这种强烈的集体意识构成了集体创作的心理动因"③。

当然,对于集体写作中写作者"诗人"与"大众"的认同,唐小兵则从精神分析的角度进行解释,认为它"在使前者获得正当的政治身份和可辨的社会面目的同时,也曲折地满足了一种更普遍更稳秘的'回归母体'的欲望。当一种对成人世界的稚儿性恐惧转化成政治能量时,便表现为对现代社会的支离感和劳动分工的原始拒绝。"④

换言之,从文化生产力角度出发,创作活动集体化也很经济。基于苏区革命实际,多是短兵相接或迂回隐藏的战斗,甚至有不少大刀长矛冷兵器使用,这就要求革命文化必须最大限度动员和利用一切人力物力。然而,尽管人数多寡如此重要,但革命文化建设的特殊之处在于,参与者除革命热情外,还须具备一定文化素养。因此,在集体写作的不少环节上,最终又不得不倚重和落实于个人。为了克服二者矛盾,唯一的办法便是采取群众包围

---

① 南宫离:《谈集体创作》,《夜莺》1936 年第 1 卷第 3 期。

② 袁盛勇:《延安时期的集体创作》,《中山大学学报(社科版)》2005 年第 3 期。

③ 孙晓忠:《抗战时期的"集体创作"》,《中国现代文学研究丛刊》2001 年第 1 期。

④ 唐小兵:《我们怎样想象历史(代导言)》,见唐小兵:《再解读:大众文艺与意识形态》,北京:北京大学出版社 2007 年版,第 10—11 页。

个人、个人溶化于群众的策略。这其实也正是瞿秋白心有戚戚的"生命溶化在大众的里面"①的奥秘。况且,战时资源有限,集体写作还可满足对革命事业的速度要求。

因此,在苏区戏剧大众化运动中,瞿秋白极为强调集体参与创作的重要性。由于苏区文艺专业人员极少,让群众参与集体创作,"不但能多产生剧本,同时能很快的提高每个同志的写剧水平。"②他甚至要求"会写字的要帮那些不会写字的同志写歌、写戏。我们没有作家、戏剧家和作曲家,可我们可以搞集体创作,可以向山歌、民歌学习,把群众中好的东西记录下来"。③但创作的个人性往往制约集体参与的热情。为此,瞿秋白提出深入生活的创作取向,从内容题材的来源弥补这一环节。因为"闭门造车是绝不能创造出大众化的艺术来的"④、"没有丰富的社会经验,就不可能产生好的作品"⑤。他要求剧团"经常组织到火线上和乡村中去巡回演出"、"可保持同工农群众的联系,深入生活丰富创作源泉。"⑥

实际情形也证明,集体参与创作是确保写作和革命事业紧密相连的好办法。集体写作,一方面让个体才华得到革命群众控制下的发挥和利用;另一方面如列宁所说,"在群众中间唤起艺术家,并使他们得到发展。"⑦从而把群众热情纳入革命文化建设。例如中央苏区组织演话剧来实行对旧戏的斗争,便有丰富的集体写作意味。在 1933 年 9—10 月,仅 1 个月的时间,就

---

① 瞿秋白:《"儿时"》,见《瞿秋白文集》(文学编)第 2 卷,北京:人民文学出版社 1998 年版,第 95 页。

② 汪木兰、邓家琪编:《苏区文艺运动资料》,上海:上海文艺出版社 1985 年版,第 300 页。

③ 汪木兰、邓家琪编:《苏区文艺运动资料》,上海:上海文艺出版社 1985 年版,第 351 页。

④ 汪木兰、邓家琪编:《苏区文艺运动资料》,上海:上海文艺出版社 1985 年版,第 322 页。

⑤ 汪木兰、邓家琪编:《苏区文艺运动资料》,上海:上海文艺出版社 1985 年版,第 300 页。

⑥ 汪木兰、邓家琪编:《苏区文艺运动资料》,上海:上海文艺出版社 1985 年版,第 321—322 页。

⑦ 中国社会科学院文学所文艺理论室编:《列宁论文学与艺术》,北京:人民文学出版社 1983 年版,第 435 页。

有瑞金北郊上中乡第二村、于都县段屋区段屋乡胡公庙、西江县宽田区令泉乡等地上演封建旧戏。面对严峻斗争形势,苏区政府立即组织力量上演新戏——话剧《破除迷信》,希望引起群众反封建迷信的热情。① 正是在斗戏过程中,群众对讲大白话、反映现实生活的新剧产生浓厚兴味,直接或间接地加入到革命文化活动中。

历史经验也证明,瞿秋白的苏区经验,在延安时期的鲁艺工作团中再次得到光大发扬。延安鲁艺工作团总结道:在这"集体创作中我们有些同志是从来没有创作过的,但在创作剧本上却写得很好","创作方法是几个人在一起,一起讨论内容,结构,甚至每段剧词都是大家想,把最好的挑选出来,再加以整理,使它成为比较完美的作品。因此这种集体创作的方式,我们觉得比一个人单独创作更好。"②

对苏俄文艺(尤其是战地戏剧)活动经验的直接借鉴,也是苏区推演创作集体化制度的重要依托。苏区活报剧的创作和演出就是一例。苏区活报剧创作和演出形式整齐划一,高度模式化:每个演员不论男女都有一身仿苏裙式蓝衫,三角形上襟里红外白,登台时不用怎么化妆,翻出红的代表革命人物,翻出白的代表反面人物,同时,人还可以表演机器、车、马等。"这种表演方式很新颖,编排也很简便,可以随时变换内容,尤其适合蓝衫团学校的孩子们集体表演。"③

此外,瞿秋白还把红色戏剧表演制度的规范化纳入集体写作制度的探索中,将其作为创作集体化的一个重要环节,包括设立剧本审查、剧作预演、剧本出版和戏剧人才培养制度。中央苏区戏剧活动,由于时间仓促(有些又属于临时或集体写作),文艺专门人才总体匮乏、每个人的文艺认识水准也有差异,这些原因都不免使创编、演出剧本的艺术质量参差不齐,有时甚至有不健康不正确的内容。为确保苏区文化事业正确发展,瞿秋白亲拟剧本审查、预演制度,规定每个剧本、舞剧,先交由戏剧委员会讨论、提出修改

① 陈荣华、何友良编著:《中央苏区史略》,上海社会科学院出版社1992年版,第130—131页。
② 《鲁艺工作团经验》:《解放日报》1944年3月15日。
③ 曾芸:《作为革命武器的苏区文艺》,《文艺理论与批评》1993年第1期。

意见,然后经他最后审查,再通过预演以观效果。瞿秋白总结道:"剧本的成功,必须经过'写'和'预演'两步程序。演一次改一次,才能有好的剧本产生。"①

戏剧演出后,瞿秋白还非常重视剧本的编辑出版工作,使戏剧艺术能够在持续、稳定的基础上不断提高,如《号炮集》的出版。戏剧人才的专门培养,也是集体写作制度化的一个保障环节,瞿秋白非常重视。他曾对高尔基戏剧学校教学计划作过具体指示,特别强调:"第一,学校要附设剧团,组织火线巡回表演,鼓动士气,进行作战鼓动。平时按集期到集上流动表演,并注意搜集创作材料,保持同群众密切的联系。第二,学校除普通班外,应添设红军班和地方班。戏剧学校如果不为红军部队培养艺术干部,就失掉了创办的重要意义。他建议把瑞金云集区工农剧社的社长,长汀县工农剧社的社长,中央印刷厂工农剧社社长,各区的社长调来训练,开设地方班,半年毕业。"②从剧本审查、预演审看、剧本后续出版、戏剧人才培养,瞿秋白对苏区戏剧表演制度规范化的思考相当成体系。这一环节,实际上成为集体写作制度中最有政治威权的集体主义规约,堪称现代中国文艺审查制度的基本雏形。

从当初文艺大众化的理论探讨,到苏区戏剧大众化运动的制度规范,瞿秋白初步形成现实革命文艺事业可行性发展的思路。由此,"谁来写"、"怎么写"、"写什么"这一系列集体写作制度在诸多环节上的问题,在苏区戏剧大众化的探索中基本得到解决。这一系列的经验和做法,对延安以后新文艺创作制度和意识形态宣传体系产生了深远影响。

四

早在"左联"时期,"因为话剧(文明戏)没有音乐、对于群众的兴趣是比较的少的"情形,瞿秋白就曾设想过"可以模仿文明戏而加入群众自己的参

---

① 汪木兰、邓家琪编:《苏区文艺运动资料》,上海:上海文艺出版社1985年版,第301页。

② 汪木兰、邓家琪编:《苏区文艺运动资料》,上海:上海文艺出版社1985年版,第321—322页。

加演戏;可以创造新式的通俗歌剧,譬如说用'五更调'、'无锡景春调'等等凑合的歌剧,穿插着说白,配合上各种乐器。"①因此,针对话剧普遍流行的苏区战地现场的文艺现实②,瞿秋白就特别强调"话剧要大众化、通俗化,采取多样形式,为工农兵服务"③,并且最终选择戏剧(主要是话剧)来实现创造工农大众艺术的方式。这成为他在苏区推演和设计集体写作制度的又一个基本环节——革命的文艺大众化理论的现实化。

首先,瞿秋白把集体写作制度的出发点和着眼点都归于"集体"——大众。实质上,这就是设立一种写作审查制度。"大众"成为"一个伸缩吐纳的集体化历史主体"而拥有了最高的裁决权,达到了"'大众文艺'的理想状态"④。瞿秋白坚持认为,大众及其政治文化代表在文艺接受上具有优先权、否决权,坚持"文艺为工农兵服务"方针。他曾对石联星说:"对工农,要热心耐心。"⑤而在当时,中央苏区的戏剧大众化发展主要有两种途径:一是如瞿秋白所设想的、对旧戏加以改造;二是发展现代话剧。瞿秋白坚持文艺大众化宗旨,认为"戏剧及一切表现的内容必须具体化,切合当地群众的需要,采取当地群众的生活材料,不但要一般的宣传红军战争革命,而且要在戏剧故事里表现工农群众的日常生活,暗示妇女解放,家庭及生活条件的革新,捅破宗教迷信的荒谬,提倡卫生及一切科学思想,发扬革命的集体主义和战斗精神"。⑥

其次,瞿秋白把集体写作的艺术风格从题材到语言文字进行规约。瞿

---

① 瞿秋白:《普洛大众文艺的现实问题》,见《瞿秋白文集》(文学编)第 1 卷,北京:人民文学出版社 1998 年版,第 472 页。

② 中央苏区普遍采用戏剧(尤其是话剧)形式,据老红军韩进回忆说:"当时认为话剧是进步的东西,京、评、越、昆是封建落后的,所以很少。"(江西省文化厅革命文化史料征集工作委员会、福建省文化厅革命文化史料征集工作委员会编:《中央苏区革命文化史料汇编》,南昌:江西人民出版社 1994 年版,第 557 页)

③ 汪木兰、邓家琪编:《苏区文艺运动资料》,上海:上海文艺出版社 1985 年版,第 300 页。

④ 唐小兵:《我们怎样想象历史(代导言)》,见唐小兵:《再解读:大众文艺与意识形态》,北京:北京大学出版社 2007 年版,第 11 页。

⑤ 石联星:《秋白同志,我们永远怀念你》,《人民日报》1980 年 6 月 16 日。

⑥ 刘云主编:《中央苏区文化艺术史》,南昌:百花洲文艺出版社 1998 年版,第 71 页。

秋白十分重视戏剧语言大众化,这是他一贯以来的关注。① 例如,当中央剧团演出《无论如何要胜利》后,瞿秋白尽管称赞该剧演出的成功,但批评其"剧本存在的缺点,着重指出该剧作中有的台词显得生硬、抽象,听起来不入耳",强调"要用活人口里的话来写台词,不要硬搬书上的死句子。务要使人一听就便,愿意听,喜欢听。……语言艺术是戏剧成功必不可少的条件"。② 瞿秋白反复强调作品"通俗性",认为"民间歌曲,对群众的教育更大,由于歌词是发自群众肺腑的心声,内容通俗易懂,好听好唱。所以更受群众欢迎"。③

可是,革命文艺大众化的旨趣却反而挑战了集体写作制度本身的合理性,譬如民间文艺形式运用和内容改造的冲突,既对"集体"、"大众"的解释产生了张力,实际上也是对写作上群众路线的理解问题。可是,到延安时期这个问题自动消失了。因为人们已经直接"把集体创作方式看做是对群众创作学习的结果之一",认为"它具体体现了延安文艺创作上的群众路线"④。本来,苏区广大民众的民间生活群体是最常见的"集体",也是苏区最有意义的"群众"。但"群众"作为实指和虚指对象,一旦在革命语境中与现实民众产生不对应,必然会造成生活实指对象的"群众艺术"(如民间歌谣、旧戏)的利用与改造的解释矛盾。《革命歌谣选集》的编者最早意识到此乖谬并作出堪称经典的解释:

> 我们也知道这些歌谣,在格调上来说,是极其单纯的;甚而,它是农民作者用自己的语句作出来的歌,它道尽农民心坎里面要说的话,它为大众所理解,为大众所传诵,它是广大民众所欣赏的艺术。
>
> 有一些同志,保持着文学上贵族主义的偏见,表示轻视大众爱唱的

---

① 傅修海:《语言乌托邦里的革命激情》,《湘潭大学学报》(哲社版)2011年第2期。

② 汪木兰、邓家琪编:《苏区文艺运动资料》,上海:上海文艺出版社1985年版,第322页。

③ 汪木兰、邓家琪编:《苏区文艺运动资料》,上海:上海文艺出版社1985年版,第362页。

④ 艾克恩编:《延安文艺回忆录》,北京:中国社会科学出版社1992年版,第197页。

歌谣。我们要说：我们用不着像酒鬼迷醉酒杯那样，迷恋着玫瑰色的美丽诗词，我们需要运用一切旧的技巧，那些为大众所能通晓的一切技巧，作我们的阶级斗争的武器，它的形式就是旧的，它的内容却是革命的，但这并不妨碍它成为伟大的艺术，应该为我们所欢迎所支持。①

如果说革命对"集体写作"的民间歌谣的解释，还有点无可奈何的骑墙，那么，对不那么"集体写作"的旧戏，来自革命集体的解释则显得干脆利落。"沈白"在号召对旧戏展开斗争的报道中写道：

> 在这一天早上，这村列宁小学的教员，因怕人看见，很早就起来拿着一只鸭子跪在"敕封显福大名爷"神位面前大叩响头，虔诚祷告。……他负（任）列小教员，平时未尝作过反封建迷信的宣传，像这样的冬烘夫子，他配做列宁小学的教员吗？②

该报道对列宁小学教员参与演旧戏一事，仅用"他配做列宁小学的教员吗？"的反问便完成解释。所谓"配"与"不配"的问题，既有资格也有能力的考量。置身于不断纯洁化的革命大流中，自然演变成了"红"与"专"的问题。百年来中国语境里多少问题的解释空间，不都是如此逐渐变得泾渭分明么？

其实，除了"集体性"意味的差距，还有"革命性"空间的考量。旧戏和歌谣尽管都是群众喜欢的民间艺术，但因涉及旧戏表现内容、表演程式、团体艺人生存和经济收入等复杂问题，不容易被革命利用和改造。因此，必须把"展开反对封建旧戏的斗争"当做是"艺术领域内的阶级斗争"，"各地负责机关必须对这一问题纠正那种自由主义的态度。"③由于苏区戏剧实践中

---

① 汪木兰、邓家琪编：《苏区文艺运动资料》，上海：上海文艺出版社 1985 年版，第223 页。

② 沈白：《开展反对封建迷信斗争！云集区列宁小学教员拜老爷！封建旧戏大演特演！》，《红色中华》1934 年 2 月 10 日。

③ 《艺术领域内的阶级斗争——展开反对封建旧戏的斗争》，《红色中华》1933 年 12 月5 日。

出现旧戏演出与文艺大众化的悖论,新剧(即话剧)更迫切地成为戏剧大众化实践的中心。于是中央苏区选择苏联活报剧艺术进行改造,如蓝衫剧团学习和表演从苏联学来的大众化的"活报剧"。况且旧戏的斗争和新剧的建设,不过是一体两面,都是革命与群众互动要求的体现。这种互动,需要文艺实践者代表革命召唤的声音,直接同群众对话:一方面,讴歌群众的革命觉悟和热情,以艺术肯定的报偿来促进革命力量的军事动员;再者,重视群众的欣赏趣味,汲取群众生活中的民间艺术元素,也可提升革命艺术的战时鼓动效果。

于是,在以集体写作制度为中心的革命文艺大众化要求下,苏区戏剧艺术不仅与外来文化、民间文化融合,更自觉地把抽象的大众转换为现实工农的革命力量——欧化的话剧与客家人聚居区常见的旧戏(如汉剧、山歌剧、采茶戏)和客家山歌等杂糅,形成苏区独特的红色戏剧。如此一来,苏区戏剧大众化运动,使外来新剧、民间戏曲以革命为基准,在调适"集体写作制度"的本土内涵上找到契合点,为稍后的延安新文艺在民族化和现代化、文艺与政治的互动发展上,开拓出了现实化政治化操作的解决思路。

五

由此可见,瞿秋白对苏区集体写作制度的构建,不过是在他一整套革命文艺大众化理论贯穿下,以苏区戏剧大众化运动为依托的现实推演和理论总结。现实推演的呈现,是苏区戏剧大众化运动;理论的深层总结,是将原在上海"左联"时期的革命文艺大众化理论思考与战地艺术实践糅合,生成为对延安文艺制度影响甚深的集体写作制度。苏区集体写作制度的探索,和延安时期的集体创作一样,其"在本质上就是作家与工农兵大众的结合"[1],是瞿秋白"革命的文艺大众化"[2]理想的苏区现实版。从此,"文艺上的集体创作运动"是"紧紧地围绕着中心的集体主义运动的一个文化的卫

---

① 郭国昌:《集体写作与解放区的文学大众化思潮》,《中国现代文学研究丛刊》2005年第5期。

② 瞿秋白:《欧化文艺》,见《瞿秋白文集》(文学编)第1卷,北京:人民文学出版社1998年版,第493页。

队"、"集体创作不仅是一种新的创作方法,而且是一种新的文艺理论——一种新的文艺运动"①的理论预期,经瞿秋白的大力推动和勇敢实践,终于在苏区得到理论与实际的结合、文艺与政治的凝结。

历史终归是互为因果与因缘时会的结果。从左翼上海到瑞金苏区,从文艺大众化理论的激辩现场到集体写作战地,加之革命战争时期文艺与教育、宣传的界限模糊,这一切都让瞿秋白在苏区得以完成其身份政治与思想状态的过渡,也使他有条件构建起本土化的中国现代集体写作制度。而在苏区战地体验的刺激下,瞿秋白文艺思想的激进和悬空成分也得到有效反拨;其合理可行部分,因得到革命武装力量的保证也取得了很好的实践效果。瞿秋白曾言:"最难论的是历史的事实和历史的人物! 中国人说:'盖棺论定'。其实历史的棺是永久不盖的。"②饶有意味的是,在瞿秋白去世后的岁月里,其在苏区以戏剧大众化运动为基座的集体写作制度的构建,便遭到对立的评价。③

的确,时过境迁加之视角转移,对瞿秋白的文化政治业绩自然会有存在差异的探究。但不容否认的是,从上海被转移到苏区的瞿秋白,通过集体写作制度的本土化建构,在完成了其模糊的战线转换、发挥其卓越的文艺政治才能的同时,也以其战争语境下的文艺政策设计给后来的革命文艺政策制定者提供了宝贵借鉴。④ 因此,小而言之,集体写作制度的本土化进程,既是瞿秋白对苏区文艺制度全面系统的规划,更是其革命文艺大众化理论思

---

① 黄峰:《集体创作的理论和方法》,《自修大学》1937 年第 1 卷第 3 期

② 瞿秋白:《李宁与社会主义》,见《瞿秋白文集》(政治理论编)第 2 卷,北京:人民出版社 1988 年版,第 501 页。

③ 相关评价,如:"苏区的文艺运动体现了人民群众在文化上的革命,体现了文艺的阶级路践和群众路线,它给毛主席后来'在延安文艺座谈会上的讲话'的理论提供了实践的经验。"(《苏区文艺运动及创作》,《北京师范大学学报(社科版)》1959 年第 2 期);"在领导中央苏区文艺工作的不长时间里,瞿秋白以其对文艺,尤其是对大众文艺的深刻理解,较好地解决了无产阶级文艺的服务对象,文艺的方向及创作源泉等问题,对毛泽东文艺思想的形成作出了独特的贡献。"(张军:《瞿秋白对中央苏区文艺运动的贡献》,《武汉理工大学学报(社科版)》2004 年第 5 期。)

④ 韩斌生:《瞿秋白对马泽东文艺思想形成的贡献及其历史局限》,《瞿秋白研究》第 14 辑,上海:学林出版社 2004 年版,第 96—107 页;(美)Raymond F. Wylie:*The Emergence of Maoism: Mao Tse-tung, Ch'en Po-ta, and the Search for Chinese Theory* (1935—1945), pp. 76 – 99, Stanford University Press, Stanford California, 1980.

考的辨证再出发;大而言之,瞿秋白以集体主义为苏区文艺事业的组织思想和运作纲领,把革命政治理论、革命文艺事业与苏区革命实际相结合,将集体写作进行制度化与规范化,不但构建起了日后延安文艺政策和文艺活动基本模式的雏形,而且沟通了左翼文艺、抗战文艺与延安文艺乃至 1949 年至今当代文艺发展的思路逻辑①,更促进了中国当代文学写作规范和叙事规约的生成,甚至还波及当代艺术创作②、学术研究思路③和近现代史学著述④的诸多纠葛。

进而思之,瞿秋白以苏区政权争夺为旨趣的文化政治构建,是其设计并推演本土化的中国现代集体写作制度的本心和目的。遗憾的是,后来者未能对其战时语境下的制度设计前提,有比较清醒的限度感把握和理性认识。在仍旧是同一语境的延安时期,这一制度设计能被发扬光大,算是为延安新文艺的发展高潮埋下伏笔。然一旦历史逆转进入建设时期,同质化思考的继续滑行,便使其成为民族文化现代化发展路向的"断桥"。⑤

----

①　集体写作制度对中国现当文学(文艺)乃至文化影响甚深,相关研究有:张志强:《党在延安领导的文艺集体创作运动》,《延安大学学报(社科版)》1984 年第 1 期;古远清:《打开历史的黑箱——文革"写作组"剖析》,《东方文化》2000 年第 3 期;孙晓忠:《抗战时期的"集体创作"》,《中国现代文学研究丛刊》2001 年第 1 期;郭国昌:《集体写作与解放区的文学大众化思潮》,《中国现代文学研究丛刊》2005 年第 5 期;袁盛勇:《延安时期的集体创作》,《中山大学学报》(社科版)2005 年第 3 期;《集体创作与后期延安文艺戏剧作品的形成》,《中国现代文学研究丛刊》2006 年第 3 期;黄擎,李超:《1949—1976 年间的集体写作现象平议》,《长沙理工大学学报》2010 年第 1 期;首作帝:《中国新文学集体创作研究(1928—1976)》(华中师范大学 2010 级博士学位论文)

②　储望华:《"集体创作"的年代》,《钢琴艺术》1999 年第 4 期;王琦:《回到激情四射的集体创作年》,《美术研究》2011 年第 5 期。

③　典型例子是徐朔方先生。他在前人"世代累积型创作说"(如郑振铎:《日本最近发见之中国小说》,《郑振铎全集》第 6 卷,北京:人民文学出版社 1998 年版,第 265 页)的基础上,提出了"世代累积型集体创作说"(徐朔方:《论书会才人:关于世代累积型集体创作的编著写定者的身份》,《浙江学刊》1999 年第 4 期)。但遭受质疑的,恰恰就是他的"集体创作"概念。为此,学界多有歧见(如纪德君:《世代累积型集体创作说献疑》,《学术研究》2005 年 11 期;蒋玉斌:《世代累积型集体创作说检讨》,《学术研究》2006 年第 9 期)。

④　赵庆云:《从〈五四运动简史〉看集体撰著》,《博览群书》2011 年第 4 期。

⑤　有意思的是,作协主席铁凝恰恰被认为是"自始至终拒绝各种意义上的'集体写作'"、"坚持'个人写作'的典范"(陈超:《写作者的魅力——我认识的铁凝》,《时代文学》1997 年第 4 期;贺绍俊:《铁凝:快乐地游走在"集体写作"之外》,《当代作家评论》2003 年第 6 期)。

如袁盛勇所论:"在意识形态化的文艺创作实践中,集体创作模式的定型化随着时间的延展不但没有削弱,反而日渐得到加强,这是现代中国文学史中一个值得关注的重要现象。"①可是,在市场化导向和数字化时代的今天,集体创作更成为文化生产趋势。② 这似乎又印证了唐小兵的观察与担忧:"艺术家,如果还依稀可辨的话,只应该是和工人、农民、匠人同行的'执笔'。"③

---

① 袁盛勇:《集体创作与后期延安文艺戏剧作品的形成》,《中国现代文学研究丛刊》2006 年第 3 期。

② 胡俊:《数字化时代美术的新趋向:自助式集体创作》,《荣宝斋》2011 年第 8 期;李阿嫱:《市场化导向的集体创作》,《中国广播电视学刊》2011 年第 12 期;李红兴:《一次集体写作游戏和一个商业奇缘》,《财经时报》2006 年 11 月 6 日。

③ 唐小兵:《我们怎样想象历史(代导言)》,见唐小兵:《再解读:大众文艺与意识形态》,北京:北京大学出版社 2007 年版,第 10 页。

第 三 章

瞿秋白在中国左翼文学批评史上的贡献

在同时代人里面,瞿秋白是少数既熟悉文艺而又能坚持对文艺进行革命政治规约的文艺理论家和文学家①:他的两部俄国游记,影响了中国人对俄国革命和俄国文学的接受;他编译的《"现实"》,对中国左翼文论的发展和马列文论的中国化进程更是功高业伟;他的文艺大众化思想和苏区文艺实践(尤其是集体写作的文艺政策设计),与毛泽东文艺思想之间的承传和影响关系②更是有稽可考。

在中国现代文学批评史上,瞿秋白是少数能直接汲取俄苏文艺思想资源的、古典文人和现代职业革命家紧密结合的历史人物典型。在对异域思想资源进行吸收、传播以及在中国语境内实际运用后,瞿秋白对其进行总结提高,并提出文腔革命主张。这在很大程度上改变了中国现代文学的发展路向和思想品格,尤其在中国左翼文艺思潮和现代文论品格的塑造、现实主义文艺思想的发展方面。

尤其重要的是,在实质上领导"左联"时期,瞿秋白为左翼文学和中国革命文艺运动争取鲁迅这面旗帜。此举深刻地改变现代文学的发展轨迹,极大

---

① 毛泽东曾认为瞿秋白"既懂政治,又懂艺术"(李又然:《毛主席——回忆录之一》)。我认为瞿秋白懂的只是理论政治,而并非实践政治。但在文艺上,瞿秋白不仅懂文艺,也懂政治文艺学,可谓难得。因此毛泽东说他"懂艺术"可谓精当之论。

② 参见李又然:《毛主席——回忆录之一》,《新文学史料》1982 年第 2 期;冯雪峰:《谈有关鲁迅的一些情况》,《鲁迅研究资料》第 1 辑:北京:文物出版社 1976 年版;萧三:《忆秋白》,《人民日报》1980 年 6 月 18 日;吴奚如:《吴奚如回忆"左联"大众化工作委员会的活动》,文振庭编:《文艺大众化问题讨论资料》,长春:吉林人民出版社 1983 年版,第 401 页;[荷兰]佛克马(Douwe Fokkema)、易布思(Elrud Ibsch):《二十世纪文学理论》,林书武等译,北京:三联书店 1988 年版,第 126 页。

丰富了延安新文学传统——既对鲁迅的启蒙传统有所发展,同时又直接启发毛泽东,因此瞿秋白成为"马克思主义文艺思想'中国化'的奠基者"①。

　　瞿秋白还是最早运用马列文论从事文学批评和文学论争的批评家和文艺理论家之一。瞿秋白的批评理路、批评风格和批评样式,成为独具特色的左翼文学批评、马列主义文学批评和研究的典范。尤其是《〈鲁迅杂感选集〉序言》和对《子夜》情节和细节的政治设计,既体现瞿秋白独特的文艺批评范式,更奠定此后左翼文学创作的思想高度和基本思路。

第一节　瞿秋白的"文腔革命"论

　　在中国现代语境里,语言变革同样被纳入革命预设。"文腔革命"论是瞿秋白开创的文艺大众化理论的重要组成部分,也是左翼文艺思想的核心理念,标志着五四启蒙思想的激进转向与虚无倾向。它既是瞿秋白政治逻辑内在推演的必然结果,也切合中国文学传统遭遇现代变革的基本处境。1927年后的大革命洪流,使中国左翼文化思潮伴随着民族主义、民粹主义思潮得以勃兴。出于革命力量"唤醒"②和发现群众(大众)的要求,左翼文艺从业者更是急于将大众挤进五四以来的新文学世界。大众启蒙和大众作为文学主体参与,已然成为大革命时代左翼文艺的首要规约。而瞿秋白在此情境下遽然提出的"文腔革命"论,作为文艺思想史上的语言政治现象,尤为值得后人静然思之。

一

　　瞿秋白亲身经历过五四,但他却认为五四文学革命"差不多等于白

---

　　①　冒炘、王强:《瞿秋白文艺思想片论》,见《瞿秋白研究》第1辑,上海:学林出版社1989年版,第168页。
　　②　[澳]费约翰:《唤醒中国》,李霞等译,北京:三联书店2004年版,第107—108、210—218页。

革"①、"五四的新文化运动对于民众仿佛是白费了似的"②,文学革命运动产生的五四新文学,竟然成为"'不战不和,不人不鬼,不今不古——非驴非马'的骡子文学"③。在该判断基础上,瞿秋白考虑如何倡导第三次文学革命,并认为"二十世纪的中国里面,要实行文艺革命,就不能够不实行所谓'文腔革命'"④。正如五四以语言文字为发端展开新文学革命一样,"文腔革命"论由此成为瞿秋白发动第三次文学革命的根本指导思想。

显然,瞿秋白"文腔革命"论的预设,是文腔需要革命且存在可供革命的前提。他所说的"文腔",主要指文体或语体修辞范畴。文腔革命,本意应该是采用另种文体或语体。不过瞿秋白认为,重要的是应该由共产主义的革命者来完成新旧文腔的转换工作,即革旧文腔(书房文腔、小西崽文腔、戏台文腔、洋翰林文腔)⑤的命。他批判四大旧文腔,不过是借此把革命矛头指向了旧文腔背后的四类人而已。显然,"文腔革命"论不过是在语言修辞外衣下潜在着革命政治的基本逻辑,而这种逻辑其实早在五四的文言与白话之争中就已奠定。

实际上,早在1927年2月,瞿秋白就把左翼文艺纳入了革命事业的通盘考量。⑥ 革命事业必然要开辟新天地,他感慨五四文学革命运动后的"'第三次的文学革命'是非常要紧的了"⑦。在瞿秋白看来,要进行文学革命,必先文腔革命。相对于新文学内部种种倾向,文腔革命更是先在的前提。既然文腔是文学革命的前提,文腔革命就"不但要更彻底的反对古文

---

① 瞿秋白:《瞿秋白文集》(文学编)第3卷,北京:人民文学出版社1998年版,第176页。

② 瞿秋白:《瞿秋白文集》(文学编)第3卷,北京:人民文学出版社1998年版,第13页。

③ 瞿秋白:《瞿秋白文集》(文学编)第3卷,北京:人民文学出版社1998年版,第177页。

④ 瞿秋白:《瞿秋白文集》(文学编)第3卷,北京:人民文学出版社1998年版,第137页。

⑤ 瞿秋白:《瞿秋白文集》(文学编)第3卷,北京:人民文学出版社1998年版,第251—253页。

⑥ 瞿秋白:《瞿秋白文集》(政治理论编)第4卷,北京:人民文学出版社1993年版,第414—423页。

⑦ 瞿秋白:《瞿秋白文集》(文学编)第3卷,北京:人民文学出版社1998年版,第152页。

和文言,而且要反对旧式白话的威权,而建立真正白话的现代中国文"。①所以他认定,第三次文学革命的目标是"必须要有他自己的'新的言语'——真正现代普通话的新中国文"②。这意味着第三次文学革命。然"现代普通话的新中国文"究竟是什么呢?瞿秋白认为:"现代普通话的新中国文应当有一个总的原则,就是:适应从象形文字转变到拼音文字的过程,简单些说,就是只能够看得懂还不算,一定要听得懂。"③

瞿秋白对文腔革命的思考,可谓步步激进,甚至不惜采取根本废除汉字的民族文化虚无主义态度。从写作习惯和当时语境判断,其本意未必那么决绝:首先,他并没有给"现代普通话的新中国文必须罗马化……要根本废除汉字"这段话全部加着重号,而仅仅在"改"字上加着重号。可见,他对根本废除汉字的过激处有自知之明;其次,他尽管觉得根本废除汉字的理由不用多说,接下来仍列举三点理由:"第一,汉字是十分困难的符号"、"第二,汉字不是表示声音的符号"、"第三,汉字使'新的言语'停滞在《康熙字典》的范围里面,顶多只能从《说文》里面去找'古音古义'等来翻译现代的科学的字眼,而不能够尽量发展——采取欧美科学技术的新名词。"④显然,这些理由都不足以支持废除汉字。因为:首先,符号难易只有程度差别;其次,是否为表示声音的符号属于言文是否一致的问题,不能因言废文,况且汉字并非只能文不能言;至于说汉字使新的言语停滞,阻碍科技和现代科学引进和发展的理由,这一点更不能成立。科学文化译介时的汉字不够用只是创造新名词问题,不能因噎废食。既然理由只是充分而非必要,瞿秋白的结论便蕴含着自我否定。即便如此,临到最后,瞿秋白的总结却是:"汉字不是现代中国四万万人的文字,而只是古代中国遗留下来的士大夫——百分之三

---

① 瞿秋白:《瞿秋白文集》(文学编)第 3 卷,北京:人民文学出版社 1998 年版,第 148 页。

② 瞿秋白:《瞿秋白文集》(文学编)第 3 卷,北京:人民文学出版社 1998 年版,第 152—153 页。

③ 瞿秋白:《瞿秋白文集》(文学编)第 3 卷,北京:人民文学出版社 1998 年版,第 165 页。

④ 瞿秋白:《瞿秋白文集》(文学编)第 3 卷,北京:人民文学出版社 1998 年版,第 168 页。

四的中国人的文字。"①可见，瞿秋白不是在谈文字改革，而是以社会革命对待语言变革。这虽然不符学理，但吻合当时世界性的语言文字拉丁化潮流。②

　　与此同时，大众文艺究竟"文字是末"还是"技术为本"，也令瞿秋白和茅盾发生争论。他借机再对"真正的白话文"作出阐释——"把真正白话文叫做'根据新兴阶级的普通话写出来的文字'"。③ 由此可见，瞿秋白废除汉字的思路根本不是从语言上着眼，只是其重构政治蓝图之举，即"用真正中国文来宣传主义于一般能读些书的群众之中"④。在"文腔革命"论里，根本废除汉字从来都是他出于政治革命斗争的逻辑，因为这事关谁拥有代表"现代中国四万万人"的"头衔"。瞿秋白把"真正白话文"叫做"根据新兴阶级的普通话写出来的文字"，是新中国打倒旧中国、打倒士大夫阶级的"文"的方面，目的是要"革掉汉字文的'中国文'的头衔"⑤。

二

　　不难看出，瞿秋白"第三次文学革命论"和"文腔革命"论都带有人工革命意味，出发点是将文化事业革命化和大众化，提高大众文化程度以配合已提高的"政治上的发展"⑥。诚然，革命的首要工作就是争夺无产阶级革命领导权，话语权首当其冲。形成话语权、让大众发出声音、拥有自己的言语、创作出自己的文学，这是革命的基础工作。因此，瞿秋白认为语言有阶级性就并非从语言学上论说，而是一切都指向语言背后的人。

　　既然文言文是士大夫没落阶级专属，五四白话文为欧化绅士阶级霸占，

---

　　① 瞿秋白：《瞿秋白文集》（文学编）第 3 卷，北京：人民文学出版社 1998 年版，第169 页。

　　② 倪海曙：《拉丁化新文字概论》，上海：时代出版社 1949 年版，第 3 页。

　　③ 瞿秋白：《瞿秋白文集》（文学编）第 3 卷，北京：人民文学出版社 1998 年版，第 49 页。

　　④ 瞿秋白：《瞿秋白文集》（政治理论编）第 4 卷，北京：人民文学出版社 1993 年版，第543 页。

　　⑤ 瞿秋白：《瞿秋白文集》（文学编）第 3 卷，北京：人民文学出版社 1998 年版，第169 页。

　　⑥ 瞿秋白：《瞿秋白文集》（文学编）第 3 卷，北京：人民文学出版社 1998 年版，第337 页。

旧小说白话文则为封建阶级所利用,新礼拜六派白话文又是绅商趣味,大众没有自己的言语,那就必须文腔革命,创造新"大众语"、"真正白话的中国文"、"现代普通话的新中国文",其创造基准是"一切写的东西,都应当拿'读出来可以听得懂'做标准,而且一定要是活人的话。"①瞿秋白说来振振有词,但其思路显然面临当时方言文学已经存在的现实挑战。他于是调整目标预设,认为"至少暂时先发展的是普通话的现代中国文的文艺,而不是现代上海文,或者江南文的文艺"②,但须确保底线——"一定要用中国普通话的真正白话文"③。

看来,自进入左翼文艺战线后,瞿秋白一直致力于新言语的创造工作,其他的文艺讨论反而成为了这项工作的延展。尤其是当他在俄苏看到在俄华侨因拉丁化扫盲工作而实现文化整合后,他更是认为自己找到了在文化上配合国际共产主义革命的好办法,相信汉字拉丁化是进行文学革命的有效通道。据此,瞿秋白逐渐形成了其颇有理论独创色彩的文艺大众化思想。他再三强调:"没有文腔革命,是不能够彻底实行文艺革命",第三次文学革命必须要有"他自己的'新的言语'——真正现代普通话的新中国文。"④如此断定文腔革命与文学革命的关系,不过是源于瞿秋白文艺思想的新变:由俄苏文化统战政策而设计汉字拉丁化方案,由汉字拉丁化方案而产生文艺大众化设想。也就是说,"文腔革命"论表面上试图解决文学革命的语言工具问题,但实际上仍是在政治革命逻辑下思考。瞿秋白对任何语言类型的批判,因此也都会迅即指涉其使用者,并将语言与语言使用者在阶级属性上进行了等同。

总而言之,瞿秋白无论谈文学还是谈文腔,最终都指向革命政治。语言学学理问题不是他想争论和能解决的。此思路,实质即为文学阶级论:布尔塞维克=阶级=科学=真实。⑤ 此后,瞿秋白把新文学变成"骡子文学"的

---

① 瞿秋白:《瞿秋白文集》(文学编)第3卷,北京:人民文学出版社1998年版,第17页。
② 瞿秋白:《瞿秋白文集》(文学编)第3卷,北京:人民文学出版社1998年版,第49页。
③ 瞿秋白:《瞿秋白文集》(文学编)第3卷,北京:人民文学出版社1998年版,第51页。
④ 瞿秋白:《瞿秋白文集》(文学编)第3卷,北京:人民文学出版社1998年版,第152—153页。
⑤ 瞿秋白:《瞿秋白文集》(政治理论编)第7卷,北京:人民文学出版社1991年版,第452—453页。

"次要"原因归为"'文学革命党'自己的机会主义"①,在判断第一次和第二次文学革命是否成功时也将文学革命与政治革命互相比附,这些都无一例外地出于其文学阶级论和政治斗争逻辑。可见,瞿秋白的"文腔革命"论并非是因文学发展史而提出的要求,只不过是"话语决定论"下导致的"一场经过详细论述的专制主义之间的游击战"②。

三

即便如此,瞿秋白"文腔革命"论仍具备一定的历史合理性,这是因为其所在时代里,中国文学传统正遭遇着现代变革的冲击。现代工业技术的迅猛发展,现代城市地域空间的扩张,民众文化水平的提高和知识群体的扩容,都在促使古典文学传统的现代转型。其中自然也包括从书面阅读转向多维接受。相对传统的"读"而言,"听"的效能在革命时代更是威力大增。因此,瞿秋白才认为"一切写的东西,都应当拿'读出来可以听得懂'做标准、而且一定要是活人的话"③。

按理说,看得懂与听得懂是不同的,涉及书面与口头、文与言、文字与声音的问题。而汉字言文分离的事实,封建统治者有意的愚民政策、经济发展落后等许多因素,都会导致二者不相关联。但瞿秋白却一口断定汉字言文分离是根本原因,却不首先从文化和语言角度追问,而是率先服从于政治革命如何变革社会现实的需要。于是,苏俄榜样的力量、现实政治功利、共产主义革命的冲动,迅速成为瞿秋白提倡汉字拉丁化的巨大动力。

乍一看,瞿秋白在1931年的上海提倡汉字拉丁化,看似要发起语言学革命。实质上,他早已为此设定了开辟革命文化的意识形态色彩。况且,打着语言变革旗号的革命策略,这不仅与瞿秋白身份唐突,与革命视野相较而言也显得过于狭隘。于是瞿秋白转而提出"文腔革命"论和"第三次文学革

---

① 瞿秋白:《瞿秋白文集》(文学编)第3卷,北京:人民文学出版社1998年版,第177页。

② [荷兰]佛克马、易布思:《文学研究与文化参与》,俞国强译,北京:北京大学出版社1996年版,第140—141页。

③ 瞿秋白:《瞿秋白文集》(文学编)第3卷,北京:人民文学出版社1998年版,第17页。

命",并挑起第二次文艺大众化讨论。尽管此思路有苏俄经验和共产国际的影响,但瞿秋白首先依托的是他对国内文艺现实的观察和理解,并应和了中国文学传统之现代变迁的要求。

因上所述,"文腔革命"、"第三次文学革命"等,与瞿秋白先前的政治革命无出二辙。他以论文艺、论语言来论政治的思路,也表明其非同一般的革命抱负。起码表明了瞿秋白对这场新的革命有着饱满的自信。个中原因除了其文艺修养、理论造诣、当时中共中央及"左联"对其战斗热情和角色的默许外,还有他对中国文学史的深入研究和对中国文艺传统变迁趋势的洞察。

那么,瞿秋白体认的中国文艺传统变迁,与文腔革命、第三次文学革命又有何默契呢?众所周知,中国古典文艺修习建立在经典诗文诵读与记忆的基础之上。"学而时习之,不亦乐乎",就体现了以强调诵读、注重听觉的文艺传统,其目的在于使学习者在记录时效性差的条件下尽可能久远传道。谨行慎言的君子修身原则,也形成敏行讷言的行为标准。这一切同步压抑了读与说的发展。随着印刷术发展,以诵读保存典籍的压力大大减轻,然以此修习诗文的传统依然。

同时,市民社会发展、现代公共空间缓慢形成、声光电传播媒介发达,口头表达能力和以听来获取信息的能力越来越重要。公共舆论甚至成为现代政治角力的重要因素。① 在此情况下,文艺传统自然渐渐转入强调听说能力的训育,这也正是所谓的"新文学建设中的读者第一性"②。而瞿秋白对中国文艺传统变迁的观察,恰恰最看重其背后群体力量机制的转移。他明白,在政治角力时代,"诗可以群"可成为沟通古典文艺传统与现代政治动员的契合点。而读得出与听得懂之间的信息互动,则是政治军事动员的根本需要。所以,瞿秋白自然就认为:"说到中国的'新的文学'产生的过程,

---

① 瞿秋白:《瞿秋白文集》(政治理论编)第4卷,北京:人民文学出版社1993年版,第544页。

② 丁言模:《中国新文学建设的"中介环节"——论胡适、瞿秋白和毛泽东的文学观》,见《瞿秋白研究》第8辑,上海:学林出版社1996年版,第342页。

就不能够不回溯到这件三千年前的簇新的事情,因为这里伏着文腔革命的种子。"①他对中国近代以来三次文学革命的观察和概括,也一再强调以"中国社会生活的剧烈的变动——尤其是在最近三十年来的变动"②为背景,且认为"社会的巨大变动产生'新的文学'和'新的言语'的需要"。③瞿秋白于是每每从社会关系变更着眼,迅速推导出对新文学和新言语的需要。由此推演开去,瞿秋白进一步把文学革命放大为日常言语的全新建立(即文腔革命)。乃至于瞿秋白干脆以革命家纵横捭阖的气度自信地宣告:"现代的普通话,是随着社会生活的剧烈变动而正在产生出来;文学的责任,就在于把这种新的言语,加以整理调节,而组织成功适合于一般社会的新生活的文腔。"④

反之,发动文腔革命的旨趣同样可逆推到文学革命和社会政治革命,因为都是为了创造继续革命的社会群体力量。瞿秋白恍然大悟说:"这个文腔的整个改变,有极深刻的社会意义。这个意义在什么地方呢? 就是在于使用那种'新的'文腔的人,在社会上的地位抬高了,他们在社会上成为一种不能忽视的力量了。"⑤的确,中国文艺传统变迁和文腔革命、第三次文学革命的契合,根本问题都在于人。中国近现代革命多因外力促压而起。既然是外力促变下产生革命,其内力必然带有一定程度的想象和制造成分,即人工革命机制对群体力量的重新组合与动员。与此同时,瞿秋白在苏俄的体验也在一边确凿地告诉他:"农民士兵本来大多数是无意识的群众,向来不知道'为什么'"⑥,他们需要的只是不断地被"刺激"和"鼓动"⑦。

综上所述,作为从实践革命政治中推出来的革命家和文学家,瞿秋白重返文坛和开辟文艺战线时首先关注的是战线而并非文艺,其内在逻辑自然

① 瞿秋白:《瞿秋白文集》(文学编)第3卷,北京:人民文学出版社1998年版,第139页。
② 瞿秋白:《瞿秋白文集》(文学编)第3卷,北京:人民文学出版社1998年版,第138页。
③ 瞿秋白:《瞿秋白文集》(文学编)第3卷,北京:人民文学出版社1998年版,第138—139页。
④ 瞿秋白:《瞿秋白文集》(文学编)第3卷,北京:人民文学出版社1998年版,第138页。
⑤ 瞿秋白:《瞿秋白文集》(文学编)第3卷,北京:人民文学出版社1998年版,第139—140页。
⑥ 瞿秋白:《瞿秋白文集》(文学编),第1卷,北京:人民文学出版社1998年版,第181页。
⑦ 瞿秋白:《瞿秋白文集》(政治理论编),第4卷,北京:人民文学出版社1993年版,第542页。

就是现实政治革命。这一点同样全线贯穿了他对中国现代文学史的理解。① 结合社会关系的变更和文艺传统的变迁,瞿秋白于是迅速发动"文腔革命"和"第三次文学革命",这自然是言在此而意在彼。因此,瞿秋白的"文腔革命"论必然带上了双重的革命合理性:一是社会政治革命合理性,一是文学语言革命合理性。不但如此,"文腔革命"论还成了瞿秋白以政治革命激情灌注的语言乌托邦。就文艺传统赓续而言,它更因应着历史必然,作为语言政治而获得了文化转移的合法身份——"使'革命'和'历史'拥抱起来。"②

第二节　瞿秋白的文学史"整理"观

文学史的写作(包括重写)往往不是纯学术的事件,在力图施行单一意识形态规训的语境里尤其如此,且介入其间的因素也林林总总,有政党、权力(包括话语权)、革命、商业、知识圈子等。然在中国现当代文学史上,文学史重写却只有两类形态:知识话语权或政治革命权的叙述。前者如胡适的《白话文学史》,后者如1949年以后诸多新文学史的编写。就后者而言,这些汹涌澎湃的文学史重写浪潮,本质上多是革命意识形态对文学史的重新叙述,即瞿秋白所说的革命逻辑对文学史的"整理"。早在20世纪30年代,瞿秋白就提出要对中国文学史进行革命的"整理",实质上最早涉及了近现代以来文学史重写与革命逻辑的关联。瞿秋白文学史"整理"观的意义有两点:一,作为红色文学史写作意识的发端,开辟了此后革命形态的文学史叙述先河;二,率先倡导以阶级斗争为纲的文学史重构模式,把文学史写作纳入意识形态的理论体系建构中。

如果"重写"仅仅指出了大量文学史写作中的重复劳动、史观僵化、材料重合的一面,那么,"整理"观比"重写"论显然更能揭示众多新文学史编

---

① 傅修海:《现代文学史"革命化"叙述的开端》,《郑州大学学报(哲社版)》,2010年第4期。

② 李中昊编:《文字的历史观与革命论》,北京:北平文化学社1931年版。

纂的实质——思想逻辑和方法的同一,选择对自己有利的材料堆垛不证自明的革命政治理念。而正是以革命的"整理"来替代研究的文学史编纂思路,改变了中国半个多世纪以来的文学史编纂体系和学术品格。

一

文学史"整理"观,源自中国共产党第三任总书记瞿秋白。瞿秋白提出此说,目的是在文艺战线上确立革命文学史观阵地。瞿秋白现代文艺革命思想中,文学史观更是极重要的一环,恰如保罗·皮科威兹所说:"要理解瞿秋白对于左翼作家的特殊评论以及他对未来的设想,必须了解他对现代文学运动简短历史以及它的革命产物的总评价。"[①]

瞿秋白不是专门的文学史家,他更多是以职业革命家和政治家角色来讨论文学史问题。但他同时又是有相当文学素养和现代学术意识的知识分子,亲历过中国近现代文学转型和发展历程,且正儿八经受过文学史教育(包括古典与现代的)。因此,瞿秋白的文学史"整理"观就不仅仅只有政治意义,更有相当学术含量和文学史意味。

概而言之,瞿秋白对文学史的理解和训练主要来自三方面:一是古典儒家经典教育里对文学的历史理解和对历史的文学理解。二是第一次旅俄期间他曾大致系统理解的俄国"十月革命"前的文学史及他本人编写的《俄国文学史》。此书于1927年12月经他本人同意,由蒋光慈删改且改题为《十月革命前的俄罗斯文学》,并作为《俄罗斯文学》下卷由上海创造社出版部出版。之所以作为下卷而不是上卷,则是因为瞿秋白觉得"十月革命后的俄罗斯文学比较重要而且对于读者有兴趣些"。[②]三是由于瞿秋白长期投身中国无产阶级革命事业,他在现实政治斗争中形成对中国文学史的宏观判断和规划。由此可见,瞿秋白的文学史观分两种,一是古典儒家经典教育中文史浑融的经典文学史观;一是对俄国革命后因现实政治需要而梳理的革命文学史观。前者是潜在文艺私趣,对后世影响不大。而其现代革命视野中的文学史观则

----

① 〔美〕保罗·皮科威兹:《书生政治家——瞿秋白曲折的一生》,谭一青、季国平译,北京:卓越出版公司,1990年版,第112页。
② 蒋光慈:《蒋光慈文集》第4卷,上海:上海文艺出版社1988年版,第57页。

蔚为大观,尽管能将此问题的讨论追溯到瞿秋白的讨论目前并不多。

瞿秋白的经典文学史观是潜在而深沉的。在瞿秋白文艺思想世界里,传统文史哲合一的观念、朝代变易与文化转移步调并不一致的现实、中国古典文学足以让人仰之弥高的辉煌艺术成就,都使其经典文学史观非常含混和模糊。对于古典诗词唯美的文字游戏训练,瞿秋白除了徜徉其间并作些集句诗词以表达古人情怀的隔世同音外,往往别无突破途径。但瞿秋白仍特别钟情于作集句诗词,这反之也印证他早年浑融的经典文学史观。

而瞿秋白现代文学史观的产生,则属于费正清先生所说的"冲击——回应"模式。因为瞿秋白古典文艺思想受到冲击正是在受欧化中学教育时。瞿秋白此时的古典文艺思想并未破产,而是因现实政治恶象的激刺而生反动,越加耽于古典唯美文艺世界,即名士化。至此仍可以说瞿秋白对文学史观未有现代自觉。

考进俄文专修馆习俄文并自修英文、法文后,瞿秋白文学观渐渐发生变化,但尚无证据表明他此时生成有稍系统的现代文学史观。旅俄期间,瞿秋白曾梳理过俄国"十月革命"前的文学史,并根据对俄国革命现实经验的理解写成《俄国文学史》。这是瞿秋白第一次以现代"文学史"名目表述对俄国文学的观照,也是他对现代文学史观的初步理解和方法论实践。在《俄国文学史》一书中,瞿秋白以社会历史进程梳理俄国"十月革命"前的文学潮流更替、思想变迁与历史进程转换关系,初步体现了他对现代文艺思想基本观念的理解和运用。全书采用专题式随感和读书心得式记述,不像一部有着独立文学史思想的著作,更像俄国文学史的学习笔记串讲。由于当时苏俄国内文学史普遍采取革命史驾驭文学史的写作模式,瞿秋白的《俄国文学史》编写思路也深受影响。因此,《俄国文学史》的写作,初步形成其日后将革命与文学联系起来的史论模式。瞿秋白也因此成为中国现代文学史开创者之一。由此,在中国近现代史上,瞿秋白"第一个创新地开拓性地建立起唯物的、辩证的文学史观"①。

---

① 季甄馥:《瞿秋白〈俄国文学史〉的时代意义及其文学史观》,《瞿秋白研究文丛》第1辑,北京:中央文献出版社2007年版,第193页。

　　除了俄国文学史模式的影响,瞿秋白的现代文学史观还和列宁主义式的社会学知识体系密切相关。瞿秋白出任上海大学教务长兼社会学系系主任后,曾讲授《社会学概论》和《社会哲学》课程,其间不时要论及关于艺术的社会学理解和哲学把握,包括对各类知识进行现代体系梳理和建构。瞿秋白于是如法炮制地概括生成其列宁主义式的文艺社会学理论和文学史观念:

　　　　近几年来由空论的社会主义思想进于更有系统的社会科学之研究,以求确切的了解其所要改造之对象,亦即为实际行动所推演求进的结果——这确是当然的倾向。

　　　　不但如此,因有上述的原因,亦就今中国旧式的文化生活渐次崩坏,文学艺术方面发生许多新要求——个性的发展,学术的民众化等。所以"文学革命"居然三分天下有其二。实因社会现象的日益复杂,不得不要求文字上的革命,以应各种科学之需要——文字原为一切科学的工具。……中国文艺之中"外国货"的容纳取受,并不是"国粹沦丧,文化坠绝"之表征,而却是中国新文化命运之转机,中国新文化生活(复生)的端倪。数年以来的运动,自然始则散漫传播,继则渐次广泛,征取新领域,至今已渐就集中,渐就分化,将形成一新系统,这亦是一种当然的倾向。

　　　　切实社会科学的研究及形成新文艺的系统——这两件事便是当有的"上海大学"之职任,亦就是"上海大学"所以当有的理由。①

　　瞿秋白强调要对社会现象(包括文艺)进行"切实社会科学的研究及形成新文艺的系统"。而在《俄国文学史》里,瞿秋白也开始运用马克思唯物主义史观中关于社会存在决定社会意识、经济基础决定上层建筑等原理,初次考察俄国文学思想发展史②。此外,社会运动与文学思想发展、文学史和

------

　　①　瞿秋白:《瞿秋白文集》(政治理论编)第 2 卷,北京:人民文学出版社 1988 年版,第127 页。
　　②　季甄馥:《瞿秋白〈俄国文学史〉的时代意义及其文学史观》,见《瞿秋白研究文丛》第1 辑,北京:中央文献出版社 2007 年版,第 192—203 页。

社会发展史的关系论述,也成为瞿秋白勾连文学史写作的经纬线,所谓"文学与现实的融铸就成了俄国文学进化的南针"①。历经俄文专修馆学习和在俄考察期间翻译急就章式教学相长之后,瞿秋白现代文学史观不仅接受了现代社会科学思想方法和梳理体系,还带上强烈的俄国革命思维和列宁主义式政党色彩。

二

当然,瞿秋白现代文学史观并非单纯在理论中发育,更多在战斗中生成。其实,1923 年瞿秋白就开始戴着"红色眼镜",运用现代革命文学史观首次瞭望中国文坛,并写成《荒漠里———一九二三年之中国文学》。该文分成两部分,正文前面缀有篇"小叙":"小叙"开篇表明自我感觉——"好个荒凉的沙漠,无边无际的!"②接着征引俞平伯的说法,即"到过洋鬼子那里去的人回到礼教之邦来,便觉得葬身荒漠里似的",以此来表示自己感觉的普遍性和正确。"'物质臭'熏天的西方反而是艺术世界",这简直难以理喻。

对热爱文学的瞿秋白而言,中国文坛直到 1923 年为止仍是沙漠。接着瞿秋白劈头就说,"文学革命的胜利,好似武昌的革命军旗;革命胜利了,军旗便隐藏在军营里去了",现在"文学的白话,白话的文学"都没着落、中国没有"民族国家运动"所以就没有"民族文学",也就没有"民族统一的精神所寄"、"中国的现代文还没有成就"。瞿秋白继而严厉指出,五四文学革命后的翻译文学没有"丝毫现实性和民族性",是"外古典主义"。对 1923 年中国文学梳理批判后,瞿秋白热情呼唤中国新文学"从云端里下落,脚踏实地",因为"许多奋发热烈的群众,正等着普通的文字工具和情感的导师"。瞿秋白相信东方始终要日出,到时"大家走向普遍的光明",文学世界才能真正有劳工诗人的劳作之声。

《荒漠里》是瞿秋白初步运用现代革命文学史观的尝试之作。为了证

---

① 瞿秋白:《瞿秋白文集》(文学编)第 2 卷,北京:人民文学出版社 1998 年版,第156 页。

② 瞿秋白:《瞿秋白文集》(文学编)第 1 卷,北京:人民文学出版社 1998 年版,第311 页。

明革命的前提合理,就必须指出现状为一团乌黑、毫无亮色,如此才能给革命开辟大好天地。瞿秋白批判 1923 年中国文坛的思维逻辑之简单化显而易见,但他以政治革命和社会革命为起点切割文学史的思路却蔚为壮观,甚至成为此后现代文学史标准写作模式。而与此同时,"我是江南第一燕,为衔春色上云霄"的诗句,也恰当概括出他从文学转向现实政治革命的决心和热情,毕竟"革命的理论永不能和革命的实践相离"①。

1931 年瞿秋白回返文学园地,以有着丰富政治斗争实践经验的战士身份来领导文艺战线,不再为文艺而文艺。历经现代政治斗争磨炼,瞿秋白的现代文学史观更成熟,不仅加强革命色彩,也有更现实的政治使命意识和阶级斗争锋芒。《鬼门关以外的战争》里提出第三次文学革命,瞿秋白认为关键要实行"文腔革命",建立"现代普通话的新中国文"②,并进一步提出革命文学的大众化问题。

《鬼门关以外的战争》还有意对自梁启超《论小说与群治之关系》以来的近三十年的文学史进行革命梳理,即文学史重写。瞿秋白特意指出,"无产阶级的领导队伍——苏联无产阶级的文学斗争应当是我们的模范。读者对于苏联普洛文学运动之中的新的任务,深刻的去了解,应当会应用他们所研究出来的原则到中国的普洛文学方面来。"③这就同时为中国普洛大众文学树立学习榜样,苏联无产阶级文学成为中国革命文学的历史目标。是年秋,瞿秋白还以代拟中央文化工作委员会文件的领导者身份,写下《苏维埃的文化革命》,明确提出"革命的文化运动的大众化,就是目前最重要的中心问题"④、"苏维埃的文化革命,是在文化战线上彻底完成民权革命的任务,为着社会主义而斗争"⑤。

---

① 瞿秋白:《瞿秋白论文集》,瞿勃、杜魏华整理,重庆:重庆出版社,1995 年版,第 1 页。
② 瞿秋白:《瞿秋白文集》(文学编)第 3 卷,北京:人民文学出版社 1998 年版,第 137、164、169 页。
③ 瞿秋白:《瞿秋白文集》(文学编)第 2 卷,北京:人民文学出版社,1998 年版,第 266 页。
④ 瞿秋白:《瞿秋白文集》(政治理论编)第 7 卷,北京:人民文学出版社 1991 年版,第 231 页。
⑤ 瞿秋白:《瞿秋白文集》(政治理论编)第 7 卷,北京:人民文学出版社,1991 年版,第 232 页。

1932 年 3 月 5 日,瞿秋白给鲁迅写信——《关于整理中国文学史的问题》(这是瞿秋白 1932 年 6 月 10 日写给鲁迅的信,1950 年上海鲁迅纪念馆整理鲁迅藏书时发现手稿,文题为 1953 年辑入 8 卷本《瞿秋白文集》第 3 卷时编者所加)。这是自《荒漠里》后瞿秋白再次观照中国文学史。这次梳理不仅对象阔大——不再是对某一年文坛单独瞭望,而是涉及中国文学史整体讨论,思考系统性和观点表述深刻度都前所未有。这封信是瞿秋白现代文学史观较完整的体现,系统表述了他对中国文学史的基本判断、对现代中国文学史的革命叙述、红色写作等的相关理念,算得上是较系统体现瞿秋白文学史观念主要的两篇文章之一(另一篇是瞿秋白为发动"文腔革命"而作的《鬼门关以外的战争》)。后者关涉 1902—1931 年近三十年文学史,以革命思路叙述文学发展,可谓红色文学史写作发端;前者则着眼于整个中国文学史,以阶级斗争的社会历史观笼罩全盘,意味着革命者对意识形态的重构,也是文学史革命叙述的肇始。

三

早在 1923 年,瞿秋白就认为"俄国文学史向来不能与革命思想史分开,正因为他不论是颓废是进取,无不与实际社会生活的某部分相响应。俄国文学的伟大,俄国文学的'艺术的真实'亦正在此"[①]。瞿秋白从政治实践工作转到文学战线不久,就结合汉字拉丁化工作和对当时文坛现状的观察,发动"第三次文学革命"、"文腔革命"。为了寻找革命合理性,瞿秋白根据新文学与新言语关系,将"文学的国语,国语的文学"按革命逻辑对应阐述为"文学革命"和"革命文学"。

"文学的国语,国语的文学"语出胡适《建设的文学革命论》。可一直以来,瞿秋白对"国语"只承认是"中国的普通话"的意思,原因据陈铁健先生说是"瞿秋白鉴于沙俄时代,俄国各民族人民反对俄语同化政策,坚决反对在中国用'国语'统一中国各民族的语言。"[②]但瞿秋白并未拒绝使用"国

---

① 瞿秋白:《瞿秋白文集》(文学编)第 1 卷,北京:人民文学出版社,1998 年版,第256 页。

② 陈铁健:《从书生到领袖——瞿秋白》,上海:上海人民出版社,1995 年版,第 432 页。

语"一词,但对该词使用有限定。① 瞿秋白把 20 世纪前 30 年分成三阶段,即三次文学革命:梁启超等人的"三界革命"、辛亥革命后的五四新文化运动、瞿秋白倡导的"文腔革命"。由此,瞿秋白率先确立革命视野中现代文学史的分析框架。瞿秋白认为,"第一次的文学革命,始终只能算是流产了","根本算不得革命";"第二次文学革命才是真正的文学革命"②。

按"新的文学"产生、"新的言语"产生、"现代普通话的建设"三个目标,瞿秋白论述三次文学革命发展过程和成败所在,并把中国"新的文学"产生过程分三阶段:第一次文学革命形成"旧式白话小说",因此"建立了相当意义之中的新的文学,当时并非国语的文学";第二次文学革命分成两阶段两营垒——"所谓两个阶段是:一,一九一九年到一九二五年,那时候主要的倾向只是个性和肉体的解放;二,一九二六、一九二七年到现在,这时候新兴的倾向是集体主义和匪徒精神。所谓两个营垒是:一,辛亥革命之前的'下等人'领袖变成了'高等人'的营垒;二,下等人之中的下等人,就是奴隶牛马的营垒。这都是指着文艺内容方面说的。"前两次文学革命意义在于:"首先,在于他明白的树起建设'国语的文学'的旗帜,以及推翻礼教主义的共同倾向。这才是真正的要创造新的文学和新的言语。"但是,第二次文学革命"只建立新式白话的'新的文学',而还不是国语的文学。文学革命的任务,显然是没有执行到底"。

瞿秋白分别从诗歌、小说、戏剧三方面,检讨五四文学革命运动十二年来的成绩,认为:"国语的文学至今还没有建立";而第三次文学革命是文学革命的新阶段,在"文艺内容上,不但要反对个人主义,不但要反对新文学内部的种种倾向,而且要认清现在总的责任还有推翻已经取得三四十年前《史记》《汉书》等等地位的旧式白话的文学";"在文腔改革上,不但要更彻底的反对古文和文言,而且要反对旧式白话的威权,而建立真正白话的现代中国文"。由于此前两次文学革命运动"暴露停滞的现象",因此第三次文

① 瞿秋白:《瞿秋白文集》(文学编)第 3 卷,北京:人民文学出版社,1998 年版,第 169 页。

② 瞿秋白:《瞿秋白文集》(文学编)第 3 卷,北京:人民文学出版社,1998 年版,第 146 页。

学革命的对象是"现在的旧文学——旧式白话的文艺,以及高级的和低级的新式礼拜六派";目的"必须包含继续第二次文学革命的任务——建立真正现代普通话的新中国文(所谓'文学的国语')"。瞿秋白还从语言与文字分离现实开始,把三十年现代文学史理解为四种文言与白话的关系:古代文言——"书房里的腔调"、现代文言——"现在的时文"、旧式白话——"死的言语"、新式白话——"新式文言"①。

《鬼门关以外的战争》的行文思路和论争逻辑,都环绕着革命需要而展开。梳理近三十年文学史,目的不在于文学史本身,而在于对文学史在革命思路下进行重新叙述,以获得"第三次文学革命"、"文腔革命"和建立现代普通话的历史合理性。瞿秋白叙述近三十年文学史是服务于文学战线上新政治任务的提出,也因此寻找继续革命的领域和理由。这既是瞿秋白刚从政治斗争回返的现实需要,也是中国无产阶级革命事业全面发展的必须。

实际上,根据革命需要而重构历史是瞿秋白一直以来关注的事。1931年华岗的《中国大革命史》第六章发表,瞿秋白迅速写长文《中国大革命史应当这样写的么?——对于华岗的〈中国大革命史〉的批评》②作为回应。瞿秋白对1925—1927年大革命史异常关注,既因为这段历史里他是实质领导者,也表现出他对革命历史叙述本身的高度重视。所以当他从政治斗争中心转移到文学战线上时,不论出于个人活动的历史延续要求着眼,还是从革命任务口号提出的合理性出发,瞿秋白都有必要对现代三十年文学史进行革命化的重新叙述。

倘说《鬼门关以外的战争》仅仅检讨近三十年文学史,目的不在于文学史写作本身,而是为了寻找新的革命任务和开辟战线,那么,写《关于整理中国文学史的问题》这封信就是为了建构现代共产主义革命政治家心目中的文学史体系。这一点瞿秋白表达很明确,且抱负很阔大。

瞿秋白写信给鲁迅谈文学史写作的起因,是鲁迅送给他一本杨筜如的

---

① 瞿秋白:《瞿秋白文集》(文学编),第3卷,北京:人民文学出版社,1998年版,第154—162页。

② 瞿秋白:《瞿秋白文集》(政治理论编),第7卷,北京:人民文学出版社,1991年版,第444—471页。

《九品中正与六朝门阀》。信中瞿秋白除简略评价此书外,重点集中于系统讨论中国文学史写作和评价尺度问题。显然,瞿秋白看完此书后,从杨筠如对政治制度的历史分析发现了作者的历史写作方法本身存在问题,因而借题发挥,转而重点讨论文学史写作方法。因此实质上,瞿秋白是在讨论历史叙述的指导思想问题。由于鲁迅首先是文学家,瞿秋白便以中国文学史叙述为例有感而发。再者,这也算是与赠书人交流读书心得以表谢忱。可见瞿秋白写《关于整理中国文学史的问题》,既有以他人酒杯浇自己块垒的爽快,又饱含着友朋间问答交流的情谊。

《九品中正与六朝门阀》在历史写作方法上的根本问题,是瞿秋白觉得该书"只不过汇集一些材料,不但没有经济的分析,并且没有一点儿最低限度的社会的政治的情形底描写"①。是书引起瞿秋白深思还在于,"单是看看这书上引证的一些古书的名称"就使他"想起十五六岁时候的景象",触发他青少年时代的记忆。他继而感慨中国社会历史不容易写,并指出"因此文学史的根据也就难于把握。这是一个巨大的工程"。② 针对此书主旨,瞿秋白首先表明对他中国封建制度和门阀发展史的看法,在这基础上,他才花相当篇幅介绍中国封建制度特殊性。最后采用列宁对奴隶社会、封建社会和资产阶级社会里将等级问题转化为阶级斗争问题的思路,瞿秋白把中国社会封建社会门阀制度等一概抽象为"中国的等级制度"。这就将其转化为了中国社会历史的阶级斗争问题。尽管瞿秋白明明知道并指出"'门阀'——我们现在翻译外国文的时候,通常总译做等级,这是和阶级不同的"。但为了使材料服从观点,他还是将二者混用起来。

而为了寻找中国封建制度的思想主线,瞿秋白甚至把中国贵族"文士道"对应为欧洲贵族"武士道"。他根据马克思列宁主义社会学思想,相信上层建筑与经济基础的能动关系,想当然地认为"中国的等级制度既然有这样长期的历史和转变,有这样复杂的变动的过程,它在文学上是不会没有反映的"。既然"文士道"是中国封建制度贵族思想,那么"文士道"变迁便

① 瞿秋白:《瞿秋白文集》(文学编)第3卷,北京:人民文学出版社,1998年版,第75页。
② 瞿秋白:《瞿秋白文集》(文学编)第3卷,北京:人民文学出版社,1998年版,第75页。

是中国文学史的发展线索。瞿秋白自然得出论述文学史和门阀史的共同逻辑所在——"封建制度的崩坏和复活,复活和崩坏的'循环'的过程"、"文学上的贵族和市侩的'矛盾'或者冲突,混合或者搀杂各种各式的'风雅','俗物'的概念,以及你(指鲁迅)说过的'帮忙'和'帮闲'的问题,都和这门阀史有密切的关系"。将门阀史进行阶级斗争的思路转换后,瞿秋白以同样思路来转换对中国文学史的论述。根据阶级斗争主线,以社会历史必须要有经济的分析和社会政治情性的描写为根据,瞿秋白提出"整理"中国文学史五原则:

> 第一,文学史的整理,首先要看清中国的高文典籍,一切文言的文学,都是贵族的文学(或者叫它士族文学,"君子"文学)。
>
> 第二,索性单独的提出贵族文学史。
>
> 第三,中国贵族文学史之中:一,要注意等级制度在文学内容上的反映;二,要注意它受着平民生活和口头文学的影响;三,要注意它企图影响平民,客观上的宣传作用,安慰,欺骗,挑拨,离间的手段;四,要注意它每一时期的衰落,堕落,甚至于几乎根本消灭的过程……以及它跟新贵族的形成而又复活起来,适应着当时许多特殊条件而发生"形态上的变化"。
>
> 第四,中国贵族的文学,和其他各国的封建时代一样,承接着古代的封建以前的原始社会,奴隶社会等类的古代文化,文学和宗教上,哲学上,科学上,政治上的一般实用"文章"还没有完全分化。
>
> 第五,中国的白话文学的开始时期,很教人想起欧洲中世纪末期的所谓"城市新文化"。①

瞿秋白的中国文学史"整理"观的下限是五四时期,重点从元曲到五四前。五原则的核心是把五四前文学史定性为"贵族文学史",认定它属"封

---

① 瞿秋白:《瞿秋白文集》(文学编)第 3 卷,北京:人民文学出版社,1998 年版,第 80—83 页。

建时代"的"古代文化"。因此,整理这段文学史须有四大注意:"注意等级
制度在文学内容上的反映"、"注意它受着平民生活和口头文学的影响"、
"注意它企图影响平民,客观上的宣传作用,安慰,欺骗,挑拨,离间的手
段"、"注意它每一时期的衰落,堕落,甚至于几乎根本消灭的过程……以
及……适应着当时许多特殊条件而发生'形态上的变化'"。瞿秋白简直把
文学史整理当做敌我双方的政治斗争,壁垒分明、革命警惕性之高溢于言
表。可见,瞿秋白相当强调在整理文学史背后的阶级斗争思维。文学史和
社会史相辅相成,因此整理文学史目的在于整理社会斗争史。瞿秋白特别
指出:"我们的文学史必须注重在内容方面:每一个时代的阶级斗争的反
映,各种等级,各种阶层,各种'职业'或者'集团'的人生观的变更,
冲突。"①

　　一方面,整理文学史只是整理社会阶级斗争史时借重的外壳;另一方
面,注重文学史在内容方面的整理,实质上就是对文学思想发展史的整理,
尽管对此理解的指导思想是阶级斗争。瞿秋白接下来干脆说:"贵族文学
之中的纯粹文学部分……实在并没有多少足以做我们的研究对象的。"②贵
族文学中纯粹文学部分不足以做研究对象,不属于应当注重的文学史内容
方面,因为瞿秋白认为"文言文学发展到唐人的小说就差不多已经走到了
'逻辑上的最后结局'。至于什么韩柳欧苏……渐渐的沉到垃圾桶,以至于
黄浦江,太平洋的海底里去。至于说文法学和修辞学的对象,那么,韩柳欧
苏……桐城派的文章,和公文程式一样的有价值"③。看来,瞿秋白并非真
的不重视文学发展史,只不过特别强调文学史内容逻辑,即文学思想发展本
身。以至于瞿秋白特别注意中国贵族文学在"文学和宗教上,哲学上,科学
上,政治上的一般实用'文章'还没有完全分化"④,而这种具体分别正来自
于他对中国文学思想史发展的细微观察。

　　瞿秋白是以阶级斗争为纲看待文学思想发展,进而理解文学史的。在

---

①　瞿秋白:《瞿秋白文集》(文学编)第3卷,北京:人民文学出版社,1998年版,第82页。
②　瞿秋白:《瞿秋白文集》(文学编)第3卷,北京:人民文学出版社,1998年版,第82页。
③　瞿秋白:《瞿秋白文集》(文学编)第3卷,北京:人民文学出版社,1998年版,第82页。
④　瞿秋白:《瞿秋白文集》(文学编)第3卷,北京:人民文学出版社,1998年版,第82页。

选取文学史的整理重点上，他尤为看重从元曲到五四前这段，因为它特别符合阶级斗争为纲的叙述要求。瞿秋白将其作为"现代的（资产阶级式）文学的史前时期"，且认为"这部分的历史比较更加重要"、"要写文学史必须把这部分特别提出来，加以各方面的研究，像现代各国的文学一样，从这种文学的言语（文字），体裁，技巧的进展，一直到很细腻的内容上的分析"①。

不仅如此，瞿秋白对民间文学和白话文学的理解也以阶级斗争思维来统贯，并加入社会历史元素考量，论述深入独到。他把阶级分化与文类变迁结合起来，把文学史理解为社会历史发展的反映。既然以阶级斗争为社会历史发展的纲，自然就必须以阶级斗争为文学史发展的纲。纲举目张，瞿秋白于是形成了以阶级斗争为纲、强调社会历史和时代决定性因素的文学史叙述模式。如对茅盾《子夜》和创造社的论述，瞿秋白就一再强调"文学是时代的反映"②、"时代的电流是最强烈的力量"③。但他还是相当有自知之明，知道"初步的工作实在已经比研究古文学难得多了"，整理工作只是"最初的工程，恐怕也只能限于一个大体的轮廓"，并认为五四时对著名旧小说评价有失衡之处，因此提出"再加上把五四时期对于著名的旧小说的估量，大致的'重新估量'一遍。这倒是很急需的"④。瞿秋白对五四时期对旧小说估量偏颇的反思，无疑有文学史革命重写的考虑，也表明他对中国传统文学和文化遗产审慎而微妙的态度。

瞿秋白给鲁迅写《关于整理中国文学史的问题》，本想借文学史整理之一斑以窥中国社会发展史全豹，并尝试进行中国社会史的革命重新叙述。然而，瞿秋白整理文学史的举例和试演，却实质上生成了以阶级斗争为纲、重写中国文学史的演练，无形之中开启革命意识形态下的中国文学史重构进程。因此，不论对于瞿秋白还是中国革命事业，尽管这都只是最初的工程，但它毕竟成为此后评述作家作品和文学史现象的基本评价思路，并影响

---

① 瞿秋白：《瞿秋白文集》（文学编）第3卷，北京：人民文学出版社，1998年版，第84页。
② 瞿秋白：《瞿秋白文集》（文学编）第2卷，北京：人民文学出版社，1998年版，第88页。
③ 瞿秋白：《瞿秋白文集》（文学编）第2卷，北京：人民文学出版社，1998年版，第418页。
④ 瞿秋白：《瞿秋白文集》（文学编）第3卷，北京：人民文学出版社，1998年版，第84页。

着后来新文学史相当长一段时间内的写作模式。

第三节　经典制造（之一）：瞿秋白与鲁迅经典化进程
——以《鲁迅杂感选集》的编选为中心

　　在重构中国现代革命文学史的实践中，瞿秋白最重要的成绩便是编定《鲁迅杂感选集》并写了长篇序言。这一举措，不仅为中国现代文学史树立了堪称经典作家的鲁迅，更塑造了一位革命文艺战线上的红色旗手，从而开启了鲁迅经典化建构的进程。

一

　　"左联"时期，鲁迅在上海靠写作为生，日益倾向左翼文艺。彼时的鲁迅刚经受完来自太阳社、创造社等革命小将的围攻，又陷于与梁实秋漫长的翻译论战。翻译论战里，较之梁实秋，显然鲁迅不够当行本色。正在其最艰难的时刻，瞿秋白因缘时会支援了他。而在三次文艺论战里，鲁迅也曾以"左联"盟员的身份发出"战叫"①。于是，在共同战斗与互相欣赏中，瞿秋白与鲁迅逐渐构成知己与同怀、战友加兄弟的友谊关系。② 瞿鲁之间的文

---

　　①　鲁迅文中常用"战叫"表明其独特的人生与社会态度，最早出于《野草·这样的战士》。（参见鲁迅：《这样的战士》，《鲁迅全集》第2卷，北京：人民文学出版社2005年版，第215页）

　　②　瞿秋白到中央苏区后，不仅鲁迅的学生冯雪峰成了"和他谈得来的人"（庄东晓：《瞿秋白同志在中央苏区》。《忆秋白》：北京：人民文学出版社1981年版，第337页），而且"谈鲁迅"也是他和冯雪峰闲谈时的主要话题。可见，瞿秋白和鲁迅的交谊之深。（参见冯雪峰：《关于鲁迅和瞿秋白同志的友谊》，《忆秋白》，北京：人民文学出版社1981年版，第270页）又，根据周建人回忆说鲁迅书赠瞿秋白的条幅"人生得一知己足已，斯世当以同怀视之"，此"对联中的话，鲁迅说是录何瓦琴的话，我记得是秋白说的，而鲁迅有同感，所以记录下来，又赠送给秋白。后来有人纠正我，说何瓦琴在历史上确有此人。可能我记错了，也可能这句话是秋白找来的，而鲁迅书写了。总之，这句话代表两人的共同心意。"这也可以证明两人心契之深。（参见周建人：《我所知道的瞿秋白同志》，《解放军报》1980年3月16日。后改题为《我所知道的瞿秋白和鲁迅》，收入周建人：《回忆大哥鲁迅》，上海：上海教育出版社2001年版，第151页）

学合作,更是罕见地从合作写十四篇杂文①开始。

瞿秋白和鲁迅合写杂文,据许广平回忆:"大抵是秋白同志这样创作的:在他和鲁迅见面的时候,就把他想到的腹稿讲出来,经过两人交换意见,有时修改补充或变换内容,然后由他执笔写出。"②现在看来,从这些杂文的篇目、内容到写作经过,可以肯定瞿鲁合写杂文是成功的。瞿鲁合作的杂文,基本写于 1933 年 3 月 5 日到 4 月 24 日。此时,瞿秋白和鲁迅无论在居住空间上,还是情感程度上都相当密切,可谓天时、地利与人和的产物。由于是在共同思想探讨之后,再由瞿秋白单独执笔写作,这些杂感表现出强烈的战斗色彩和坚定一致的革命立场,显然符合瞿秋白文艺思想倾向。在语言文字风格和表现手法上,这些杂文也因鲁迅介入修改和参与讨论,而显得蕴藉内敛一些。③

瞿鲁合作写杂文的行为,不仅是文坛佳话,也体现二者在文艺思想上的日益亲近。就瞿秋白而言,这是革命向文学的转移;对鲁迅来说,则是文学朝革命的迈进。从这次互相靠拢而最终团结在一起的、文学与革命会合的历程,可以见出,瞿鲁的交谊不仅是私人友谊,更是瞿秋白成功的革命统战实践和文学战线归化。由于此时的左翼文艺仍然是秘密政治,瞿鲁的杂文

---

① 1933 年瞿秋白和鲁迅合作在《申报·自由谈》发表系列杂文,不仅"出色地表现了他们之间的不分尔我,一体战斗的千古不灭的友谊——这是革命的战斗的友谊",而且也是瞿秋白在文艺战线上重要的文艺思想实践。瞿秋白用鲁迅笔名发表的杂文里,《"儿时"》、《〈子夜〉和国货年》都没被收入鲁迅文集。根据鲁迅的编纂习惯推测,这应该别有考虑。《"儿时"》从内容看纯属私人心路历程的感叹之作,不属于合作篇什,可肯定是瞿秋白写的;《〈子夜〉和国货年》目前没有合理证据表明是合作。因此瞿鲁合写的杂文目前公认是十二篇。【参见唐弢:《申报自由谈·序》(上,1932.12.1—1934.4.25),上海图书馆 1981 年印;许广平:《鲁迅回忆录》,北京:作家出版社 1961 年版,第 122—128 页;丁景唐:《犹恋风流纸墨香——六十年文集》,上海:上海文艺出版社 2004 年版,第 265 页】叶楠认为是十五篇,不仅《儿时》应算入内,而且还应加上《〈大晚报〉的不凡和难堪》。我觉得此逻辑过于机械,没有考虑文风和思想内涵归属。(参见叶楠:《论秋白与鲁迅合作的杂文》,见《瞿秋白研究》第 3 辑,上海:学林出版社 1991 年版,第 150—161 页。);丁景唐、王保林:《鲁迅和瞿秋白合作的杂文及其他》,西安:陕西人民出版社 1993 年版)

② 许广平:《鲁迅回忆录》,此书写成于 1959 年 11 月 24 日。

③ 关于瞿秋白和鲁迅合作的杂文修改前后文体风格差异比较,参见《STYLIST 鲁迅研究的新课题》第三章第二节《文体比较·同瞿秋白文体的比较》。(参见李国涛:《STYLIST 鲁迅研究的新课题》,西安:陕西人民出版社 1986 年版,第 135—147 页)

合作不至于显露出生硬的政治刚性,尽管渗透着革命和文学在现实斗争中生成的互相召唤,但仍旧充满着文人在乱世里惺惺相惜的人间温情。

因此可以说,瞿秋白"左联"时期的文艺思想实践,是从瞿鲁杂文写作的文学合作开始的,并以斗争和建设两方面同时展开。这称得上是一出漂亮完美的文艺统一战线方略。其斗争的一面,是瞿鲁共同参与"左联"组织的三大文艺论战,甚至合作写杂文对论敌展开了文艺思想战线斗争;于建设的一面,则除了瞿秋白的马克思主义文艺理论译介、传播和阐释体系本土化和系统化工作外,还包括瞿秋白对鲁迅和高尔基两位中苏革命文学创作榜样的确立和阐释。当中,瞿秋白对鲁迅的红色阐释和革命经典地位的确立,即《鲁迅杂感选集》编选和长篇《序言》撰写,既是该文艺战略的重中之重,也是其文艺思想实践上的空前胜利。瞿秋白由是成为"党内最早认识和高度评价鲁迅在中国思想文化界的杰出作用的领导人"①。

其实,瞿秋白对鲁迅的认识逻辑始终一致,都立足于反封建的思想革命价值上的肯定。1923 年年底,瞿秋白对当年的文坛进行扫描。这是他对周氏兄弟的第一次评价。瞿秋白把周氏兄弟当做当年中国文坛的代表人物,分别以其代表作《呐喊》和《自己的园地》书名,评价他们在小说和散文创作上的文学成绩。瞿秋白指出,鲁迅思想超前"孤独","虽然独自'呐喊'着"而"只有空阔里的回音"②。瞿秋白再次提到鲁迅,则是在《学阀万岁!》一文里。为了倡导"革命大众化的文艺",瞿秋白把鲁迅列进"懂得欧化文的'新人'"的"第三个城池"里③。

1932 年 5 月,瞿秋白写《五四和新的文化革命》,又提及自己对《狂人日记》的看法,虽然他对其艺术评价不高,但仍然高度赞赏道:"不管它是多么幼稚,多么情感主义,——可的确充满着痛恨封建残余的火焰。"④在《狗样

---

① 杨尚昆:《在瞿秋白同志就义五十周年纪念会上的讲话》,《人民日报》1985 年 6 月 19 日。
② 瞿秋白:《荒漠里——一九二三年之中国文学》,见《瞿秋白文集》(文学编)第 1 卷,北京:人民文学出版社 1998 年版,第 311—312 页。
③ 瞿秋白:《学阀万岁!》,见《瞿秋白文集》(文学编)第 1 卷,北京:人民文学出版社 1998 年版,第 200 页。
④ 瞿秋白:《五四和新的文化革命》,见《瞿秋白文集》(文学编)第 3 卷,北京:人民文学出版社 1998 年版,第 24 页。

的英雄》一文中,瞿秋白再次提到《狂人日记》反抗吃人礼教的进步意义。①由上可见,瞿秋白对鲁迅的认识,一开始就不是纯粹艺术上的价值判断,而是始终把他定位在反封建革命意义来评价和赞赏。但即便如此,这些也只是对鲁迅小说在内容题材上的肯定,根本没有涉及鲁迅杂文的意义。

二

瞿秋白转向关注鲁迅的杂文,是在他们合作写了十四篇杂文之后。在转向对鲁迅杂文的关注后,瞿秋白的鲁迅评价是突变式的。这种突变与他们交谊程度的飞跃和革命情势的紧迫度密切关联。

1933 年 3 月 20 日,据鲁迅书信记载,鲁迅主动向北新书局李小峰推荐由瞿秋白编选自己的杂感选集。② 在征得北新书局的同意后,4 月 8 日,瞿秋白编就《鲁迅杂感选集》③并"花了四夜的功夫"④写成长篇序言《〈鲁迅杂感选集〉序言》。出于迷惑敌人起见,瞿秋白化名"何凝"并故意在《序言》末署"一九三三·四·八·北平"的字样。而为了《鲁迅杂感选集》的出版,鲁迅亲自批划了该书的编排格式。与《铁流》、《毁灭》、《两地书》相同,二十三开、横排、天地宽大、毛边本。扉页上,还选用了鲁迅喜欢的司徒乔的炭画像。不仅如此,鲁迅还亲任该书的校对,亲自为瞿秋白支付了编辑费。

可见,《鲁迅杂感选集》的出版,不仅"可以说是鲁迅和瞿秋白合作的产物,是他们友谊的结晶"⑤,也是鲁迅研究史和瞿秋白文艺思想发展史上的

---

① 瞿秋白:《狗样的英雄》,见《瞿秋白文集》(文学编)第 1 卷,北京:人民文学出版社1998 年版,第 371 页。

② 初始,鲁迅信中明确说"我们有几个人在选我的随笔"(《致李小峰》,见《鲁迅全集》第 12 卷,北京:人民文学出版社 2005 年版,第 383 页)。后来才渐渐明确说是"编者"(1933 年4 月 13 日《致李小峰》,《鲁迅全集》第 12 卷,北京:人民文学出版社 2005 年版,第 387 页)、"选者"是单数的"他"(1933 年 4 月 5 日《致李小峰》,《鲁迅全集》第 12 卷,北京:人民文学出版社2005 年版,第 387 页)。

③ 据杨之华说瞿秋白编选《鲁迅杂感选集》目的有二:一是秋白自愧将鲁迅赠与的书籍散失零落;一是为"要有系统地阅读他的书,并且为他的书留下一个永久的纪念"。(杨之华:《〈〈鲁迅杂感选集〉序言〉是怎样产生的》,《语文学习》1958 年 1 月号)

④ 杨之华:《回忆秋白》,洪久成整理,北京:人民出版社 1984 年版,第 136 页。

⑤ 丁景唐:《鲁迅和瞿秋白友谊的丰碑——鲁迅帮助出版瞿秋白著译的经过》,《中南民族学院学报》,1982 年第 1 期。

光辉起点。而《〈鲁迅杂感选集〉序言》，此后则成为用马克思主义文艺理论解释鲁迅的范式文本。① 尤其是由于在"研究态度和研究方法，被认为是具有示范的意义"②，此序文更因此而成为鲁迅红色经典化进程的开端。与此同时，这篇长篇序言也是瞿秋白构建中国马克思主义文艺理论体系并将其本土化的重大突破，是其文艺思想实践成就的重大体现。

《鲁迅杂感选集》首先体现的是瞿秋白作为"选家"的眼光。由于瞿秋白与鲁迅在人生经历上的相似因素。所以选本的编纂和序言写作，也部分出于瞿秋白的夫子自道。③ 瞿秋白的编选范围，是编选时鲁迅已亲自编辑出版了的八部杂文集④中的七部。而关涉到 1926 年 9 月至 1927 年 1 月期间。鲁迅在厦门大学时期思想情况的《华盖集续编补编》⑤却未被纳入。纳入瞿秋白编选范围的杂文，基本涵盖鲁迅自 1918 年开写杂感至 1931 年年底共 13 年间的杂文创作，总量大约占鲁迅自编杂文集的三分之一弱。当中，对鲁迅杂文写作年份的注重情况也各不相同。⑥ 从入选杂文思想内容

---

① 曹靖华 1941 年和周恩来谈话说："'我所看过的论鲁迅先生的文章，在思想性和艺术性上，能赶上瞿秋白同志写的《〈鲁迅杂感选集〉序言》的，还没有。'周恩来同志就接着说：'我有同感'。"（曹靖华：《往事漫忆——鲁迅与秋白》，《光明日报》1980 年 3 月 26 日）1941 年 11 月 16 日，周恩来在庆祝郭沫若五十生辰暨创作生活二十五周年而发表的讲演《我要说的话》里三次引用《〈鲁迅杂感选集〉序言》，包括瞿秋白对鲁迅著名的"四点概括"。（参见周恩来：《我要说的话》，《新华日报》1941 年 11 月 16 日）

② 王铁仙：《关于科学评价鲁迅的若干思考——重读瞿秋白的〈《鲁迅杂感选集》序言〉》，见《瞿秋白研究》第 11 辑，上海：学林出版社 2000 年版，第 209—210 页。

③ 瞿秋白和鲁迅的相似，参见刘福勤：《瞿秋白与鲁迅文学传统》，《瞿秋白研究》第 11 辑，上海：学林出版社 2001 年版，第 223—237 页。对瞿秋白与鲁迅文学思想上的承续讨论，韩斌生先生有较好的讨论。（参见韩斌生：《世纪之交论秋白——瞿秋白与中国现代文化发展及其当代启示》，《瞿秋白研究》第 8 辑，上海：学林出版社 1996 年版，第 398—410 页；韩斌生：《世纪之交论秋白（二）——瞿秋白与 20 世纪中国文学的鲁迅传统》，《瞿秋白研究》第 10 辑，上海：学林出版社 1998 年版，第 94—106 页）

④ 1933 年 4 月 8 日前，鲁迅出版了八部杂文集，分别是《热风》（1922）、《华盖集》（1925）、《华盖集续编》（1926）、《华盖集续编补编》（1926）、《坟》（1926）、《而已集》（1928）、《三闲集》（1929）、《二心集》（1932）。

⑤ 鲁迅博物馆、鲁迅研究室编：《鲁迅年谱》第 2 卷，北京：人民文学出版社 1983 年版，第 31—36 页。

⑥ 按选入文章比重降序排列：1921 年（100%）、1927 年（40.5%）、1925 年（36%）、1928年（35.7%）、1926 年（33.3%）、1918 年（33.3%））、1929 年（30.8%）、1930 年（27.8%）、1931年（22.2%）、1919 年（20%）、1924 年（18.2%））、1922 年（9.0%）。

看,瞿秋白主要以强调鲁迅反封建、反国民党政府和趋向无产阶级革命的思想进程(包括与反动文艺思潮论战①)为编选标准。② 对于那些文学性和学术性较强的杂文则一般不收入。③ 对鲁迅反击太阳社和创造社围攻的文章,也多采取规避或淡化论战色彩的处理方式。④

在整部选集的正文部分,更是明显贯穿着瞿秋白注重无产阶级革命斗争的文艺思想。《鲁迅杂感选集》以选家瞿秋白长篇序言为开篇,以被选者鲁迅的《〈二心集〉的序言》为收束,将选家评述和被选者的自评完美统一了起来。可见,在编选时,瞿秋白已经对鲁迅杂感的历史发展先入为主地确立了认识标准——现实主义文艺思想的革命生长。瞿秋白继而以此为编选思想准绳,裁定、删削和截取入选篇目的内容和范围。因此,瞿秋白特别看重鲁迅在 1921 年《新青年》分化时期的杂感,也尤其关注鲁迅在 1925—1928 年大革命转折时期的杂感。至于瞿秋白选择鲁迅《〈二心集〉序言》为选集收束的重要原因,则是鲁迅思想无产阶级化的发展进程。⑤ 因为鲁迅自己曾写道:

---

① 例如瞿秋白对《二心集》篇目编选,入选文章(除了《二心集序言》外)是 8 篇杂感。《非革命的急进革命论者》《对于左翼作家联盟的意见》《中国无产阶级革命文学和前驱的血》是鲁迅对左翼文学的意见;《对于左翼作家联盟的意见》在"左联"成立大会上的演讲辞,《中国无产阶级革命文学和前驱的血》刊于"左联机关刊物《前哨》创刊号(此文还是瞿秋白刚从政治斗争转向文艺战线时异常赏识鲁迅的媒介);《"丧家的""资本家的乏走狗"》和梁实秋论战;《黑暗中国的文艺界的现状》《上海文艺之一瞥》《"民族主义文学"的任务和运命》《中华民国的新"堂·吉诃德"们》批判民族主义文艺运动;《"友邦惊诧"论》则驳斥对"9·18"后学生运动的侮蔑。

② 这一点在那些截取性的篇目上体现非常明显,例如:鲁迅自编杂文集《华盖集》之第三篇《忽然想到(一到四)》,瞿秋白编入时改为《忽然想到之三、四》篇,选择"三、四"这两篇,因为是感慨国民革命失败的,而第"一、二"则是讽刺中国人糊涂陋习。由此可见瞿秋白编选标准之一斑。

③ 例如《而已集》中的名篇《魏晋风度及文章与药及酒之关系》就没有收入。

④ 瞿秋白选入的鲁迅论革命文学的文章有《而已集》中《革命时代的文学》、《革命文学》、《文艺和革命》和《三闲集》中的《文艺与革命》、《扁》、《路》。但却没有收入《三闲集》中的反击名篇,如《"醉眼"中的朦胧》《我的态度气量和年纪》《"革命军马前卒"与"落伍者"》等。

⑤ 瞿秋白在序言中引用鲁迅这段话并称为"终于宣言"。(参见何凝(瞿秋白)编:《鲁迅杂感选集》,上海:青光书局 1933 年版,第 21 页)

只是原先是憎恶这熟识的本阶级，毫不可惜它的毁灭。后来又由于事实的教训，以为惟新兴无产者才有将来，却是的确的。①

与此同时，在编选《鲁迅杂感选集》过程中，瞿秋白一方面按历史时序、根据鲁迅杂感文字本身来择取篇目，从而对鲁迅进行革命化叙事和整理；另一方面，瞿秋白也根据鲁迅本人皈依革命进程的自我梳理来塑造其经典形象。于是，在编选过程中，作为选家的瞿秋白，以编辑鲁迅杂感选集的方式，不仅完成鲁迅和自己在革命文艺统一战线上的会师，也促成鲁迅以杂感写作方式进行革命思想上的转变。这既是瞿秋白编选工作上的革命行动，也是瞿秋白文艺思想在编辑工作上的体现。

而当编选工作和革命策略完美会师后，瞿秋白接下来便要对全书的编辑工作进行总结，这是一场鲁迅杂文选编上的革命经验总结报告和文学战线上的革命总动员。相对于瞿秋白译介、编撰马克思主义文艺理论著述上的成功而言，瞿秋白编选《鲁迅杂感选集》的工作意义更为重大。因为这项工作，瞿秋白不仅在中国本土革命语境内成功树立马克思主义文艺理论与中国革命文学创作实践结合的典范，而且还打造出了一个红色鲁迅的形象，完成革命文艺上的红色经典塑造。

三

历史的因缘时会，使得瞿秋白注定成为鲁迅评价史上的关键人物。因为在回顾与创造社太阳社论争时，鲁迅曾说："我那时就等待有一个能操马克思主义批评枪法的人来狙击我的，然而他终于没有出现。"②近三年过去了，鲁迅终于等到这个"狙击手"，他就是瞿秋白。瞿秋白的鲁迅评价可谓一击而中、应声而立。在读《〈鲁迅杂感选集〉序言》时，鲁迅竟然"看了很久，显露出感动

---

① 鲁迅：《〈二心集〉序言》，见《鲁迅全集》第 4 卷，北京：人民文学出版社 2005 年版，第 191 页。

② 鲁迅：《对于左翼作家联盟的意见——三月二日在左联作家联盟成立大会讲》，《萌芽月刊》1930 年 4 月 1 日，第 1 卷第 4 期，第 23 页。

和满意的神情,香烟头快烧着他的手指头,他也没有感觉到。"①因此,在鲁迅评价和研究史上,《〈鲁迅杂感选集〉序言》本身也成为经典,它既是红色鲁迅隆重推出的宣言,更是空前绝后的能打动鲁迅本人的鲁迅研究论作。

《〈鲁迅杂感选集〉序言》洋洋一万五千余言,瞿秋白用"＊"将全文共分为八个部分。第一部分是总论:开篇引用鲁迅在杂文集《坟》里《我们现在怎样做父亲》的名言,把鲁迅当成革命殉道者的象征。接着,瞿秋白以卢那察尔斯基《高尔基作品选集序》的表述,构成中苏文艺对称论述结构②,以类比的修辞揭示这篇序言的思想意义:

俄苏	卢那察尔斯基——高尔基——《高尔基作品选集序》
中国	瞿秋白——鲁　迅——《〈鲁迅杂感选集〉序言》

瞿秋白进而归纳性指出鲁迅和高尔基的共同之处③。在"革命的作家总是公开地表示他们和社会斗争的联系"这共同的大前提下,瞿秋白再次采取类比修辞把鲁迅确立为中国的高尔基:

大前提	小前提	结论
高尔基——写"公开书信和'社会论文'(Publicist article)'"——被讥为"只会写这些社会论文"	鲁　迅——写"杂感"——被讥为"杂感专家"	"鲁迅的杂感其实是一种'社会论文'——战斗的'阜利通'(feuilleton)。"④

---

① 杨之华:《回忆秋白》,洪久成整理,北京:人民出版社1984年版,第137页。

② 瞿秋白不仅类比卢那察尔斯基评价高尔基的论说思路,据 K.B.舍维廖夫考察,瞿秋白在《〈鲁迅杂感选集〉序言》中"不仅引用了列宁的文艺思想,而且还采用了列宁《纪念赫尔岑》一文的写法"。参见[俄]K.B.舍维廖夫:《中国人民的优秀儿子——瞿秋白》,马贵凡译,《瞿秋白研究》,第6辑,第252页。瞿秋白对卢那察尔斯基是熟悉的,《赤都心史　兵燹与弦歌》中记载了他采访时任苏俄人民教育委员会主席的卢那察尔斯基的经历。况且"卢那察尔斯基的著作是鲁迅的首选内容并因此而上溯到了普列汉诺夫对于马克思主义文艺的经典认识,1931年瞿秋白被中共六届四中全会整肃而'回归(文艺)家园'后,对于卢氏文艺理论和创作显然也是与鲁迅热议的内容"(王观泉:《兵燹与弦歌》,《瞿秋白研究文丛》第1辑,北京:中央文献出版社2007年版,第143页)。

③ 瞿秋白编:《鲁迅杂感选集》,上海:上海文艺出版社1980年版,第1页。

④ 瞿秋白编:《鲁迅杂感选集》,上海:上海文艺出版社1980年版,第2页。

在汲取苏俄革命话语权威完成对鲁迅"中国的高尔基"定性与定位后，瞿秋白继续对鲁迅和其杂感文体的"中国的高尔基"身份，进行本土化因果定性与定位。瞿秋白的思路是：

前提	"谁要是想一想这将近二十年的情形，他就可以懂得这种文体发生的原因。"①
因	"急遽的剧烈的社会斗争，使作家不能够从容的把他的思想和情感溶铸到创作里去，表现在具体的形象和典型里；同时，残酷的强暴的压力，又不容许作家的言论采取通常的形式。作家的幽默才能，就帮助他用艺术的形式来表现他的政治立场，他的深刻的对于社会的观察，他的热烈的对于民众斗争的同情。"②
果	"这里反映着五四以来中国的思想斗争的历史。杂感这种文体，将要因为鲁迅而变成文艺性的论文（阜利通——feuilleton）的代名词。自然，这不能够代替创作，然而它的特点是更直接的更迅速的反应社会上的日常事变。"③

系列类比修辞和因果论证后，瞿秋白迅捷地给鲁迅、杂感文体和鲁迅杂感编选三者都打上鲜明的红色革命色彩，将鲁迅杂感写作史与中国社会斗争史、中国思想斗争史密切对应和联系了起来，简明扼要完成了勾勒"红色"鲁迅——对鲁迅进行革命经典化塑造的主体工程。在《序言》中，瞿秋白明确指出编选鲁迅杂感工作的革命思想底蕴——"现在选集鲁迅的杂感，不但因为这里有中国思想斗争史上的宝贵的成绩，而且也为着现时的战斗……！"④

第二部分是过渡部分。瞿秋白以"亚尔霸·龙迦的公主莱亚·西尔维亚被战神马尔斯强奸了，生下一胎双生儿子：一个是罗谟鲁斯，一个是莱谟斯"的一通神话比喻式论述，把鲁迅"革命"思想的逻辑起点确定为鲁迅的家庭出身，从而自然过渡到以阶级论阐释鲁迅的基本思路。因此，瞿秋白展开论述的逻辑大前提是——"是的，鲁迅是莱谟斯，是野兽的奶汁所喂养大的，是封建宗法社会的逆子，是绅士阶级的贰臣，而同时也是一些浪漫谛克

---

① 瞿秋白编：《鲁迅杂感选集》，上海：上海文艺出版社1980年版，第2页。
② 瞿秋白编：《鲁迅杂感选集》，上海：上海文艺出版社1980年版，第2页。
③ 瞿秋白编：《鲁迅杂感选集》，上海：上海文艺出版社1980年版，第2页。
④ 瞿秋白编：《鲁迅杂感选集》，上海：上海文艺出版社1980年版，第2页。

的革命家的诤友！他从他自己的道路回到了狼的怀抱。"①

奠定了鲁迅的国际身份和国内身份后,瞿秋白更鲜明确立阐释鲁迅的"阶级论"革命思路。从第三部分到第七部分,瞿秋白娴熟地根据革命进化论逻辑,在历史性叙述中按照"辛亥革命——五四前——五四时期——大革命时期——革命文学论争时期"的进程,对鲁迅从进化论到阶级论进行革命思想生长梳理和总结。

第八部分是瞿秋白的结论归纳,根据"阶级论"叙述模式,鲁迅杂感写作史自然而然地成为"从进化论进到阶级论"②的历史。而在此过程中,鲁迅社会身份发生相应变化——"从绅士阶级的逆子贰臣进到无产阶级和劳动群众的真正的友人,以至于战士,他是经历了辛亥革命以前直到现在的四分之一世纪的战斗,从痛苦的经验和深刻的观察之中,带着宝贵的革命传统到新的阵营里来的"③。因此,"最近期间,'九一八'以后的杂感",瞿秋白认定鲁迅已"站在战斗的前线,站在自己的哨位上"④。瞿秋白回顾鲁迅杂感里战斗的光辉历程,目的在于总结鲁迅革命传统,他说:"然而鲁迅杂感的价值决不止此。……历年的战斗和剧烈的转变给他许多经验和感觉,经过精炼和融化之后,流露在他的笔端。这些革命传统(revolutionary tradition)对于我们是非常之宝贵的,尤其是在集体主义的照耀之下。"⑤可见,瞿秋白以阶级论完成鲁迅杂感写作的革命史梳理,是"以一个党内著名的理论家和政治家的气魄和眼光来评价鲁迅的"⑥。

在"集体主义的照耀之下",瞿秋白坚信自己发现了鲁迅的"革命传统"⑦。在红光照耀下,鲁迅自然也被证明的确有红色革命的传统。这种循环论证的逻辑,使瞿秋白以编选鲁迅杂感选集的方式,"出于他在当时政治

① 瞿秋白编:《鲁迅杂感选集》,上海:上海文艺出版社1980年版,第3页。
② 瞿秋白编:《鲁迅杂感选集》,上海:上海文艺出版社1980年版,第20页。
③ 瞿秋白编:《鲁迅杂感选集》,上海:上海文艺出版社1980年版,第20页。
④ 瞿秋白编:《鲁迅杂感选集》,上海:上海文艺出版社1980年版,第21页。
⑤ 瞿秋白编:《鲁迅杂感选集》,上海:上海文艺出版社1980年版,第21—22页。
⑥ 丁言模:《瞿秋白等人评价鲁迅的现实主义标准——兼评冯雪峰、周扬、巴人的鲁迅观》,《瞿秋白研究》第3辑,第137页。
⑦ 瞿秋白编:《鲁迅杂感选集》,上海:上海文艺出版社1980年版,第21—22页。

斗争和思想斗争中的切身感受"①编辑出了自己想塑造的、革命也需要的红色鲁迅。至于瞿秋白在序文中对鲁迅"革命传统"的四点概括，②不仅互相之间存在矛盾，而且还把第四点看成是"文学家的鲁迅，思想家的鲁迅的最主要的精神"③也不够周全。毕竟仅凭"反虚伪的精神"就厘定鲁迅作为文学家和思想家的意义，并没有足够的说服力。然而这并不重要。重要的是，鲁迅的革命经典化塑造已完成。从此，鲁迅成为革命前驱和"听将令"的代表者的隐喻。瞿秋白再次重申：

> 自然，鲁迅的杂感的意义，不是这些简单的叙述能够完全包括得了的。我们不过为着文艺战线的新的任务，特别指出杂感的价值和鲁迅在思想斗争史上的重要地位，我们应当向他学习，我们应当同着他前进。④

一切为了现实革命与斗争需要。在革命斗争异常紧张和激烈的年代，作为无产阶级革命政治领导者，瞿秋白的所作所为，无疑是历史必然和个人本然、应然的统一。因此，当选家和做长序，都是瞿秋白服从于革命斗争需要的实践。尽管行动中也不排除瞿秋白有对鲁迅的感恩心理⑤和经济利益因素⑥的驱动，但这应该以并不与革命功利需要相矛盾为前提。况且，瞿秋白无论在编选标准确立还是序言论述思想上，也都与其现实主义文艺思想

---

① 王铁仙：《关于科学评价鲁迅的若干思考——重读瞿秋白的〈《鲁迅杂感选集》序言〉》，《瞿秋白研究》第 11 辑，第 215 页。

② "第一，是最清醒的现实主义"、"第二，是'韧'的战斗""第三，是反自由主义"、"第四，是反虚伪的精神这是鲁迅"。（瞿秋白编：《鲁迅杂感选集》，上海：上海文艺出版社 1980 年版，第 22—24 页。）

③ 瞿秋白编：《鲁迅杂感选集》，上海：上海文艺出版社 1980 年版，第 22—24 页。

④ 瞿秋白编：《鲁迅杂感选集》，上海：上海文艺出版社 1980 年版，第 25 页。

⑤ 杨之华说瞿秋白编《鲁迅杂感选集》目的是为给鲁迅的书"留下一个永久的纪念"。（杨之华：《〈《鲁迅杂感选集》序言〉是怎样产生的》。）

⑥ 鲁迅说："我的选集，实系出于它兄之手。序也是他作，因为那时他寓沪缺钱用，弄出来卖几个钱的。"（鲁迅：《致曹靖华》（1936 年 5 月 15 日），见《鲁迅书简·致曹靖华》，上海：上海人民出版社 1976 年版，第 186 页）

相融合。因此,瞿秋白编选《鲁迅杂感选集》并作序这一文学史的事实,无疑也是瞿秋白文艺思想一次成功的实践。

然而,必须指出,瞿秋白在《鲁迅杂感选集》编选和《〈鲁迅杂感选集〉序言》中体现出的鲁迅观,并不完全等同瞿秋白个人的鲁迅观。因为瞿秋白不仅没有否定钱杏邨等对鲁迅的批评攻击,而且在《多余的话》提的、"可以再读一读"的文艺著作中,也只有"鲁迅的《阿Q正传》"①,而并没提及鲁迅的杂感。这似乎也能说明,瞿秋白编选和序论鲁迅杂感的真正意图和思想内核,其实并不在于文学,而在于革命思想。那么,难道瞿秋白和鲁迅的确是处于"隔膜和相知"②并存的复杂状态么?③

这一切,也许是因为不同的立场产生歧异的阐释结果。与《〈鲁迅杂感选集〉序言》同年问世的钱基博《现代中国文学史》,认为"树人颓废,不适于

---

① 瞿秋白:《多余的话》,见《瞿秋白文集》(政治理论编)第7卷,北京:人民文学出版社1991年版,第723页。关于《阿Q正传》,杨之华说瞿秋白"经常读它,重复读它,也经常介绍给当时青年。他说读一次二次是不够的,要细读,要重复的读"。(《杨之华致陈梦熊信》,《新文学史料》1982年第3期)唐天然曾披露瞿秋白用大小十个"Q"字组成阿Q像漫画(参见唐天然:《战友情深——有关瞿秋白和鲁迅的三件新史料》,《新文学史料》,1982年第4期)。此图见王仲良、季世昌主编:《瞿秋白》,北京:中央文献出版社2003年版,第180页。

② 徐允明:《荆天棘地两代人——鲁迅与瞿秋白:隔膜与相知》,见陈铁健等编:《瞿秋白研究文集》,北京:中共党史资料出版社1987年版,第258页。

③ 黎活仁先生在《鹿地亘与瞿秋白〈鲁迅杂感选集〉序言)的日译》(《抖擞》1979年5月,第33期)中对"文革"时以质疑《鲁迅杂感选集〉序言》等来离间瞿鲁关系的论点进行讨论。原因是鲁研专家陈漱渝在《鲁迅与女师大学生运动》附录《携手共艰危》中写道:"据周海婴先生回忆:……在逝世前的一个星期,许广平同志完成了一万多字的论文,揭发批判瞿秋白贬低鲁迅的种种谬论。"(陈漱渝:《鲁迅与女师大学生运动》,北京:人民出版社1978年版,第137页。)此事其实是周海婴在写给毛泽东的一封信中披露的,信中说:"国内发表的论述鲁迅文章,也常有以唯心主义、形而上学曲解鲁迅思想的。母亲生前很注意这个问题,她逝世前几天还在撰写文章,批判瞿秋白对鲁迅思想的歪曲(母亲觉得瞿秋白认识鲁迅前,全盘否定五四运动,否定鲁迅,甚至说鲁迅是学阀。认识鲁迅后,也始终不肯承认鲁迅是马克思主义者,只说鲁迅是'同路人'。母亲觉得应当予以批判)。"(《周海婴同志给伟大领袖毛主席的信》)。此信送交毛泽东同志后,毛主席作了批复:"我赞成周海婴同志的意见,请将周信印发政治局,并讨论一次,立即实行。"(《毛主席一九七五年十一月一日关于鲁迅著作出版、研究工作的批示》,毛泽东对此信的批复复印件在"上海左翼作家联盟成立大会"旧址纪念馆已经公开。)详见河北大学中文系1977年4月编(内部教材):《文艺思想斗争史(1942—1977)》(参考材料),承德日报印刷厂印刷,第503—507页。

奋斗",而且把鲁迅和徐志摩混在一起判为"以文艺之右倾,而失热血青年之望"①。但瞿秋白在无产阶级革命立场上作出的鲁迅阐释,却实实在在地为中国无产阶级革命的文艺思想战线树立起一面红色旗帜。

此后,《〈鲁迅杂感选集〉序言》不仅成为革命阵营研究和评说鲁迅杂感和思想的范式,甚至被确立中国现代文学批评史上作家作品研究的基本范式。而当初瞿秋白针对鲁迅杂感作出的评说结论,甚至被放大为此后汗牛充栋的鲁迅研究论著的基本前提。瞿秋白的鲁迅阐释,在一定意义上甚至可以说成为了中国新文学研究的出发点,也是中国现代文艺思想史革命化叙述的起点。与此同时,在鲁迅被塑造成为中国化高尔基的同时,瞿秋白也同步奠定了他自己作为"中国的卢那察尔斯基"②的历史角色。

当然,除了开启鲁迅经典化的历史进程外,瞿秋白还曾对五四文学革命史进行梳理,并贯串以革命领导权争夺为主线的重新叙述。这既为中国现代文学史革命构建确立光辉起点,更凿定了现代革命文学史的思想界碑。因此,重塑鲁迅和整理五四这两项意识形态构建的重大工程,不仅足以让瞿秋白在中国文艺思想史有一席之地,也给后来的中国文学史留下宝贵的革命书写传统:一是文学的社会历史批评传统,一是文学史按革命史观思维整理的传统。于是,许多的重写文学史,似乎成为文学史写作上的造反有理。③

---

① 钱基博:《现代中国文学史》,上海:世界书局1933年版,第504—505页。

② [苏联]郭绍棠:《回忆瞿秋白》,路远译,见《瞿秋白研究》第6辑,上海:学林出版社1994年版,第258页。把瞿秋白评价为"中国的卢那察尔斯基"的说法不仅来自前苏联研究者,美国的保罗·皮科威兹也持这观点。[美]保罗·皮科威兹:*Marxist Literature Thought and China：A C onceptual Framework*, Center For Chinese Studies Institute of East Asian Studies University of California Berkeley, California 1980, pp.47-54.把瞿秋白类比成卢那察尔斯基,我的理解应该是指二者在各自国家里马克思主义文艺发展的作用和思路的相似。

③ 现代意义上的文学史几乎都是重写,只不过重写时各自所本的主义、思想不同而已。参阅[美]宇文所安:《过去的终结:民国初年对文学史的重写》,刘东主编:《中国学术》(2001年第1辑),北京:商务印书馆2001年版,第180—202页;傅修海:《现代文学史"革命化"叙述的开端——论瞿秋白的五四文学史观》,《郑州大学学报》(哲社版)2010年第4期。

第四节　经典制造(之二):瞿秋白与 《子夜》经典化进程

红色经典是存活在特定历史时空中的特殊文本群体。本来,作品能够成为经典,无非源于后世的反复阅读和逐渐形成的、较为稳定而趋高的思想与艺术评判。但"红色经典"的经典化历程则有些迥异,它们很大程度上首先源于被染色——"红色"的坚强附着。红色经典中,当然不无艺术质量与其他颜色的经典同样高超的杰作。但无论如何,红色的获得和坚守一定程度上定格他们的地位,放大他们的经典魅力,也生成了别样的艺术张力。因此,颜色政治学的存在,相映成趣地造成文学史上的颜色化的文学经典问题。而瞿秋白与《子夜》红色经典化历程的互动考察,正是讨论此类问题的绝佳例子。

一

早在 1924 年冬,瞿秋白曾与茅盾比邻而居,那时候两人交往就比较频繁。茅盾当时是商务印书馆党支部书记,在其家开党内会议时,瞿秋白曾代表党中央常来出席。此外,瞿秋白还曾经通过郑振铎来进一步接近茅盾。①一段时间的公交私谊的往来之后,瞿秋白和茅盾的个人友情逐渐加深。但茅盾与瞿秋白的分歧,则始于 20 世纪 30 年代文艺大众化论战。论战中两人互相阅读对方的文章、互相辩驳。因此,瞿秋白与茅盾的文学交往主要集中在 1930—1934 年。期间瞿秋白不仅对茅盾《路》《三人行》提出批评,而且还对《子夜》创作产生重大影响。瞿秋白对《子夜》的修改和批评,是革命改变文学的最具体而典型的例子。刘小中甚至认为"瞿秋白对茅盾《子夜》创作的帮助,是瞿秋白从政治战线转向文学战线后所办的第一件实事"。②

---

①　刘小中:《瞿秋白与茅盾的交往和友谊》,见《瞿秋白研究》第 5 辑,上海:学林出版社 1993 年版,第 173—187 页。

②　刘小中:《瞿秋白与〈子夜〉》,《扬州职业大学学报》,1999 年第 1 期。

的确,瞿秋白的修改和评价不仅影响《子夜》的文学史评价①,也影响茅盾的文学史地位。瞿秋白与茅盾的特殊关系,提供文学交往与文艺思想互动的考察入口的同时,也让后人得以更好地理解革命时代里文学与政治的独特绞缠。

瞿秋白夫妇结束第二次赴苏俄行程回到上海后,曾见过当时已经脱党并刚刚从日本回来才不久的茅盾。② 由于瞿秋白稍后即陷入政治命运转折期,而茅盾也由于此前的脱党身份,两人一度失去联络。后来茅盾才从弟弟沈泽民口中得知瞿秋白的境况和地址,第二天便前往探访并请瞿秋白审阅《子夜》原稿及写作大纲。两天后当茅盾再访时,因情况紧急瞿秋白夫妇临时避难茅盾家,期间两人天天谈《子夜》。③ 因此,瞿秋白不仅得以在《子夜》创作过程中发表不少意见、对作品实际创作产生较大影响;而且当作品完成后瞿秋白也能较早进行评论。更重要的是,瞿秋白的评论本身对《子夜》的文学地位和历史地位都产生了影响。从这两方面来看,瞿秋白与《子夜》的互动,就不仅是读者与作品(作者)的关系,而是独特的指导者、作者和批评者与作品(作者)的关系。这类关系形态在中国现代文学发展史上并不多见,而且也只有在左翼革命时期和思想组织化的情境下才有可能发生。瞿秋白与《子夜》的关系,因此最终成为革命与文学互动的象征。

当初茅盾构思《子夜》时,只是准备写“都市——农村交响曲”。按原设想,都市方面设计有三部曲:《棉纱》《证券》《标金》。陈思和认为《子夜》是“一个二十世纪现代的王子、骑士、英雄,一个工业界的神话人物,以及这个人物在上海的传奇故事。所以,这样的故事和写作动机,很难说它是写实主义的,我们过去都说茅盾是用阶级分析方法来写这个故事的,从茅盾个人的阐述和作品表面来看,这当然是对的,但仅用阶级分析的方法,有谁写出过这么栩栩如生的资本家”。④ 然而,在瞿秋白强化革命意识的介入下,《子

---

① 蓝棣之:《一份高级形式的社会文件——重评〈子夜〉》,《上海文论》1989 年第 3 期。
② 茅盾:《我走过的道路(中)》,北京:人民文学出版社 1984 年版,第 60、71—72、109 页。
③ 茅盾:《我走过的道路(中)》,北京:人民文学出版社 1984 年版,第 109—111 页。
④ 陈思和:《〈子夜〉:浪漫·海派·左翼》,《上海文学》,2004 年第 1 期。

夜》迅速从小说情节设计构想到人物细节表现都发生许多变化。据茅盾回忆,瞿秋白介入《子夜》的缘起是:

> 秋白和之华见了我们很高兴,因为我们有四五个月没有见面了。在叙了家常之后,秋白问我在写什么? 我答已写完《路》,现在在写长篇小说,已草成四章,并把前数章的情节告诉他。他听了很感兴趣,又问全书的情节。我说,那就话长了,过几天等我把已写成的几章的原稿带来再详谈罢。过了两天,记得是一个星期日,我带了原稿和各章大纲和德沚又去,时在午后一时。秋白边看原稿,边说他对这几章及整个大纲的意见,直到六时。我们谈得最多的是写农民暴动的一章,也谈到后来的工人罢工。写农民暴动的一章没有提到土地革命,写工人罢工,就大纲看,第三次罢工由赵伯韬挑动起来也不合理,把工人阶级的觉悟降低了。秋白详细地向我介绍了当时红军及各苏区的发展情形,并解释党的政策,何者是成功的,何者是失败的,建议我据以修改农民暴动的一章,并据以写后来的有关农村及工人罢工的章节。正谈得热闹,饭摆上来了,打算吃过晚饭再谈。①

> 秋白建议我改变吴荪甫、赵伯韬两大集团最后握手言和的结尾,改为一胜一败。这样更能强烈地突出工业资本家斗不过金融买办资本家,中国民族资产阶级是没有出路的。秋白看原稿极细心。我的原稿上写吴荪甫坐的轿车是福特牌,因为那时上海通行福特。秋白认为像吴荪甫那样的大资本家应当坐更高级的轿车,他建议改为雪铁龙。又说大资本家愤怒绝顶而又绝望就要破坏什么乃至兽性发作。以上各点,我都照改了。但是,关于农民暴动和红军活动,我没有按照他的意见继续写下去,因为我发觉,仅仅根据这方面的一些耳食的材料,是写不好的,而当时我又不可能实地去体验这些生活,与其写成概念化的东西,不如割爱。于是我就把原定的计划再次缩小,又重新改写了分章大

---

① 茅盾:《我走过的道路(中)》,北京:人民文学出版社1984年版,第111页。

纲,这一次是只写都市而不再正面写农村了。但已写好的第四章不忍割舍,还是保留了下来,以至成为全书中的游离部分。这个新的分章大纲比前一个分章大纲简单多了,现在还保存着其中的一部分。①

　　经过与秋白的交谈,我就考虑如何压缩《子夜》的原定计划。可是尚未动笔,雪峰又来找到我,一定要我担任下半年的"左联"行政书记。不久,秋白也参加了"左联"的领导工作,他向我提出要总结五四以来新文学运动的经验,要我写两篇论文。加之那年的夏天奇热,一个多月的期间天天老是华氏九十几度的天气,我的住房又在三楼,热得喘不过气来。这样,我只好满足于先把新的分章大纲写出来,而把《子夜》的写作暂时搁下,专注于"左联"的日常工作。直到十月份,我觉得写《子夜》的计划不能再拖了,便向冯雪峰辞去"左联"行政书记之职,坐下来,按照新的分章大纲,重新往下写。②

从茅盾对创作过程的回忆看,瞿秋白介入过程可谓相当深入具体。瞿秋白对《子夜》在情节结构设置、人物刻画、小说细节上都提出许多宝贵意见。对于这些意见,茅盾或是照单全收或者稍微作些调整。其中,茅盾照单全收的瞿秋白意见有:

其一,《子夜》最初结局设想是:吴荪甫跟赵伯韬两人斗到最后,由于工农红军打到长沙,两派资本家握手言和,他们联手起来跑到庐山去狂欢。在豪华别墅里互相交换情人纵淫。这种结局在瞿秋白看来当然不合乎革命前途的必然逻辑,也不合阶级分析的结果。因此瞿秋白建议"改变吴荪甫、赵伯韬两大集团最后握手言和的结尾,改为一胜一败。这样更能强烈地突出工业资本家斗不过金融买办资本家,中国民族资产阶级是没有出路的。"③现在的《子夜》结局正是吴荪甫失败想自杀却没有成功。可见《子夜》里失败结局并非茅盾最初的构想。

---

① 茅盾:《我走过的道路(中)》,北京:人民文学出版社 1984 年版,第 110—111 页。
② 茅盾:《我走过的道路(中)》,北京:人民文学出版社 1984 年版,第 111—112 页。
③ 茅盾:《我走过的道路(中)》,北京:人民文学出版社 1984 年版,第 99—100 页。

其二,茅盾回忆"秋白同志说'福特轿车是普通轿车,吴荪甫那样的资本家该坐雪铁龙。'又说'大资本家到愤怒极顶而又绝望时,就要破坏什么,乃至兽行发作',这两点我都照改、照加。"①现在的《子夜》里,茅盾就增添这些细节来表现所谓的资本家残暴虚弱的特性——奸淫送燕窝粥的保姆,坐雪铁龙轿车。

其三,瞿秋白曾建议茅盾"作为'左联'执行书记先写一两篇文章出来带个头",对五四以来的新文学运动,以及1928年以来的普罗文学进行研究和总结。"②茅盾"遵照秋白的建议"写了《五四运动的检讨》《关于创作》《中国苏维埃革命与普罗文学之建设》等,这是茅盾回国后写的最初一批文艺论文。文章中许多重要内容在写作前曾与瞿秋白交换过意见,"其中有的观点也就是他的观点,例如对五四文学运动的评价。"③

茅盾只是部分吸收瞿秋白意见,而在小说中稍微调整的有:

其一,瞿秋白在工人斗争和农民暴动方面给茅盾讲了许多政策和场景,但茅盾却因不能深入体验具体生活,又不愿意作概念化描写,于是割舍正面写农村场景的计划,突出写城市,尤其资本家之间相互争斗的情景。茅盾说《子夜》中的革命运动者及工人群众是"仅凭'第二手'的材料"④,就是指瞿秋白等革命政治实践者提供材料。

其二,茅盾虽没听从瞿秋白写农村生活的建议,但当时已完成的正面描写农村的第四章还是保留下来。因此这部分与全书显得有些游离。

其三,茅盾回忆《子夜》里"关于农民暴动和红军活动,我没有按照他的意见继续写下去,因为我发觉,仅仅根据这方面的一些耳食的材料,是写不好的,而当时我又不可能实地去体验这些生活,与其写成概念化的东西,不如割爱"。⑤

---

① 茅盾:《回忆秋白烈士》,《红旗》1980年第6期。
② 茅盾:《我走过的道路(中)》,北京:人民文学出版社1984年版,第73页。
③ 茅盾:《我走过的道路(中)》,北京:人民文学出版社1984年版,第73页。
④ 茅盾:《子夜》,北京:人民文学出版社1977年版。
⑤ 茅盾:《我走过的道路(中)》,北京:人民文学出版社1984年版,第110页。

二

在瞿秋白革命意识的参与下，《子夜》终于以革命小说面目隆重登场。但《子夜》毕竟是文学创作，茅盾首先想到的理想鉴定者便是鲁迅。《子夜》平装本初版刚一出来，茅盾便拿着几本样书，带着夫人孔德沚和儿子到北四川路底公寓去拜访鲁迅。① 而鲁迅此刻与瞿秋白交往正是相当密切的时段，两人甚至合作写些杂文（包括瞿秋白的第一篇评论《子夜》的杂文——《〈子夜〉和国货年》）。因此，鲁迅对《子夜》的意见和印象就变得非常重要而且微妙。这些都一一记载于鲁迅当时的往来书信中。

1933 年 2 月 9 日夜，鲁迅《致曹靖华》中写道：

> 国内文坛除我们仍受压迫及反对者趁势活动之外，亦无甚新局。但我们这面，亦颇有新作家出现；茅盾作小说曰《子夜》（此书将来当寄上），计三十余万字，是他们所不能及的。《文学月报》出五六合册，已被禁止。②

1933 年 3 月 28 日，鲁迅在《文人无文》中写道：

> 我们在两三年前，就看见刊物上说某诗人到西湖吟诗去了，某文豪在做五十万字的小说了，但直到现在，出了并未预告的一部《子夜》而外，别的大作都没有出现。③

1933 年 12 月 13 日，鲁迅在《致吴渤》中写道：

> 《子夜》诚然如来信所说，但现在也无更好的长篇作品，这只是作

---

① 茅盾：《我走过的道路（中）》，北京：人民文学出版社 1984 年版，第 115—116 页。
② 鲁迅：《鲁迅全集》第 12 卷，北京：人民文学出版社 2005 年版，第 368 页。
③ 鲁迅：《鲁迅全集》第 5 卷，北京：人民文学出版社 2005 年版，第 85 页。

用于智识阶级的作品而已。能够更永久的东西,我也举不出。①

1936 年 1 月 5 日夜,鲁迅在《书信集·致胡风》中写道:

有一件很麻烦的事情拜托你。即关于茅的下列诸事,给以答案:
一、其地位。
二、其作风,作风(Style)和形式(Form)与别的作家之区别。
三、影响——对于青年作家之影响,布尔乔亚作家对于他的
态度。②

显然,此刻鲁迅对《子夜》的评价意见几乎有着思想和艺术的双重判断
功效。令人关注的是,鲁迅当时对茅盾及其《子夜》创作的评介态度似乎有
点打太极的玄乎。鲁迅认为,茅盾是最近"新作家出现",《子夜》这部作品
"并未预告"而低调产生;因为"现在也无更好的长篇作品",所以《子夜》为
时人"所不能及";然而,《子夜》"只是作用于智识阶级的作品而已",但应
该还有比《子夜》"能够更永久的东西"。直到 1936 年,对茅盾的"地位"
"作风(Style)和形式(Form)"及其"与别的作家之区别"、"对于青年作家之
影响,布尔乔亚作家对于他的态度",鲁迅仍旧以自已"一向不留心此道"③
而避开相关问题的直接和正面的评价。可见鲁迅对茅盾和《子夜》的热情
并不高,基本停留在对茅盾写作态度的政治表态层面,对其艺术质量的评价
也只是以鼓励的热情居多。鲁迅的微妙态度,无疑受到其他人对《子夜》评
价的影响,这里面就包括瞿秋白,也包括当时评论界对《子夜》接受的两种
互相对立的声音:质疑声和肯定声。《子夜》的文学史接受也正是在两种尖
锐对立的声音中拉开序幕。质疑声最初是响成一片,而叫好声则随着革命
形势变化逐渐得以加强。

① 鲁迅:《鲁迅全集》第 12 卷,北京:人民文学出版社 2005 年版,第 516 页。
② 鲁迅:《鲁迅全集》第 14 卷,北京:人民文学出版社 2005 年版,第 2 页。
③ 鲁迅:《鲁迅全集》第 14 卷,北京:人民文学出版社 2005 年版,第 3 页。

起初对《子夜》质疑声不少。陈思(曹聚仁)就说:"这部长篇小说,比浅薄无聊的《路》的确好得多,要叫我满意吗? 依旧不能使我满意。"读完后脑子里一点反应也没有。① 禾金认为茅盾抓大题材的能力不够,满心要写"中国的社会现象",结果却只写成了一部"资产阶级生活素描",或是"××斗法记"②。杨邨人觉得《子夜》在技巧上没有什么创新,没有给人以一种思想上的启发。③ 门言则指出茅盾写的是体验的传递而不是经验的结晶,其艺术作品的生命力不会长久,在鲁迅之下。④ 燄生只是肯定《子夜》有社会史期待价值。⑤

而肯定的叫好声来自于出版商、一般读者和革命阵营。为配合作品发行,叶圣陶甚至亲撰一则广告,称赞《子夜》有"复杂生动的描写""全书动作之紧张"⑥;余定义则将《子夜》定为写实主义,认为其把握着1930年的时代精神;⑦朱明肯定《子夜》是一部超越之作,是反映时代精神上的"扛鼎"之作,把"复杂的中国社会的机构,大部分都给他很生动地描绘出来了""于形式既能趋近于大众化,而内容尤多所表现中国之特性,所以或者也简直可以说是中国的代表作"⑧;一向对新文学有成见的吴宓,也以"云"为笔名撰文盛赞《子夜》是"近项小说中最佳之作也"、"君人所为最激赏此书者,第一,以此书乃作者著作中结构最佳之书。第二,此书写人物之典型性与个性皆极轩豁,而环境之配置亦书人妙。第三,茅盾君之笔势具如火如荼之美,醋态喷微,不可控搏。而其微细处复能委婉多姿,殊为难能而可贵。尤可爱者,茅盾君之文学系一种可读可听近于口语之文字"⑨;韩侍桁则虽然批评《子夜》"伟大只在企图上,而并没有全部实现在书里",但也肯定《子夜》"不只在这年间是一部重要作品,就在五四

---

① 陈思:《评茅盾〈子夜〉》,《涛声》1933年第2期。
② 禾金:《读茅盾底〈子夜〉》,《中国新书月报》1933年第3期。
③ 杨邨人:《茅盾的〈子夜〉》,《时事新报·星期学灯》1933年6月18日。
④ 门言:《从〈子夜〉说起》,《清华周刊》1933年第39期。
⑤ 焰生:《子夜在社会史的价值》,《新垒月刊》1933年第5期。
⑥ 叶圣陶:《中学生》1933年第1期。
⑦ 余定义:《评〈子夜〉》,《戈壁》1933年第1期。
⑧ 朱明:《读〈子夜〉》,《出版消息》1933年4月1日。
⑨ 吴宓:《茅盾著长篇小说〈子夜〉》,《大公报·文学副刊》1933年4月10日。

后的全部新文艺界中,它也是有着最重要的地位"。同时,他也声明自己"不是从无产阶级文学的立场来观察这书以及这作者,如果那样的话,这书将更无价值,而这作者将要受更多的非难。但我相信,在目前的中国的文艺界里,对于我们的作家,那样来考察的话,是最愚蠢,最无味的事"①;朱自清则说《子夜》"这一本是为了写而去经验人生的"、"我们的现代小说,正应该如此取材,才有出路"②。

　　而对《子夜》革命意味评价的定调,则来自于冯雪峰。冯雪峰高度评价《子夜》——"不但证明了茅盾个人的努力,不但证明了这个富有中国十几年来的文学的战斗的经验的作者已为普洛革命文学所获得;《子夜》并且是把鲁迅先驱地英勇地所开辟的中国现代的战斗的文学的路,现实主义的创作的路,接引到普洛革命文学上来的'里程碑'之一"③。显然,冯雪峰的评价不仅是文学的,更是政治的。领会冯雪峰评价所释放的政治信息后,茅盾自己迅速开始作出文学上的追认和呼应,对《子夜》创作意图与主题进行一系列补充阐释。茅盾在 1939 年说:"这样一部小说,当然提出了许多问题,但我所要回答的,只是一个问题,即是回答了托派:中国并没有走向资本主义发展的道路,中国在帝国主义的压迫下,是更加殖民地化了"、"看了当时一些中国社会性质的论文,把我观察得的材料和他们的理论一对照,更增加了我写小说的兴趣"④。1945 年 6 月 23,重庆《新华日报》甚至以半版篇幅登出给茅盾五十寿辰祝寿的消息。同年 6 月 24 日,《新华日报》则刊发社论《中国文艺工作者的路程》,肯定茅盾是"新文艺运动的这面光辉的旗子"。同日,王若飞代表中共中央讲话,正式将茅盾创作道路定为"中国民族解放与中国人民大众解放服务的方向,是一切中国优秀的知识分子应走的方向"⑤。此后,尽管有唐湜、林海等对《子夜》提出不同认识,但《子夜》的"接受的定向工程

①　侍桁(韩侍桁):《〈子夜〉的艺术》,《思想及人物》现代(月刊)1933 年第 4 期。
②　庄钟庆编:《茅盾研究论集》,天津:天津人民出版社 1984 年版,第 213 页。
③　庄钟庆编:《茅盾研究论集》,天津:天津人民出版社 1984 年版,第 217 页。
④　茅盾:《〈子夜〉是怎样写成的》,《新疆日报》1939 年 6 月 1 日。
⑤　王若飞:《中国文化界的光荣　中国知识分子的光荣——祝茅盾先生五十寿日》,《新华日报·新华副刊(重庆)》1945 年 6 月 24 日。

宣告奠基"①,对《子夜》的革命评价最终定调。

三

　　梳理《子夜》的接受视野,瞿秋白所作的相关批评的历史意义自然也就呈现了出来。瞿秋白对《子夜》的批评分为两阶段。瞿秋白读后最先与鲁迅交换意见,并合写杂文《〈子夜〉和国货年》。②《〈子夜〉和国货年》曾由鲁迅对个别文字稍加修订,请人誊写后署上鲁迅自己的笔名"乐雯"寄给《申报·自由谈》刊载。而瞿秋白最初的《子夜》批评,着重于它在创作方法和革命立场③上的历史突破价值——"第一部写实主义的长篇小说"、"应用真正的社会科学,在文艺上表现中国的社会阶级关系",比"国货年"更具有文学史上和一般历史上大事件记录价值。此时,瞿秋白和鲁迅的看法基本相同,论调也平稳,但已开始具体化为革命立场和创作方法方面的肯定。瞿秋白曾说:"这里,不能够详细的研究《子夜》,分析到它的缺点和错误,只能够等另一个机会了。"这"另一个机会",就是1933年8月13日瞿秋白的《读子夜》。④

　　而《读子夜》一文则分成五段,对《子夜》进行"比较有系统的批评"。瞿秋白此刻采取的批评"系统"自然不是加引号的批评野心(即纯粹的文学批评),而是写《〈鲁迅杂感选集〉序言》时确立的批评模式,即文学社会历史批评,批评思路如下:

　　　　大前提——《子夜》"它不但描写着企业家、买办阶级、投机分子、

---

　　①　陈思广:《未完成的展示——1933—1948年的〈子夜〉接受研究》,《江汉论坛》2008年第5期。

　　②　乐雯(瞿秋白):《〈子夜〉与国货年》,《申报》1933年4月2—3日。

　　③　在文艺批评中强调革命立场实质上就是审查作者的写作动机,艾晓明先生认为这是李初梨"开了一个恶劣的先例"。(艾晓明:《中国左翼文学思潮探源》,第109页。)李初梨认为一个作家"不管他是第一第二……第百第千阶级的人,他都可以参加无产阶级文学运动","不过我们首先要审查他的动机,看他是'文学而革命',还是'为革命而文学'"。(李初梨:《怎样地建设革命文学》,《文化批判》1928年第2期)

　　④　瞿秋白:《读〈子夜〉》,见《瞿秋白文集》(文学编)第2卷,北京:人民文学出版社1998年版,第88—94页。

土豪、工人、共产党、帝国主义、军阀混战等等,它更提出许多问题,主要的如工业发展问题,工人斗争问题,它都很细心的描写与解决"。

小前提——"从文学是时代的反映上看来。"

结　论——"在中国,从文学革命后,就没有产生过表现社会的长篇小说,《子夜》可算第一部。"因此,《子夜》"的确是中国文坛上新的收获,这可说是值得夸耀的一件事。"

瞿秋白认为,"在作者落笔的时候,也许就立下几个目标去写的,这目标可说是《子夜》的骨干。"瞿秋白事先读过创作提纲,也和茅盾讨论过写作思路。他说这句话的时候,当然是一切了然于心。因此,瞿秋白对《子夜》的目标概括自然相当准确。《子夜》反映目标为预先设定,所以瞿秋白认为《子夜》首先是讨论问题的,因此他择要提出来谈的都是关于中国封建势力、军阀混战、民族工业、帝国主义与民族资本家、知识分子、女性形象和恋爱问题里的阶级关系、小说人物情节里表现的"立三路线"、历史必然和革命战术问题等。行文至此,瞿秋白显然在借茅盾的文学酒杯浇自己的政治块垒,把《子夜》作为现实革命政治情势分析的文本。当然,瞿秋白把《子夜》当成一份高级的社会文件,并不能反过来推定《子夜》就是"一份高级的社会文件"①。但必须肯定,瞿秋白《读子夜》的时候的确不是在谈文学,而是在谈政治。《读子夜》最后一段,瞿秋白提出五点意见:

一、有许多人说《子夜》在社会史上的价值是超越它在文学史上的价值的,这原因是《子夜》大规模地描写中国都市生活,我们看见社会辩证法的发展,同时却回答了唯心论者的论调。

二、在意识上,使读到《子夜》的人都在对吴荪甫表同情,而对那些帝国主义、军阀混战、共党、罢工等破坏吴荪甫企业者,却都会引起憎恨,这好比蒋光慈的《丽莎的哀怨》中的黑虫,使读者有同样感觉。观作者尽量描写工人痛苦和罢工的勇敢等,也许作者的意识不是那样,但

---

① 蓝棣之:《一份高级形式的社会文件——重评〈子夜〉》,《上海文论》1989 年第 3 期。

在读者印象里却不同了。我想这也许是书中的主人翁的关系，不容易引人生反作用的！

三、在全书中的人物牵引到数十个，发生事件也有数十件，其长近五十万字，但在整个组织上却有很多处可分个短篇，这在读到《子夜》的人都会感觉到的。

四、人家把作者来比美国的辛克莱，这在大规模表现社会方面是相同的，然其作风，拿《子夜》以及《虹》、《蚀》来比《石炭王》，《煤油》，《波士顿》，特别是《屠场》，我们可以看出两个截然不同点来，一个是用排山倒海的宣传家的方法，一个却是用娓娓动人叙述者的态度。

五、在《子夜》的收笔，我老是感觉得太突然，我想假使作者从吴荪甫宣布"停工"上，再写一段工人的罢工和示威，这不但可挽回在意识上的歪曲，同时更可增加《子夜》的影响与力量。①

瞿秋白的五个问题分别涉及对《子夜》社会史价值肯定、意识矛盾效果、"整个组织"上"多处可分个短篇"的结构问题、茅盾与辛克莱的异同和结尾"太突然"。瞿秋白提出的自然都是文学问题，但只是提出问题、稍作解释和建议解决办法，并没有像《〈鲁迅杂感选集〉序言》一样展开对作者作品思想艺术的论述和归纳。即便如此，茅盾对瞿秋白上述两篇文章仍然相当认可，高度珍视。茅盾认为"瞿秋白是读过《子夜》的前几章的"，但又声明自己"虽然喜爱左拉，却没有读完他的《卢贡·马卡尔家族》全部二十卷，那时我只读过五、六卷，其中没有《金钱》"。茅盾甚至曾"将《读子夜》一文的剪报珍藏了半个多世纪，在逝世前不久，让家人将剪报送给瞿独伊，以供编人新版的之用"。② 茅盾在晚年回忆文字中仍写道："我与他见面时常谈文艺问题，有时我们也争论，但多半我为他深湛的见解和实事求是的精神所

① 瞿秋白：《读〈子夜〉》，见《瞿秋白文集》（文学编）第 2 卷，北京：人民文学出版社 1998 年版，第 92—93 页。

② 刘小中：《瞿秋白与中国现代文学运动》，南京：南京大学出版社 2002 年版，第 203 页。

折服。"①

瞿秋白的介入促使茅盾将《子夜》原定写作计划作调整,分章大纲也进行重写。茅盾根据瞿秋白的意见修改小说,当然部分是因为瞿秋白政治身份的特殊,也不排除对瞿秋白马克思主义文艺理论家身份的尊重。因此,陈思和认为,"根据政治需要,小说是可以随便改的,为什么? 就是为了使自己的艺术创作更符合现实主义创作所要求的反映生活的'本质'","这样一种创作方法自身存在着非常强烈的二元对立。一方面,它强调细节的真实,可是另一方面,他在设计这个生活的时候,又严格地按照一个阶级、一个政党的要求来写,所以他才会分析出吴荪甫的两重性。我们谈民族资本家的两重性,这种两重性都是通过人物设计表现出来的。"②

况且,文学现代性追求与左翼革命也并非完全对立,《子夜》体现"上海文化或者海派文化的影响"。对于文学作品"除了有繁华与糜烂同体存在的这么一种特色以外,它还有另外一个特色,就是站在左翼立场上,对于上海都市现代性的一种批判"。因此才导致《子夜》出现两个特点:"现代性质疑"和"繁荣与糜烂同体性""一个是现代性的传统,还有一个是左翼的传统,而左的传统主要牵涉的问题就是批判现代性"③。根据陈思和的分析,瞿秋白介入《子夜》文学创作的意义就在于强化《子夜》批判现代性的现代性质疑,也就是通过改变小说情节结构设计、表现细节等来强化小说的左翼情绪观念,从而丰富和深化《子夜》的思想内涵,造成小说"现代性质疑"和"繁荣与糜烂同体性"的紧张对立,最终《子夜》"完成了现代文学史上'革命文学'到左翼文学的转换"④。陈思和的论述无疑是一个向度,但也有点脱离文本时代语境的生硬。因为我们同样也可以说,瞿秋白的介入也使《子夜》产生政治观念设计对小说艺术魅力自然生长的压抑和扭曲——人为地制造小说世界里的革命紧张,导致小说以牺牲部分艺术魅力来换取社会史层面上的现实反映能力。

---

① 茅盾:《回忆秋白烈士》,《红旗》1980 年第 6 期。
② 陈思和:《〈子夜〉:浪漫·海派·左翼》,《上海文学》2004 年第 1 期。
③ 陈思和:《〈子夜〉:浪漫·海派·左翼》,《上海文学》2004 年第 1 期。
④ 陈思和:《〈子夜〉:浪漫·海派·左翼》,《上海文学》2004 年第 1 期。

　　但不管如何,瞿秋白与茅盾围绕着《子夜》的文学交往实践,正是二者在文学思想的谈判与妥协。站在各自立场上,都可说这是一场双赢结局的互动;但站在文学读者的立场上,也不妨说是两败俱伤。因为瞿秋白介入的出发点不是艺术,茅盾接受介入的出发点当然也不全是艺术。错位的奇异契合,才导致瞿秋白和茅盾在《子夜》修改问题上的立场一致,具体意见也基本一致。对瞿秋白的《子夜》评论意见,茅盾如遇知音。作为修改介入者和评论者的瞿秋白,自然也表现出事该如此的自信满满。因此,不能不说这是中国文学批评史上的一段佳话和奇迹。此外,引人注目的还有瞿秋白就义前对茅盾的评价。令人困惑的是,《多余的话》里瞿秋白想"可以再读一读"①的作品中,仍旧没有《子夜》,但却是有《动摇》。

　　此前瞿秋白和茅盾曾围绕着文艺大众化发生争论,但那次涉及的是文艺理论的革命立场问题。而瞿秋白对《子夜》的修改,涉及的却是现实主义理论的创作方法问题。在革命立场问题上,瞿秋白用革命的现实功利完全压倒现实主义;而在文学理论上,茅盾现实主义理论也部分修正瞿秋白的革命激进态度。

　　如果说《子夜》的革命修改是双赢,那么文艺大众化争论则成为一种对革命需要的组织服从。前者是革命思想与艺术实践的互动,尚有相当的独立空间进行调整;后者是文艺理论上的阶级立场之争,舍我其谁的独断自然是除了服从便只有选择沉默。

　　因此可以说,瞿秋白对《子夜》的修改是他文艺思想对现实文艺创作活动的介入。在这次革命政治理念对文学创作的僭叙中,革命呈现出比文艺理论上的现实主义更强悍的伟力。现实主义尽管因为革命而让渡一些唯美趣味上的艺术探索,却也因此而获得批判现代性意味上的思想质疑和理论张力。

---

　　①　瞿秋白:《多余的话》,见《瞿秋白文集》(政治理论编)第7卷,北京:人民出版社1991年版,第723页。此外,王彬彬先生认为瞿秋白对《子夜》完全是出于政治利用而介入相关构思、创作和评论过程。(参见王彬彬:《两个瞿秋白与一部〈子夜〉———从一个角度看文学与政治的歧途》,《南方文坛》2009年第1期)王彬彬的这种说法有其合理的一面,但过于简单和片面。正如本书所言,尽管《子夜》的创作和评价过程中,瞿秋白以政治目的进行相关僭越式的叙述,但瞿秋白对《子夜》无疑存在着文学角度的认识和文艺理论角度的考量。

在瞿秋白代表的革命政治对文学叙事的僭叙中，茅盾现实主义的写作艺术获得另种情感丰富和思想深度。可见，无论从哪个角度说，瞿秋白和茅盾的两次文学交往都是中国左翼文学批评史上的两次完美实践。正是类似的实践，不仅丰富瞿秋白作为革命政治家的文艺理论内涵，而且也塑造中国现代文学的现代品格，尤其是现代革命政治意识形态品格——经典的红色化与红色的经典化。

第 四 章

瞿秋白与中国左翼文学思潮的关系反思

中国左翼文学，是马克思主义传播者介入中国现代文学之后生成的文化成果，是革命先驱奋战于思想文化战线而取得的精神财富。左翼文学是特定历史情势中生成的中国现代文学的发展方向，其中，马克思主义的传播是中国左翼文学兴起的思想红线，中国作风与中国气派是中国左翼文学传统的精髓，革命功利和现实情怀是中国左翼文学的核心品质。

中国左翼文学思潮的兴起，起于古代功利主义文学观、近代实学思潮、今文经学思想与社会情势的趋合，并因五四思潮日益激化而自然发生。此后历经大革命时期、"左联"时期和苏区时期三个阶段的发展，最终以《在延安文艺座谈会上的讲话》的发表为标志得到整合。回望中国左翼文学思潮的发展史，毫无疑问，瞿秋白是当之无愧的、中国文艺思想从古典到现代再到左翼转折的关键人物。

五四以来激烈的"全盘性反传统"思潮、对"中国文化传统中某些成分具有知识和道德的价值"①的守望，使得瞿秋白对传统文化在历史"感情上的义务"与价值层面"理智上的义务"②无法相一致。古典文艺趣味浓厚、现代马列文论修养较时人精深的瞿秋白，始终艰难地行进在现实主义文艺思想的探索途中。因此，瞿秋白的文艺思想不仅历经着文艺与政治、唯美与功利的抉择疑难，也始终体验着古典与现代二元绞缠的痛苦。

---

① ［美］林毓生：《中国意识的危机——五四时期激烈的反传统主义》，穆善培译，贵阳：贵州人民出版社 1986 年版，第 252 页。

② ［美］勒文森：《梁启超与中国近代思想》，刘伟等译，成都：四川人民出版社 1986 年版，第 4 页。

尽管如此,这并不影响瞿秋白最终成为了中国左翼文学思想史上的难以绕开的独特的关节点,他不但为左联时期的中国左翼文学立下了汗马功劳,而且为中央苏区时期的文艺事业开创了崭新的局面,更为延安文艺的勃兴提供了早期的组织形态和方针政策的参照,从而开启了革命文艺发展的主流方向,为此后延安文艺大众化运动提供了历史经验。

也正是在现代文学的一系列左翼转折进程中,瞿秋白才构建起了他古典和现代绞缠的文学思想,并以此为基础对左翼文学的中国化进程展开了一系列深入探索,如"文腔革命论"的提出、"革命文艺的大众化"和"革命的文学史观"的倡导、"文化革命的领导权"的强调等。就此而言,瞿秋白无愧为中国左翼文学思想史的杰出的开山祖师,在他手上,中国左翼文学思潮完成了"从亭子间到延安"的历史性飞跃。

第一节　中国现代左翼文艺思想史的中间物
——瞿秋白和他的"最清醒的现实主义"

瞿秋白是从儒家经典世界走向现代马列文论建构的文艺理论家,其对现实主义文论的探索开始于赴俄考察,因此从社会功利角度观照文艺始终是瞿秋白的基本原则。在接受共产主义革命信仰之后,瞿秋白的古典文艺思想在实用主义主旨上迅速与革命事业的需要联系起来,成为"最清醒的现实主义"①。在以阶级来划分立场的时代,其"最清醒的现实主义"最终只能成为中国现代文艺思想史上的中间物。

一

瞿秋白文艺思想在中国古典文艺世界向现代转型的过程中生成。瞿秋白有着浓厚的古典痴恋情怀,其对象包括中国和俄罗斯文学古典;瞿秋白又有相当唯美的文艺旨趣,其范围涵盖了旧体诗词创作和现代文学创作与译

---

① 　瞿秋白:《瞿秋白文集》(文学编)第3卷,北京:人民文学出版社1998年版,第117页。

介。可无论是对文学现代品格的追求还是对古典唯美趣味的执着,在瞿秋白文艺思想世界里都连绵绞缠。

中国文化里"一为文人,便无足观"的思想传统,蕴含着太多的思想压力和道德负重。站在现代立场上,文人自然意味着许多不合时宜;但置身于古典视野里,文人身份却包含某种精英身份的自我期许与感慨。而瞿秋白在中国现代转型语境下被目为文人,这意味着他必须承受过渡时代者无法彻底剥离文化传统的身心折磨:他们既有现实社会里实际生存技能的劣势与道德低位的判断,更有着被目为文化没落者的羞耻。①

然而,古典文艺的唯美世界始终是瞿秋白心神向往的栖息地,那是安全、封闭、柔美、纯净的地方,也是充满高贵情趣和人生尊严的家园。陈旭麓曾比较《雪意》和《旧梦》后认为"瞿秋白的文风是一贯的"②,可见古典始终是瞿秋白的审美趣味所宗。如普列汉诺夫所言:"人们往往会回到自己孩提时代的信仰;为此必须有一个条件,这样的信仰能在心灵中留下深刻的痕迹。"③瞿秋白一生对古典文艺的迷恋也正是他"孩提时代的信仰"。古典文艺世界已成瞿秋白的精神家园,他不仅以古典文艺欣赏自娱,还不时亲力创作以消遣。越是精神紧张和时间紧迫,古典就越成为瞿秋白心灵慰藉的首选。古典不仅成为瞿秋白的精神家园,更成为他人眼中瞿秋白的形象气质表征。在布哈林、毛泽东、郑超麟等同代人印象里、乃至在瞿秋白自己的文字中都是如此。文人特质既赋予瞿秋白在性格上的软弱犹疑,也凸显他古典趣味的倔强守望——对因现代社会变革沉默于历史深处的中国古典文化的守望。尽管在文化更替与裂变时,瞿秋白第一选择却是自我调适。

瞿秋白一方面留恋古典趣味的怀旧和慰安,另一方面则积极投身于现代文艺思想的新变。随着现代社会变革的展开,瞿秋白也渐渐从古典世界中挪移出来,进而思考现代文艺思想的生成与变革。对现代文艺,瞿秋白表

---

①　郑清茂:《中国文学在日本》,台北:纯文学出版社 1968 年版,第 79—224 页。

②　陈旭麓:《我对瞿秋白的认识》,见《瞿秋白研究》第 4 辑,上海:学林出版社 1992 年版,第 241 页。

③　[俄]普列汉诺夫:《普列汉诺夫美学论文集》(2),曹葆华译,北京:人民文学出版社 1983 年版,第 227 页。

现出独特的时代敏锐和参与热情,比如他对现代社会科学论著(尤其是对马列文论的译介传播)的知识接受、俄苏文艺作品的译介等。瞿秋白还积极从事现代文艺创作的批评及理论研究,甚至雄心勃勃要发动"第三次文学革命"①。

瞿秋白的现代文艺品格思考始于对俄苏文学等异域文艺的接触。瞿秋白最初喜欢翻译俄罗斯古典作品,但也翻译一些贴近革命的作品。左联期间,除了苏俄文学名著外,更是大力译介马列文论——从托尔斯泰的无政府主义宣传式的小说习作式翻译,到倍倍尔的社会科学论文的共鸣式选译,到选择性地翻译苏俄革命作家文艺经典。瞿秋白对俄苏文艺的译介,经历从现代文艺思想发端到理论系统本土建构的升华。随着现代革命不断深入,瞿秋白甚至开始有意识完成对现代文艺的品格追求,最终选择马列主义文艺思想并将其作为中国古典文艺思想现代转化的建构目标。同时,瞿秋白破立结合,始终不耽搁对中国现代文艺的建设实践与理论探索,他试图完成现代文艺思想的中国本土生成。

其实,在担任上海大学社会学系主任时,瞿秋白的现代文艺品格追求已见雏形。左联时期,瞿秋白写了一百多篇关于现代文艺批评与研究的理论文字。此外,瞿秋白发起第二次文艺大众化讨论,又参与"第三种人""自由人"的论辩,成为大众语讨论的"前奏和先导"②。在一系列文艺论战中,左翼文学开始成为中国共产主义革命中的强大精神力量,瞿秋白也因此获得了马列主义理论家的殊荣,甚至与鲁迅被并称为中国两大"文艺思想家"③。而不管在当时还是事后,论敌胡秋原都敬服瞿秋白的理论修养和论战风度。④ 因此,有理由肯定瞿秋白在 20 世纪 30 年代已获得文艺意味上的现代文艺理论品格。

《多余的话》和《未成稿目录》更是难能可贵地涉及瞿秋白对文学现代

---

① 瞿秋白:《瞿秋白文集》(文学编)第 3 卷,北京:人民文学出版社 1998 年版,第 23、147 页。

② 文逸编著:《语文论战的现阶段》,上海:天马书店 1934 年版,第 32—33 页。

③ 李何林:《近二十年中国文艺思潮论》,上海:上海生活书店 1948 年版,第 9—10 页。

④ 吉明学\孙露茜编:《三十年代"文艺自由"论辩资料》,上海:上海文艺出版社 1990 年版,第 218 页;姜新立:《瞿秋白的悲剧》,台湾:幼狮文化事业公司,1982 年版,第 1—24 页。

生存处境的反思,尽管政治革命家的身份使得这一反思更多指涉文学与政治的关系。但即便如此,其狱中文本仍具备了文学的哲学思考深度。《多余的话》的写作行为、文本思想、历史反响和主体悲剧命运,已经综合构成中国文化现代变革的隐喻和象征。正因为哲学层面的政治与文学、人生关系的反思,瞿秋白也获得思想层面上的现代品格与深度。而《多余的话》的写作本身,则成为瞿秋白对人与世界的生存追问,而不再仅仅是里尔克所说的"无缘无故的哭"①。

瞿秋白是从儒家经典世界走到现代马列文论建构的革命文艺理论家。从社会功利角度着眼观照文艺始终是瞿秋白文艺思想的基本原则,况且这也是粘连瞿秋白文艺思想里古典与现代沟壑的胶着剂。儒家的经典教育既熏陶瞿秋白的古典文艺趣味,也培养他士大夫式的社会责任感。然无论古典文艺趣味还是文以载道,都是儒家经典文艺思想的一体两面,儒家文艺思想本身包含着古典唯美趣味和经世致用的文以载道。对没落士大夫阶级出身的瞿秋白而言,传统政治精英渠道已不可能再实现,文以载道、经世致用的封建文化传统也没可能复兴,儒家文以载道思想的唯一存留便是文艺自我慰藉的兴观群怨。因此,"诗可以怨"往往成为过渡时代者的主要选择,他们可从中寄托对古典唯美世界的怀恋。当然,这也是他们对旧日的生存方式与精神处境的凝眸与回望。

二

母亲自杀是瞿秋白文艺思想的分界点。为此,瞿秋白经历避世观到厌世观的变迁。因此,瞿秋白思想转变首先归功于大乘佛教菩萨行思想的导引②,即所谓的回事向理,此外还与整个社会思潮情势相契合。北京三年的社会、政治和现实情形极大充实瞿秋白看待世界的视野,而腐朽黑暗的社会现实更是强烈地刺激了他。在内在思想导引和外在思潮冲击的合力下,变革社会现实的

① [法]里尔克:《严重的时刻》,见臧棣编《里尔克诗选》,北京:中国文学出版社 1996 年版,第 10 页。

② [美]莫里斯·迈斯纳:《李大钊与中国马克思主义的起源》,中共北京市委党史研究室编译组译,北京:中共党史资料出版社 1989 年版,第 16、24 页。

设想成为泄导瞿秋白思想苦闷的新突破口。菩萨行实践、社会情势关注、社会政治现实,一起引导着瞿秋白把长期耽于哲学玄思的目光转向社会现实。

与此同时,清末以来的今文经学思潮也吸引着瞿秋白转向现实社会的变革。不论是社会思潮的求变,还是寻找思想和现实出路,今文经学彻底的实用主义文艺思想都非常吻合瞿秋白的胃口。五四运动爆发后,瞿秋白抱着不可思议的热烈融入这一事件,思想更是发生巨变。参与社会政治运动让瞿秋白强烈体会到投身现实后人生价值得到实现的快乐,也促使他从以佛典语汇解释人生变为睁眼看社会。在时势推动下,瞿秋白把个人思想苦闷的泻导努力与整个社会黑暗现实的变革联系起来,并因此获得历史言说的宏大底蕴和不竭动力。

大量接触共产主义革命思想前,瞿秋白内心挥之不去的仍是群怨传统、佛教利他的菩萨行精神和今文经学的实用主义思想。其间也有托尔斯泰的无政府主义、实验主义、改良主义、斯笃矣派等偶入心怀,但只是补充、加强原有思想。从文以载道的宏大志愿,缩小为着眼于个人抚慰的群怨传统;从汲取大乘佛教经典里的菩萨行思想,进而与晚清今文学传统的合流。瞿秋白的传统文艺思想经历着古典到近代、现代的转型。古典文艺思想的实用功利主旨,更是契合近代以来中国社会求变求新、讲究实用的现代性理路。而当瞿秋白最终接受共产主义革命信仰之后,他的古典文艺思想则在实用主义主旨上迅速与革命事业联系,成为现代历史语境中功利的现实主义文艺思想,即"最清醒的现实主义"。

瞿秋白的现实主义文艺思想的探索与追寻,始于他选择中途退学后的赴俄考察。而实际上,自从选择学习英文与俄文的时候,瞿秋白的思想已加入不少新鲜质素:既有五四新思潮、新书刊杂志阅读带来的,也有从翻译阅读俄国文学经典中吸收的。托尔斯泰主义、果戈理早期批判现实主义与晚期神秘主义、倍倍尔的民主社会主义,都先后被纳入瞿秋白初步具备现实主义文艺思想基本内涵的实用主义文学思想中,这是瞿秋白现实主义文艺思想的发端。瞿秋白不仅把文艺认识的目光聚焦于社会现实,且积极投身一些社会政治事件的讨论和实际活动。如果说五四之前是蓄势待发,那么五四则是瞿秋白的思想临界点,尤其是五四给其文艺思想带来了飞跃性新变的质素——社会视野。

社会眼光既给瞿秋白提供全新的人生视野,更打开广阔的思考平台。此前,瞿秋白只是停滞在哲学因果的角度屡屡去反思个体命运。而一旦将个人问题放大为社会普遍现实之后,瞿秋白便获得思想上前所未有的解放——群体追问力量和正义逻辑。从此,瞿秋白不再孤独无助,其个体奋斗和菩萨行的苦行都有了社会民生变革和国家富强的道义追求的依托。而瞿秋白的实用主义文艺思想更是吸收了社会使命的探索,因此同时赋有现实主义文艺思想的宏大主旨。在瞿秋白看来,文艺之事不再是单纯的个人精神慰藉和寄托,而是为中国民族文化再生而担负责任的义举——所谓"出世间的功德"、"以文化救中国的功夫"①。

从人生到社会,瞿秋白在革命政治语境里开始了对现实主义文艺思想的探索。瞿秋白在正当所谓人生观形成的时期,"理智方面是从托尔斯泰式的无政府主义很快就转到了马克思主义"②。第一次旅俄时,瞿秋白经过中俄各方面差异的比较考察,思想迅速发生剧变而加入共产党。从此,瞿秋白现实主义文艺思想就不完全是个人意义和文艺本位的探索,而是带上政治集团意识形态的主义规约。

1922 年 2 月的入党事件,对瞿秋白思想分割力并非那么明显,因为瞿秋白文艺思想变化要早于组织上的入党。个中要害,正是瞿秋白对"阶级"③概念的文艺接受。在莫斯科,对革命伟力的亲身观察和体验给瞿秋白巨大震撼,他从此不再把文化问题与社会心理分而论之,而是通过革命找到逻辑联系。瞿秋白开始偏颇运用社会达尔文主义的思路④,不仅把资产阶级和无产阶级文化分为新旧,而且认为后者天然具备时间逻辑般的、不可逆转要替代前者的伟力。瞿秋白倾向于从革命语境来理解文化问题,"阶级性"顺理成章成为瞿秋白重要的艺术判断标准和基本立场概念。而加入共

---

① 瞿秋白:《瞿秋白文集》(文学编)第 3 卷,北京:人民文学出版社 1998 年版,第 25 页。
② 瞿秋白:《瞿秋白文集》(政治理论编)第 7 卷,北京:人民文学出版社 1991 年版,第 701 页。
③ 瞿秋白:《瞿秋白文集》(文学编)第 3 卷,北京:人民文学出版社 1998 年版,第 57 页。
④ [美]林毓生:《中国意识的危机——五四时期激烈的反传统主义》,穆善培译,贵阳:贵州人民出版社 1986 年版,第 94—95 页。

产党的革命组织,更是彻底赋予他崭新的马列主义哲学思想限定下的现实观、世界观和人生观。

从接受并运用阶级观念来看待文化问题,到以阶级性作为文艺批评和文艺思想的判断标准和立场取舍,瞿秋白渐渐接受了整套共产主义革命意识形态的体系,并以此塑造其现实观、世界观和人生观。当瞿秋白达成马列主义思想信仰之后,其文艺思想走向了"最清醒的现实主义"。在第一次赴俄考察回国后,瞿秋白便相继提出一系列的"最清醒的现实主义"的定义:革命文学的阶级性、文艺大众化、文学人生观、阶级性、集体主义思想等。而当瞿秋白奉命再往苏俄时,苏俄文化建设现状、扫盲运动成绩更是刺激他对革命文化事业的思考和规划,并形成新的现实主义文艺思想要素——以汉字拉丁化为核心的文艺大众化思想。左联时期,瞿秋白得以进一步讨论文艺阶级性和大众化思想,并对"最清醒的现实主义"进行文艺理论体系和文艺创作层面上的双重建构。最后,在红光一线的吸引下,瞿秋白渐渐完成现实主义文艺思想的塑形,形成强调阶级性和大众立场的革命文艺思想。在中国共产主义革命的进程中,瞿秋白混杂的"最清醒的现实主义"文艺思想,经过毛泽东等革命领袖们在延安时的再次地域化、历史化和革命化阐释后,渐渐生成为延安之后的新文艺传统。

综上所论,无论是古典文艺趣味守望,还是现代文艺品格追求;无论是现实主义文艺旨趣的向往或社会视野开拓,还是文学阶级性的强调与文艺大众化的终极追问,瞿秋白都试图将它们捏合为和谐的整体。尽管瞿秋白曾想过像卢那察尔斯基那样开辟一个中间状态——既避免普列汉诺夫、弗理契的机械决定论错误,又没有"无产阶级文化派"和"拉普"派的唯意志论弊病的马克思主义文艺思想,但结果没有成功、也不可能成功,反而使其文艺思想呈现出另类的二元结构——古典文艺趣味的现代觅渡状态。这也许是由于"现实主义的表现概念"的驳杂,以及文学现代性进程遭遇现代革命政治的"永恒相遇与相互介入"①。在喧嚣变革、力甚于美、以阶级划分立场

---

① [澳]费约翰:《唤醒中国:国民革命中的政治、文化与阶级》,李霞等译,北京:三联书店 2004 年版,第 478 页。

的时代,瞿秋白的"最清醒的现实主义"最终作为中国现代文艺思想发展史的中间物存留于古典与现代的过渡地带。

第二节　古典的现代左翼困境
——以瞿秋白狱中文本为中心

1935 年,瞿秋白在长汀狱中一个多月里曾写下七首旧体诗词,并篆刻不少印章。在没有其他附加功利考量的最后时刻,瞿秋白写下最真实最坦白的心灵絮语——长达一万六千余言的《多余的话》,并因此引起后来者的诸多歧解和争论。瞿秋白狱中文本是中国现代历史上少数真实而坦白的革命文人心灵絮语。这些反思既是瞿秋白个人的思想原点,也体现了传统知识分子在现代中国转折期遭遇思想资源困境和身份转换的尴尬。

作为典型个案,瞿秋白的驳杂与坦诚使人认识到古典与现代在思想承接上的同体共生,也引发出对中国文艺思想现代化进程这一历史难题的思索。瞿秋白的这些珍贵反思,不仅表露出他个人在当时的思想现实困境,更展现了中国现代文艺思想遭遇时代转折时所呈现的历史疑难——作为资源困境和思想原点的中国古典文艺思想,它将何去何从?

一、瞿秋白狱中文本的沉思与象征

瞿秋白的狱中文本,再次展露出他浓厚的唯美古典情结。狱中文本中的七首旧体诗词分别是:《无题》(斩断尘缘尽六根、百年心事向黄昏),以佛教轮回思想表达生命空洞与历史荒谬感;用旧题写新词——《浣溪沙》(廿载浮沉万事空)和《卜算子》(寂寞此人间),以否定之否定的心态对自己一生作了回望,颇有革命者绝灭前夜的淡定和辨证;自拟题一首《梦回》(山城细雨作春寒)则为忆内怀人之作,大有咀嚼孤寂中的温暖之意;集唐人句【《忆内　集唐人句》(夜思千重恋旧游)和《偶成　集唐人句》(夕阳明灭乱山中占两首)】,则一为怀人伤感之作,一为生死别离彻悟之作。可以说,无奈、伤感、决绝、怅惘、怀恋构成了瞿秋白寂灭前情感世界的基本主题词。

除了两首依旧题而作的词外，唐人集句诗和唐人趣旨浓厚的旧体诗则是瞿秋白最喜欢的体裁。与其书法风格所透露出的古雅儒弱风格相一致，瞿秋白首先选择能够"完全呈露"①自己个性的古典唯美的文艺世界来寄托自己在绝灭前夜的意绪。彼时彼刻，革命与政治的外在激荡和喧嚣已然远去，"心中空无所有"的淡定再次驱使着瞿秋白选择古典诗词那唯美世界的平静与封闭——因为它意味着作者选择了拒绝与现实世界对话的孤独姿态：遗世独立。显然，这无疑是瞿秋白内心深处向往古典世界并喜欢以古典文人自诩的一面。

然而，瞿秋白毕竟不是完全沉浸于古典世界里的文人，他是现实世界里的政治革命家，是从古典唯美文艺转型而来的现代文艺理论批评家、现代外国文学的译介先锋和现代文学家。自踏上前往异域的俄苏寻觅思想资源之旅以后，瞿秋白已渐渐习惯于宣传和呐喊的世界，习惯于各种对话、论战和交谈（甚至是"乱谈"）②，习惯与当下的现实进行紧密的互动——那是一个喧嚣的声音世界。明知不可为而为之的瞿秋白，在写完旧体诗词之后，仍旧情不自禁地写下后世聚讼纷纭的《多余的话》。而正是这篇《多余的话》，不仅集中展现了瞿秋白精神世界里"人"与"文"的激烈辩难，也表露出他本人处于古典与现代二元文艺思想间的紧张冲突与文艺思想困境。

从文本结构起承和内在思想的停顿接续看，《多余的话》正文一共由八个部分构成，另外还有一则附录——《记忆中的日期》。全文显然不是一气呵成，而是在六天内以断章的形式续成，而且越到后面文气也就越为散乱和激越。尽管全文偶有重复和絮语唠叨的地方，但回望一生的旨意仍然贯彻得相当清晰。瞿秋白对文艺热爱而不得与不能的怅惘，更是始终贯穿文本始终。《多余的话》不仅仅在文本的结构标目上富有深意，就是在语词运用、乃至于标点符号的运用上也都有所蕴藉。单从语词符号运用统计看，《多余的话》无疑是主体情感异常强烈的自述。在1万多字的篇幅里，"我"出现了395次。尽管如此，政治情怀仍旧是瞿秋白最大

---

① 丁玲：《我对〈多余的话〉的理解》，《光明日报》1980年3月21日。
② 瞿秋白：《多余的话》，见《瞿秋白文集》（政治理论编）第7卷，北京：人民文学出版社1991年版，第695页。

的胸中块垒("政治"等词出现 68 次)。有些时候,瞿秋白甚至被有关政治生涯的追忆激越得不能自已。例如在"我和马克思主义"这部分,瞿秋白乃至于不得不以标注英文字母"STOP"来强行中断自己的深情叙述。与此同时,越到后面,瞿秋白对历史时势的无奈感表述也越来越多("历史的误会"一类的语词出现 45 次之多)。瞿秋白不断地对自我身份和身体精神状况进行反复确认,流露出他强烈的人生角色失败感和心灵渴盼得到皈依的飘忽感。此外,《多余的话》的表述本身还呈现出瞿秋白精神世界里深刻的无奈,转折类连词出现 190 次、破折号出现 63 次、感叹号(包括俄文 A 出现 24 次)。由此,大量的转折、感叹和因果追寻共同编织成为瞿秋白绵密委曲的绝灭心绪。

由此可见,《多余的话》既是生命独语,更是泣血自剖。在生命历程的追忆中,瞿秋白全然自外于古典唯美的世界,超拔于人生与历史。但他又曾经是那么乐意把文艺作为自己生命本质力量对象化的唯一选择。然生于时代转折期的年轻文弱而决绝的瞿秋白,有着太多的牵绊和太少的机会,终于一而再再而三地被裹入"最强烈的力量"——作为"时代的电流"[①]的革命政治。因于此,文艺之于瞿秋白和革命政治,不论是古典还是现代,都只能成为一种业余乃至多余。大时代里使命的决绝与自我身份认同的夹杂,使得瞿秋白既耿耿于自己不能对现代知识世界有"系统的研究"[②],也使他索然于自己不可能对政治有清醒的"社会科学的思索"[③]。瞿秋白的知识世界和思想进程呈现为一种驳杂与累积的形式,而不是历史自然渐进更替的形式。这一方面使瞿秋白的思想和知识世界变得异常驳杂丰富,甚至出现了

---

①　瞿秋白:《致郭沫若》,见《瞿秋白文集》(文学编)第 2 卷,北京:人民文学出版社 1998 年版,第 418 页。这封信不是瞿秋白本意主动要写的(见孙克悠回忆当时和国民党三十六师师部医生陈炎冰的谈话。孙克悠:《〈多余的话〉知情者如是说》,见《瞿秋白研究》第 5 辑,上海:学林出版社 1993 年版,第 276 页)。因此郭沫若在信中只是起到陪瞿秋白虚拟对话的叙述功能。一定意义上,这封信可当做《多余的话》的副文本看待。

②　瞿秋白:《多余的话》,见《瞿秋白文集》(政治理论编)第 7 卷,北京:人民文学出版社 1991 年版,第 705—713 页。

③　瞿秋白:《多余的话》,见《瞿秋白文集》(政治理论编)第 7 卷,北京:人民文学出版社 1991 年版,第 708 页。

瞿秋白自己所痛恨的"死鬼抓住活人"①的悖论;另一方面也致使瞿秋白的许多思想呈现出实用和"主义"交错的实践形态。因此,瞿秋白在绝灭的前夜出现自我身份认同的强烈危机。然瞿秋白一旦发现自己的身份认同的角色出现错位,他便往往惯于以"形格势禁"、"实逼处此"等来一言以蔽之——即如昆德拉所言的"非如此不可"。

在不可抗拒的"时代的电流"面前,瞿秋白承认自己"禁不起"了。于是,他不断地以示弱(病人、废物之类语词出现62次)来解释自己的思想危机:一个无法胜任政治领袖职务的文人——"可笑"的"事实"。对于这种革命者在革命程度上遭遇"长江后浪推前浪"式的尴尬与困境,刘福勤认为是"作者的心情一时由深自内疚转为妄自鄙弃的表现"②。但换个角度看,这何尝又不是"恰恰展示了瞿氏对自我身份认同矛盾的深刻体会"③呢。

一旦革命成为身份政治的油彩而不是信仰,具体革命者个人的命运就变得无足轻重。而在这种境域下的个人身份认同,就更成为强烈的心理症结。因此,恰恰是政治和文学间的身份认同矛盾,才"一直是他无法解决的两难困境"④,瞿秋白甚至曾多次以"滑稽剧"⑤里的丑角来比喻自己现实身

---

① 瞿秋白在《〈鲁迅杂感选集〉序言》等文中多次出现类似论述。冯契在《瞿秋白的历史决定论》中写道:"虽已经过辛亥革命,推翻了封建王朝,然而专制主义的鬼、玄学的鬼、孔教的鬼,仍然统治着中国。瞿秋白把这叫做'僵尸统治'……瞿秋白在30年代提出的'死鬼抓住活人'这一论点,是十分深刻的。"(冯契:《中国近代哲学的革命进程》,上海:上海人民出版社1989年版,第356—357页)

② 刘福勤:《心忧书〈多余的话〉》,上海:上海社会科学院出版社1993年版,第245页。

③ 张历君:《历史与剧场:论瞿秋白笔下的"滑稽剧"和"死鬼"意象》,见樊善标、危令敦、黄念欣编:《墨痕深处:文学·历史·记忆论集》,香港:牛津大学出版社2008年版,第311—328页。

④ 张历君:《历史与剧场:论瞿秋白笔下的"滑稽剧"和"死鬼"意象》,见樊善标、危令敦、黄念欣编:《墨痕深处:文学·历史·记忆论集》,香港:牛津大学出版社2008年版,第311—328页。

⑤ 瞿秋白:《多余的话》,见《瞿秋白文集》(政治理论编)第7卷,北京:人民文学出版社1991年版,第718页。瞿秋白所言的"滑稽剧"是"喜剧"的误译,瞿秋白在《马克斯、恩格斯和文学上的现实主义》里,曾把巴尔扎克(Balzac)的《人间喜剧》(La Comedie humaine)译作《人的滑稽戏》。马克思(Karl Marx)的在《〈黑格尔法哲学批判〉导言》("Introduction to A Contribution to the Critique of Hegel's Philosophy of Right")马克思也把当时德国落后的制度和政治状况比喻为"喜剧"的"丑角"(comedian)。

份的尴尬与无奈。① 客观地说,无论是"文人"还是"政治家",瞿秋白的确都有点不够专业和不够彻底。因此,所谓"多余"——"舞台上空空洞洞的"的存在处境也就成为瞿秋白身份尴尬和思想困境的一种隐喻。

瞿秋白人生角色的历史困境和思想处境的历史尴尬,正如柳鸣九在《〈忏悔录〉译本序》中评价的卢梭一样,"他并不想把自已打扮成历史伟人,但他却成了真正的历史伟人,他的自传也因为他不想打扮自召而成了此后一切自传作品中最有价值的一部。"②在《多余的话》中,瞿秋白把文人、绅士、游民、读书人、读书种子混为一谈,把文学、文艺、书本子、翻译、俄国文学等同视之。这表明:不管是现代文艺还是古典文艺,瞿秋白都认为本质上它们是夹杂混同的。中国古典唯美文艺世界的"文人"、"读书人"和俄国文学的"多余人"、"忏悔的贵族",都可以互不排斥地成为瞿秋白强烈的身份认同——这也许是瞿秋白现实处境、人生经历、政治斗争实践、自身质素、俄苏文学修养与佛教文化的影响所致。因此,瞿秋白不仅在人生处境里有强烈的被抛出现实宇宙之多余感,而且"多余"也因此成为他对文艺自始至终的清醒定性与准确定位。

对文艺的爱好而多余,亦即文艺的"可爱而不可信"的功能定位,既表现了瞿秋白作为大革命时代觅渡者本身的角色尴尬与两难,也应和了王国维等人所预见的中国古典文艺思想必然面临现代化转折的时代心声。

二、古典的三层现代困境

每个时代都有其独特的文学观念。而瞿秋白所处的现代中国处境又是怎么样的呢? 自近代以来,中国古典文学世界遭遇各种社会革命和异域思想冲击之后,渐渐变得毫无反抗和生存之力,于是只剩下依靠旧日辉煌支撑下的颓唐。而与此同时,中国现代文学的世界又还远远未能成熟。而且在大革命的语境中,现代文艺又往往多数被异化为文艺旗帜下的某种思想论

---

① 瞿秋白:《多余的话》,见《瞿秋白文集》(政治理论编)第 7 卷,北京:人民文学出版社1991 年版,第 722 页。

② 柳鸣九:《法兰西文学大师十论》,上海:复旦大学出版社 2004 年版,第 66 页。

战与革命宣传、呐喊下的政治较量。

瞿秋白的思想困境却在于：他偏偏想在非文学时代以中国古典唯美的方式作现代文人的自处。因此，多重错位的选择无疑只会使事件变得悲剧化和多余，甚至陷入困境与颓唐。正因于此，瞿秋白清醒地知道：只有在"伴醉眠"①和"永久休息"②之际，自己的"江南旧梦"③才能成为可能。显然，这次从古典唯美师祖到现代文艺政治社会的转折是瞿秋白的一次文艺精神苦旅。而较之前人从古典到近代的变革与维新，瞿秋白面临的难题更为艰巨得多，因为他要在现代社会政治暴力革命的历史处境下，完成从古典文人到现代政治家和现代文学家的精神觅渡和角色转换。这当然是一次异常艰难的现代思想觅渡。

于是，从古典文人转而为现代革命家的瞿秋白，其文艺思想就层积了三重追问所构成的身份认同困境：如何在现代文艺世界安放中国古典唯美的文艺趣味？ 如何在革命政治语境以古典的现代文人自处？ 如何在非文学时代进行文学趣味的选择？

1. 身份认同困境

瞿秋白自称"其实是一个很平凡的文人"、"本是一个半吊子的'文人'而已，直到最后还是'文人积习未除'"，可见他清楚自己古典文人角色的过渡状态。其实不仅古典文艺上如此，在现代文艺上瞿秋白也从未专业化，因为他"没有功夫做有系统的学术上的研究"④。尽管瞿秋白开始还认同"个人找一种学问或是文艺研究一下"⑤，然一旦进入革命政治大潮后他就感慨"喧宾夺主"⑥。

① 瞿秋白：《雪意》，见《瞿秋白文集》（文学编）第 2 卷，北京：人民文学出版社 1998 年版，第 359 页。

② 瞿秋白：《多余的话》，见《瞿秋白文集》（政治理论编）第 7 卷，北京：人民文学出版社 1991 年版，第 720 页。

③ 瞿秋白：《雪意》，见《瞿秋白文集》（文学编）第 2 卷，北京：人民文学出版社 1998 年版，第 418 页。

④ 瞿秋白：《多余的话》，见《瞿秋白文集》（政治理论编）第 7 卷，北京：人民文学出版社 1991 年版，第 705 页。

⑤ 瞿秋白：《多余的话》，见《瞿秋白文集》（政治理论编）第 7 卷，北京：人民文学出版社 1991 年版，第 704 页。

⑥ 瞿秋白：《多余的话》，见《瞿秋白文集》（政治理论编）第 7 卷，北京：人民文学出版社 1991 年版，第 705 页。

从"有余暇研究一些文艺问题"到"可是有时还会怀念着文艺而'怅然若失'",瞿秋白一直"误会着加入了党就不能专修文学"①。

最后,瞿秋白则是希望"只做些不用自出心裁的文字工作"当做"以度余年"、"另有拒绝用脑的一个方法"②。瞿秋白认为自己对现代文艺的兴趣"只因为六年的'文字因缘',对于现代文学以及文学史上的各种有趣的问题,有时候还有点兴趣去思考一下,然而大半也是欣赏的分数居多,而研究分析的分数较少"③。尽管瞿秋白认为自己的现代文艺身份不够专业,但现代文艺毕竟成了他最终的精神认同。

对于文人,瞿秋白相信"再过十年八年没有这一种知识分子了",因为文人是"中国中世纪的残余和'遗产'——一份很坏的遗产"④。尽管瞿秋白仍把文人当做现代知识分子的一种,但在文人身份与文艺专业现代认同的选择上,瞿秋白却毫不犹豫。也许,瞿秋白认为这是革命者应有的原则。瞿秋白对文人和现代文艺专业进行了比较辨析,并作出了有倾向性的论说:

> 的确,所谓"文人"正是无用的人物。这并不是现代意义的文学家、作家或是文艺评论家,这是吟风弄月的"名士",或者是……说简单些,读书的高等游民。他什么都懂的一点,可是一点没有真实的知识。正因为他对于当代学术水平以上的各种学问都有少许的常识,所以他自以为是学术界的人。可是,他对任何一种学问都没有系统的研究、真正的心得,所以他对于学术是不会有什么贡献的,对于文艺也不会有什么成就的。

---

① 瞿秋白:《多余的话》,见《瞿秋白文集》(政治理论编)第7卷,北京:人民文学出版社1991年版,第697页。

② 瞿秋白:《多余的话》,见《瞿秋白文集》(政治理论编)第7卷,北京:人民文学出版社1991年版,第703页。

③ 瞿秋白:《多余的话》,见《瞿秋白文集》(政治理论编)第7卷,北京:人民文学出版社1991年版,第703页。

④ 瞿秋白:《多余的话》,见《瞿秋白文集》(政治理论编)第7卷,北京:人民文学出版社1991年版,第713页。

自然,文人也有各种各样不同的典型,但是大都实际上是高等游民罢了。假如你是一个医生,或是工程师,化学技师……真正的作家,你自己会感觉到每天生活的价值,你能够创造或是修补一点什么,只要你愿意。就算你是一个真正的政治家罢,你可以做错误。你可以坚持你的错误,但是也会认真地为着自己的见解去斗争、实行。只有文人就没有希望了,他往往连自己也不知道究竟做的是什么!①

瞿秋白认为"自己不能够否认自己正是'文人'之中的一种"是"不幸"②,但更不幸的是现代文艺上的不够专业。③ 正是两边不架的尴尬状态,使瞿秋白意识到自己游走于古典与现代之间的历史过渡状态中的戏子角色(正如把文人混同于知识分子一样,瞿秋白也把戏子混同于"舞台上的演员"④)。在文人与现代文艺专业者、文艺与政治之间,瞿秋白都觉得自己是"剧中人",他写道:

但是我想,如果叫我做一个"戏子"——舞台上的演员,倒很会有些成绩,因为十几年我一直觉得自己一直在扮演一定的角色。扮着大学教授,扮着政治家,也会真正忘记自己而完全成为"剧中人"。⑤

然而,瞿秋白清醒地知道,"扮演舞台上的角色究竟不是'自己的生活'"⑥。

① 瞿秋白:《多余的话》,见《瞿秋白文集》(政治理论编)第7卷,北京:人民文学出版社1991年版,第713页。
② 瞿秋白:《多余的话》,见《瞿秋白文集》(政治理论编)第7卷,北京:人民文学出版社1991年版,第713页。
③ 瞿秋白:《多余的话》,见《瞿秋白文集》(政治理论编)第7卷,北京:人民文学出版社1991年版,第713—713页。
④ 瞿秋白:《多余的话》,见《瞿秋白文集》(政治理论编)第7卷,北京:人民文学出版社1991年版,第715页。
⑤ 瞿秋白:《多余的话》,见《瞿秋白文集》(政治理论编)第7卷,北京:人民文学出版社1991年版,第715—716页。
⑥ 瞿秋白:《多余的话》,见《瞿秋白文集》(政治理论编)第7卷,北京:人民文学出版社1991年版,第716页,。

精力消耗于政治游戏舞台、假戏真做的"真正忘记"①，都让瞿秋白很"苦"、"后悔"和"十分厌倦"。因此，在文艺与政治之间，瞿秋白首选——"回家去罢"②。但是，何处是归程呢？古典文人抑或现代文艺专业？

　　排除文艺与政治的二元困境后，文艺体味要求的感性具体又遭遇了理性系统的现代知识体系。文人、文艺专业与书生理论知识工作的对立，也让瞿秋白无法两全。一方面，"庞杂而无秩序的一些书本上的知识和累赘"既"反乎自己兴趣的政治生活"，使瞿秋白"麻木起来，感觉生活的乏味"③；另一方面，书生本来就"对于宇宙间的一切现象，都不会有亲切的了解，往往会把自己变成一大堆抽象名词的化身。一切都有一个'名词'，但是没有实感"④、"对于实际生活，总象雾里看花似的，隔着一层膜"⑤。在现代知识处境中瞿秋白对"具体"的所指发生了游离。文艺"具体"是感性与生动，但瞿秋白笔下"具体"却成了"智识"，成为"修理一辆汽车，或者配一剂药方，办一个合作社，买一批货物，或者清理一本账目，再不然，叫他办好一个学校"等具体而切实的事情。瞿秋白认为"'文人'和书生大致没有任何一种具体的知识"就意味着不够专业，因为"他样样都懂得一点，其实样样都是外行"⑥。由于对"具体"与"名词"在概念理解上含混而游离，瞿秋白在古典文人、现代文艺专业者与现代知识分子三种角色间陷入了自我身份认同的困境。瞿秋白将此尴尬归咎于自己与实际生活的"隔膜"⑦。瞿秋白最终把

①　瞿秋白：《多余的话》，见《瞿秋白文集》（政治理论编）第 7 卷，北京：人民文学出版社1991 年版，第 715 页。

②　瞿秋白：《多余的话》，见《瞿秋白文集》（政治理论编）第 7 卷，北京：人民文学出版社1991 年版，第 715 页。

③　瞿秋白：《多余的话》，见《瞿秋白文集》（政治理论编）第 7 卷，北京：人民文学出版社1991 年版，第 716 页。

④　瞿秋白：《多余的话》，见《瞿秋白文集》（政治理论编）第 7 卷，北京：人民文学出版社1991 年版，第 716 页。

⑤　瞿秋白：《多余的话》，见《瞿秋白文集》（政治理论编）第 7 卷，北京：人民文学出版社1991 年版，第 716 页。

⑥　瞿秋白：《多余的话》，见《瞿秋白文集》（政治理论编）第 7 卷，北京：人民文学出版社1991 年版，第 716 页。

⑦　瞿秋白：《多余的话》，见《瞿秋白文集》（政治理论编）第 7 卷，北京：人民文学出版社1991 年版，第 716—717 页。

对"具体"的理解回归到"实际生活"、回归到"比较精细地考察人物,领会一切'现象'"①。在文艺与政治、现代文艺专业与古典文人、感性生活体验与理性知识体系之间,瞿秋白仍选择了前者。尽管有"太迟了"②、"一切都荒疏了"③的遗憾,瞿秋白还是由此而验证了自己选择的正确:

> 我近年来重新来读一些中国和西欧的文学名著,觉得有些新的印象。你从这些著作中间,可以相当亲切地了解人生和社会,了解各种不同的个性,而不是笼统的"好人"、"坏人"、或是"官僚"、"平民"、"工人"、"富农"等等。摆在你面前的是有血有肉有个性的人,虽则这些人都在一定的生产关系、一定的阶级之中。④

瞿秋白认为这是他"从'文人'进到真正了解文艺的初步了"⑤,并觉得自己得到了身份归属。瞿秋白相信自己尽管也"曾经发表的一些文艺方面的意见,都驳杂得很,也是一知半解的"⑥,但"也许走进了现代文艺的水平线以上的境界,不致于辨别不出兴趣的高低"⑦;现代文艺专业身份上虽然不够彻底,但瞿秋白毕竟在自我苛求中获得了身份认同——这无疑源于另一种自信,即他对自己的俄文翻译水平的大胆肯定。瞿秋白认为他"假使能够仔细而郑重地,极忠实地翻译几部俄国文学名著,在汉字方面每字每句

---

① 瞿秋白:《多余的话》,见《瞿秋白文集》(政治理论编)第7卷,北京:人民文学出版社1991年版,第717页。

② 瞿秋白:《多余的话》,见《瞿秋白文集》(政治理论编)第7卷,北京:人民文学出版社1991年版,第718页。

③ 瞿秋白:《多余的话》,见《瞿秋白文集》(政治理论编)第7卷,北京:人民文学出版社1991年版,第718页。

④ 瞿秋白:《多余的话》,见《瞿秋白文集》(政治理论编)第7卷,北京:人民文学出版社1991年版,第717—718页。

⑤ 瞿秋白:《多余的话》,见《瞿秋白文集》(政治理论编)第7卷,北京:人民文学出版社1991年版,第718页。

⑥ 瞿秋白:《多余的话》,见《瞿秋白文集》(政治理论编)第7卷,北京:人民文学出版社1991年版,第718页。

⑦ 瞿秋白:《多余的话》,见《瞿秋白文集》(政治理论编)第7卷,北京:人民文学出版社1991年版,第718页。

地斟酌着,也许不会'误人子弟'的"①。在因果式追问中,瞿秋白渐渐明晰自己的身份皈依所在——从"半吊子"②古典文人转变而来的、现代文艺专业"水平线以上的境界"③的读者。生命最后时日里的文艺阅读渴望,再次证明了瞿秋白的自我身份认同。④除《红楼梦》,其他都是中国和苏俄现代文艺经典。列出认为可以再读的书目后,瞿秋白迅即补了一句"中国的豆腐"⑤"也是很好吃的东西,世界第一"⑥。这既是瞿秋白从精神食物的意义上肯定自己最终对现代文艺的选择和认同,也不妨理解为是他回顾一生后的精神了悟——"得其放心矣"⑦。

2. 精神皈依的困境

作为政治革命家,对信仰的组织形式——党的忠诚是其最后的政治皈依;作为现代文艺家,具体的"实际生活"的感受(瞿秋白表示"很愿意'回过去再生活一遍'"⑧)则是专业思想生发的经验依托;作为古典文人,唯美古典诗文的语言世界才是安放个人心灵的家。然而,瞿秋白在任何角色归属上都处于过渡状态,这导致了他在思想深处的焦虑和紧张,更让其文艺思想陷入困境。在狱中诗文中,不管是《多余的话》还是七首旧体诗词,在文体选择、思想内核表达、情感基调上,都是瞿秋白文艺思想困境的表现:古典唯美与现代品格、文艺兴趣天性和政治时势裹挟,构成了瞿秋白文艺思想的困

---

① 瞿秋白:《多余的话》,见《瞿秋白文集》(政治理论编)第7卷,北京:人民文学出版社1991年版,第718页。

② 瞿秋白:《多余的话》,见《瞿秋白文集》(政治理论编)第7卷,北京:人民文学出版社1991年版,第699页。

③ 瞿秋白:《多余的话》,见《瞿秋白文集》(政治理论编)第7卷,北京:人民文学出版社1991年版,第718页。

④ 孔凡丁:《〈多余的话〉之尾声》,见《瞿秋白研究》第1辑,上海:学林出版社1989年版,第260页。

⑤ 福建长汀的豆腐以鲜嫩出名,至今仍为"闽西八大干"之一。

⑥ 瞿秋白:《多余的话》,见《瞿秋白文集》(政治理论编)第7卷,北京:人民文学出版社1991年版,第723页。

⑦ 瞿秋白:《未成稿目录》,见陈铁健:《瞿秋白传》,上海:上海人民出版社1986年版,第497页。

⑧ 瞿秋白:《多余的话》,见《瞿秋白文集》(政治理论编)第7卷,北京:人民文学出版社1991年版,第717页。

境;"半吊子"古典文人意趣、不够"具体"的现代文艺专业身份,蕴含着瞿秋白文艺思想的内在张力。

瞿秋白把自己的思想困境归于"历史的误会"。《多余的话》里"历史的误会"出现六次,"历史的纠葛"出现一次;含有不可抗力意味的"历史"表述,更出现四十五次之多。《致郭沫若》中,瞿秋白同样把命运归因于"时代的电流"①。一切结果都是"历史"、"时代"所致。一般而言,把个人命运因果追究落实到历史,这种逻辑非常表面浮泛。但瞿秋白毕竟是立志为同时代人"辟一条光明的路"②的革命先行者,他如此归纳人生因果却是相当准确和深刻。正因为如此,瞿秋白文艺思想的困境和张力才具有了历史、时代的经典意味。列宁曾把托尔斯泰誉为"俄国革命的镜子"③,类似比喻也被施用于鲁迅。④ 其实这种拟喻对于瞿秋白而言也同样适用,起码在瞿秋白思想困境的普遍性意义上如此。

追本溯源,从古典到现代,中国文艺思想的最大转折变化是审美标准。现代历史进程中,人与语言的关联越来越紧密,所谓"存在在思想中形成语言。语言是存在的家,人以语言之家为家。"⑤。看重文字想象世界的古典文人,他们在朝向声音信息世界的现代知识分子身份转换中,也同步伴随着世界观和生活方式的转换,所谓"想象一种语言就是想象一种生活方式"⑥。古典文艺世界的多元共生处境,在现代社会里则单调为一元选择。古典文艺唯美封闭的语言世界是古典文人"经纶世务"之余的心灵家园,现代文艺守望的"实际生活"则是现代文艺专业品格的依托处所。现代文艺专业的

---

① 瞿秋白:《致郭沫若》,见《瞿秋白文集》(文学编)第2卷,北京:人民文学出版社1998年版,第418页。

② 瞿秋白:《饿乡纪程》,见《瞿秋白文集》(文学编)第1卷,北京:人民文学出版社1998年版,第5页。

③ [俄]列宁:《列夫·托尔斯泰是俄国革命的镜子》,见《列宁全集》第17卷,北京:人民出文学出版社出版,1984年版,第181—188页。

④ 王富仁:《中国反封建思想革命的一面镜子——〈呐喊〉〈彷徨〉综论》,北京:北京师范大学出版社1986年版。

⑤ [德]海德格尔(Martin Heidegger):《诗·语言·思》,彭富春译,北京:文化艺术出版社1991年版,第4页。

⑥ [英]路德维希·维特根斯坦(Wittgenstein,Ludwig):《哲学研究》,陈嘉映译,上海:世纪出版集团、上海人民出版社2005年版,第13页。

知识分化,也把文艺的心灵"归家"和品格依托仅仅变成职业选择与社会生存手段。二者的不同在于,现代处境的文艺心灵"归家"与"经纬世务"的分裂更剧烈。作为现代无产革命实践者的瞿秋白,于此种激烈紧张的体会当尤为深刻。从古典文人到现代革命政治家、现代文艺家,瞿秋白没能在思想上同步完成与时俱进的角色与趣味扬弃,更多只在观念上有所更替,因此"在接触实际上有点教条主义"①。这不仅造成瞿秋白革命身份转换的不够彻底,使他在现代文艺专业上不够具体,也导致其古典唯美"田园荒芜"、心灵无法回"自己的家"——"所愿意干的俄国文学研究"②。瞿秋白曾因"学文学仿佛就是不革命的观念"而"误会着加入了党就不能专修文学"③,瞿秋白的"误会"无疑过于平面化,因为革命与学文学本来并不对立,更非对等的二元。

在从古典到现代的转换中,瞿秋白文艺思想经受多层面选择的痛苦,从而导致精神皈依的困境。这种精神皈依的困境往往源于瞿秋白"性格根本上是软弱的"④,而他因历史生成的"工具人格"⑤、对政治和文学关系不够深刻的"误会"——即太缺少"做有系统的学术上的研究"⑥也与此有关。但倘若把"'人'的瞿秋白"⑦作为思想原点,或许能更好地让人理解这"一个饱经风霜的敏感的文人学者"⑧从古典到现代的精神苦旅!

---

① 李维汉:《对瞿秋白"左"倾盲动主义的回忆》,《中国社会科学》,1983 年第 3 期。

② 瞿秋白:《多余的话》,见《瞿秋白文集》(政治理论编)第 7 卷,北京:人民文学出版社 1991 年版,第 711 页。

③ 瞿秋白:《多余的话》,见《瞿秋白文集》(政治理论编)第 7 卷,北京:人民文学出版社 1991 年版,第 711 页。

④ 郑超麟:《我所知道的瞿秋白》,见《郑超麟回忆录》(现代稀见史料书系·下),上海:东方出版社 2004 年版。

⑤ 冯昕:《瞿秋白的道德思想》,见《瞿秋白研究》第 14 辑,上海:中国福利会出版社 2007 年版,第 84 页,

⑥ 胡秋原:《瞿秋白论》,台湾"国立"政治大学东亚研究所《东亚季刊》第 10 卷,1979 年第 3 期。

⑦ 冒炘,王强:《也说"脆弱的二元人物"》,见《瞿秋白研究》第 3 辑,上海:学林出版社 1991 年版,第 187 页。

⑧ 周扬:《"为大家开辟一条光明的路"》,《瞿秋白研究》第 1 辑,北京:上海学林出版社 1989 年版,第 6 页。

3. 现实主义文艺思想探索的理论困境

瞿秋白现实主义文艺思想探索在中国文艺思想史上的地位,至今已得到一定的确认和论述。① 但其内涵与局限,迄今为止却尚未得到深入讨论。这部分由于瞿秋白个人身份指涉的政治与历史定位之复杂。然就文艺思想而言,这主要归因于其现实主义文艺思想探索本身存在理论局限和历史规约。

在理论的自足和周延层面上,韦勒克曾经指出"现实主义"本身深刻的理论吊诡:

> 然而,现实主义同样有潜在的危险性,这种危险性与其说在于其程式和规范的僵化,不如说是它在其理论支持下,抹杀艺术与传播知识或劝世教人的界线的可能性。……在较低的层次上,现实主义总是降格成新闻报道、论文写作、科学论文等,简言之,降格成了一种非艺术;而在最高的层次上,它产生了巴尔扎克和狄更斯、陀斯妥耶夫斯基、托尔斯泰、亨利·詹姆斯和易卜生甚至左拉等一批伟大的作家。在这些伟大作家的作品中,它总是超越自己的理论,创造出各种想象的世界。②

其实,不仅是"现实主义"的名词本身或思潮发展存在悖论,几乎所有致力于现实主义文艺思想探求的文艺理论家,往往都不免陷入思想发展与历史功利的纠缠。③ 这也就是安敏成所说的"美学冲动凌驾于变革目标"或"艺术与社会的两难",最终或导致"批判的湮没与模式的消解",或仅仅为读者提供"美学慰藉而非生活的指导"④。为此,韦勒克更是有点情绪化地

---

① 在《马克思恩格斯选集》(北京:人民出版社 1995 年版)中,瞿秋白翻译的马恩著作中论文艺篇目手稿或书影已经成为马恩选集对应篇目今译的插图页。这含蓄地表明瞿秋白在中国现代马列文论发展史上的经典地位。

② [美]R.韦勒:《文学思潮和文学运动的概念》,北京:中国社会科学出版社 1989 年版,第 250 页。

③ 路易·阿拉贡为《论无边的现实主义》写的《序》以及此书的附录论文《关于现实主义的争论》(胡越译)。[法]罗杰·加洛蒂(Roger Garaudy):《论无边的现实主义》,吴岳添译,天津:百花文艺出版社 1998 年版,第 1—9、246—277 页。

④ [美]安敏成(Marson Anderson):《现实主义的限制——革命时代的中国小说》,姜涛译,南京:江苏人民出版社 2001 年版,第 205—206 页。

宣称"现实主义理论最终是一种坏的美学"①,尚佛勒则指责"现实主义"是"'无数带着主义尾巴的宗教'之一"②。

然而,当现实主义理论由西方理论背景转入共产主义革命的思想观照时,其原先分析资本主义社会现实的理论预设③也就自然转换为阶级斗争的分析策略和立场限制。而在现代共产主义革命视域中的现实主义文艺思想探索,则更是剑走偏锋。虽然呈现出它在意识形态美学上的锐利锋芒,却模糊了更高层面的人性与社会群体的温暖情怀。

现实主义文艺思想在中国的发展,自始至终都与中国传统的文以载道理论难解难分,不仅仅是因为二者在理论质素上的趋同,也因为中国近代以来的历史变局实在太过危急。传统世界秩序的瓦解与现代社会的急速转型紧密对接,人们没有时间和可能对任何理论做过于抽象和系统的审慎辨析,更多是出于实用立场的对付和功利考量的拣择。批判现实主义思想已经"无力修补遍布中国的文化裂隙",在"新的民族群众,或大众感受的生成"眼中,甚至已经成为"一种殖民主义的圈套"④而遭到放逐。

所谓的"社会主义现实主义"以及形形色色的政治现实主义,除了一时权宜的理论宣传便利和政治目标的政策规约外,本身并不存在多少文艺理论意义上的考量。瞿秋白的现实主义文艺思想探索,由于种种因素的制约变得只能用"最清醒的"的限定词来表达他对现实主义理论目标的深度描述,强调"描述的现实性"而非"内容的现实性"⑤,更没有办法进行深入系统的理论思考。瞿秋白身处现实主义理论的"巴别城似的"⑥现代困境中,

①　[美]R.韦勒克:《文学思潮和文学运动的概念》,刘象愚选编,北京:中国社会科学出版社1989年版,第250页。

②　[美]丹缅·格兰特,莉莲·弗斯特:《现实主义·浪漫主义——艺术历程的追踪》,郑鸣放、邵小红、朱敬才译,西安:陕西人民出版社1989年版,第30页。

③　乐黛云、王宁主编:《西方文艺思潮与二十世纪中国文学》,北京:中国社会科学出版社1990年版,第5—6页。

④　[美]安敏成(Marson Anderson):《现实主义的限制——革命时代的中国小说》,姜涛译,南京:江苏人民出版社2001年版,第207页。

⑤　[英]C.S.路易斯:《文艺评论的实验》,徐文晓译,上海:华东师大出版社2008年版,第72—78页。

⑥　陈思和:《中国新文学整体观》,上海:上海文艺出版社1987年版,第70页。

他不仅无法自拔也无须自拔，他属于那个时代，更属于历史。

瞿秋白的狱中文本，是历史上少数真实而坦白的革命文人的心灵絮语。这些反思既是瞿秋白个人思想原点和困境的范本，也体现了传统知识分子遭遇现代中国转折时期的尴尬。更重要的是，作为典型个例的瞿秋白，其驳杂与坦诚既使人认识到古典与现代在思想上的同体共生，也展现了敏感革命文人转向现代左翼政治时曾经历的精神苦旅。在思想史层面上，它更引发出对中国文艺思想现代化命运这一历史难题的思索：古典文艺思想作为思想资源的现代意味和作为传统范式的历史困境，它将何以自处？显然这不仅仅是为承认而进行的斗争，更不可能概之以简单的失语宣判。

余　论

关于左翼文学中国化进程的思考

——以大众化问题为中心

　　大众化问题在二十世纪的中国(主要指大陆地区)作为文学问题和社会议题的内涵各不相同。中国近代文学以来的文学大众化问题始终同步存在着三个向度的梳理与辨正:民众启蒙、市场消费与革命动员。但在不同的文学史阶段里,文学大众化的内涵都各有所侧重。由此导致不同政治文化阵营的文学大众化表现、入思理路、口号与论争、作家作品,以及它们与世界政治情势、社会文艺思潮的关联都各个不同。大众化问题关联对塑造近现代文学独特品格和形态的力量构成因素的探索,必须以系统和全方位的眼光重新加以讨论。

　　中国现代文学里的大众化问题,自鸦片战争始就已伴随民族危机萌生了,并且随即绵延至今。因此,中国近代文学以来的文学大众化问题,同步存在着三个向度(启蒙、市场与革命)的梳理与辨正①。在不同的文学史阶段里,文学大众化的内涵(包括对象、目的、要求、社会实践、实质和作家作品呈现)、不同政治文化阵营的文学大众化表现(入思理路、口号与论争、作家作品),以及它们在中国历史文化语境里与世界政治情势、社会文艺思潮的关联都各个不同。而这些往往都是塑造近现代文学独特品格和形态的力量构成因素。

　　20世纪以来,因为中国传统普遍王权的崩溃导致整个中国社会、文化

---

　　① 　长期以来,大量论者尽管发现仅从启蒙和革命两角度理解"大众化"问题并不周延,但仍旧坚持这种讨论思路。例如,张卫中:《20世纪30年代"大众化"论争中的两种立场及意义》,《南都学坛》(人文社会科学学报)2008年第1期。

和道德失序①,社会文化在动荡不安的历史情境下分蘖整合,五四时激烈的"全盘性的思想上的反传统主义"②思潮最终形成了文学大众化等重要议题。其中,20世纪30年代的文艺大众化论争更是文艺运动的中心问题③。有学者甚至认为这是"中国新文学史上一次重要的精神和文体自觉,是五四文学自我更新和发展的体现"④。因此,也可以说"文学大众化问题"是探究中国近现代文学史的一个关键入口。

然而,"大众化"在20世纪的中国(主要指大陆地区)作为文学问题和社会议题,其内涵是各不相同的。在更普遍的场合,更多人会直接把文学大众化等同于文学通俗化,但大众化并不简单等同于通俗化。就文艺而言的大众化,更是与通俗化存在许多的疏离交错。在20世纪前半叶,由于社会革命实践的展开,"大众"由文学虚构渐渐成为真实的革命主体力量——"崭新的实体"⑤。中国不同历史阶段的文艺大众化吁求、各种文艺思潮流派的关联、国际左翼革命大气候与国内小气候的风云交汇,国外思潮与国内社会、政治、经济、文化思想变革的需求互相激荡,最终酿成为持续不断文艺大众化的社会要求、政治理念、文学方针和审美趣味,从而产生了一次大众群体的"精神喷涌"⑥。

一

一个古老帝国的文化传统、一个伟大民族的文明智慧,在这历史百年来

---

① [美]林毓生(Lin,Yusheng):《中国意识的危机——五四时期激烈的反传统主义》,穆善培译,贵阳:贵州人民出版社1986年版,第16—23、81—82页。

② [美]林毓生(Lin,Yusheng):《中国意识的危机——五四时期激烈的反传统主义》,穆善培译,贵阳:贵州人民出版社1986年版,第16—23、81—82页。

③ 周扬:《新的人民的文艺——在全国文艺工作者代表大会上关于解放区文艺运动的报告》,中华全国文学艺术工作者代表大会宣传处编:《中华全国文学艺术工作者代表大会纪念文集》,北京:新华书店1950年版,第70页。

④ 贺仲明:《"大众化"讨论与中国新文学的自觉》,《中国社会科学》2006年第6期。

⑤ [美]安敏成(Marson Anderson):《现实主义的限制——革命时代的中国小说》,姜涛译,南京:江苏人民出版社2001年版,第157页。

⑥ [德]埃里亚斯·卡内提(Elias Canetti):《群众与权力》,冯文光、刘敏、张毅译,北京:中央文献出版社2003年版,第18页。

遭遇前所未有的"世变",其文学自身也必然将有所挣扎、有所调适、有所呐喊。但无声的呐喊并不等于落后,更不意味着自甘放弃或者沉入历史深处。从秦朝的书同文到中唐古文运动展开,从宋元杂剧的兴起到明清戏曲小说的繁荣,从唐诗的高峰到宋词的高峰到清词的老成,从白话文运动到新文化运动,从诗文风雅到文学大众化的吁求,中国历史与文学史上,总是涌动着文化威权下移、风雅之事易位给实学、文体和审美趣味自发转移的潮流。倘若将这一切纳入时代变迁、社会演变的大视野下,就会发现这决不是所谓简单的"雅俗"文学趣味的转换问题。

雅俗是文化眼光和审美趣味的问题,不是趣味拥有者本身的层级问题,更不等同于经济政治或者阶级差别问题。柳永的词写得曼妙,然匮乏大气,故总显得俗;李煜的词同样哀哀依依,然故国之思深沉博大,故透着雅。私人的审美趣味尽管尽可各人自便,但总体的文学价值总有高低大小之分。因此,雅的不一定就是读者少,俗的也不一定就读者多。但是,就历史和人类客观而言,俗的趣味总是易于流传普及,雅的总是难于坚持和自守。这不仅是文明或者文化的差异,还因于人性本身趋向恶俗的劣根性。当个体没有身处于人性改善和自律的大环境压力时,雅俗之争往往成了纯粹"仗势欺人"。无论是雅或者俗的人数多寡。但是,人多与势众也往往没有必然相关。大浪总是淘沙,但带不走岩石岛礁。因此,雅俗之争成了中国文学史里的大问题,不在于雅俗之间的区别,而在于这种趣味、价值和势力、人性之间的纠结①。

与此同时,中国文学的历史趣味远远大于文字趣味,实学总是盖过诗学,这是我们自身"感时忧国"②的文学传统。这个自身的传统,面对泰西文明的诗学,面对其强大的声光电的发达工业,面对老牌资本主义的侵略和压

① 此类论述可参见孔庆东:《超越雅俗——抗战时期的通俗小说》,北京:北京大学出版社 1998 年版,第 16—20 页;陈平原:《二十世纪中国小说史》(第 1 卷)(1897—1916 年),北京:北京大学出版社 1989 年版,第 103 页;范伯群:《〈中国近现代通俗作家评传丛书〉总序》,《通俗文学评论》1995 年第 2 期;易中天:《市场的文学》,《通俗文学评论》1994 年第 2 期。

② [美]夏志清:《中国现代小说史·附录二》,《现代中国文学感时忧国的精神》,丁福祥译;[美]夏志清:《中国现代小说史》,刘绍铭等译,台湾:传记文学出版社 1979 年版,第 533—552 页。

迫,中国民族和其文化传统都奋起抗争,浴血自强。百年来的调适与变革扬弃,这个过程激烈动荡,摩肩接踵,正如鲁迅所说"几个世纪挤压在一起"。在严复所言的"世变之亟",文学的敏感触觉更是表现出它的优长。悠久古老的历史荣光和现实的社会文明状况,也使得文学在中国早早地、错位地承担了自强变革追问的文化终极因果。

与此同时,近代以来的中国,积贫积弱,国势颓危,需要和缺乏的都是力量。不仅是自然力量,而且还有科学工业(实业)之力。团结就是力量,人多当然也是团结的前提和优势。凑巧的是,历史上的大多数,恰恰并不掌握真理。历史是大多数人创造的,但却是少数英雄人物推动的。而英雄的推动是个人智慧的创造,其推动是偶然的、策略而有方向性的。因此,百年来对众人群体的借重与强调,当然也包括对群氓的批判与反思,还有杰出人物的因缘时会,都深深地介入历史进程,同样也介入了文学史的进程。

中国文学变革对"俗"的暧昧态度与借重的历史传统,在近代、尤其是现代,因缘时会地与20世纪"启蒙"、"市场"和"革命"要求天然结合在一起,成为它再度自我变革的响亮明白的"总要求"和"动员令",终于酿成文学"大众化"的滔滔洪流,塑造着崭新的中国文学在20世纪独特面貌①。

二

在当代文学的正统思想视野里,倘若谈及对文学艺术的要求,除了所载之"道"因时而变外,20世纪中国文学趋势与古代文学传统迥异的一点,就是它公然地提出"文学大众化"的要求。文学要"大众化"这个新质素,在不同的语境有各种各样的口号与表述,如"文学的国语,国语的文学"、"平民文学"、"普罗文学"、"国防文学"、"民族形式"、"中国作风与中国气派"、"雅俗共赏"、"通俗易懂"、"为人民服务"、"老百姓喜闻乐见"等。显然,"文学大众化"在20世纪历史语境中生成为问题,成为要求,成为审美规范,成为创作的金科玉律,甚至成为意识形态的逻辑推理的依据,那么这个

---

① 李孝悌曾以民间戏曲为例讨论俗文艺在清末民初对下层民众的动员和启蒙功能,从启蒙的层面讨论大众化的问题。(参见李孝悌:《清末的下层的社会启蒙运动:1901—1911》,石家庄:河北教育出版社2001年版)

问题就不再是个单纯的文学问题。实质上,从它发生的那一刻起,它就不再是单一的文学命题。

　　的确,文学大众化在 20 世纪前半叶的中国(主要指中国大陆地域),作为思想潮流、文学问题和社会议题,其内涵是各个不同的。也许正因为如此,就文学讨论而言,许多人会直接把"文学大众化"等同于"文学通俗化",进而转变为对"大众化文学"、"大众文学"、乃至"俗文学"的讨论。在这一系列的枝蔓蜿蜒中,社会思潮与文艺思想、文学思潮与文学趣味、文化群落与社会地位、文化层次与意识形态等问题互相绞缠、互相转化,使得"文学大众化"不再是一个简单的文学问题;而近现代中国独特的历史境遇,战争与内乱,天朝帝国的崩溃与民族国家的构建,传统迷梦与现代刺激,革命与启蒙、救亡,都在瞬息万变的历史过渡情势下,急剧而微妙地改变这个本来就不简单的文学问题。因此,"文学大众化"问题,本质上更像是处于中国近现代史这个"过渡时代"中的一个疏离者,它外冷内热,如地壳下奔突的熔岩。在 20 世纪前 50 年,它似乎是个多重人格的分裂者。而到了 20 世纪的后五十年,它才蔚为大观,成为嚣然不可抵挡的新时代的"大传统"。

　　中国文学在 20 世纪获得了崭新的现代品格,除了从古典文学传统的延续、世界各国的艺术新质的浇灌影响、扬弃外,20 世纪前后百年独特的中国历史情势对它的塑造是主要的、更是本质的力量。救亡、启蒙、战争、内乱、海外新知与生活经验等,无不在时时刻刻地改变和刺激着它。在 20 世纪前 50 年里,整个中国处于"过渡时代","势力"前所未有地生成历史动力。对于中国这个古老而僵化的人口大国、文明大国、地理大国而言,"势力"更是变得前所未有的高深莫测。势力的重要因素之一,对历史趋势而言,人数是极为核心的因素。"大众"于是在这种历史过渡时代中郑重登场,它充满着张力,更充满着奥秘。文学当然也在其改变的日程表之中。

　　与此同时,国外无政府主义、自由主义、日本普罗文学、劳工文学、大众文学、左翼文学思潮的风云交汇,国外思潮与国内社会、政治、经济、文化思想变革的需求互相激荡,使文学大传统与小传统之间的离聚消长,共同酿成了百年来持续不断的"文学大众化"的社会要求、政治理念、文学思想、艺术传统和独特的审美趣味。在近现代中国的历史大势下,似乎一切都必然如此,这当然也包括供后人历史想象的硬性的历史大叙事:其他阶级的必然没落,无产阶级的挣扎着兴起,工农翻身做主人,无论是文学小溪还是艺术大川,自然也得就势往人多的地方流,也就是"大众化"。

三

如果说有什么意外的话,那就是文学也和大众一样,都没能预料到自己会不由自主地成为被这个时代借重的主流话语。诗和日常生活总是存在距离,因此文学与大众永远是少数对多数的关系,正如政治精英与大众。

如果说还有什么追问的话,那就是人们从来没有怀疑"大众"是否就是现实生活中的"大多数"。因此,一系列的疑问发生了:"大众化"是否就是"俗"化?文学能否"大众化"?如何"大众化"?文学与大众"化"成何物?往何处"化"?为谁所"化"?"化"的程度如何?"化"与"被化"?

然而,"文艺大众化"直到目前仍是"美丽的想象"①。既没有一律大众化也不能全然"化大众",况且"化大众"和"大众化"的文艺,被认可程度还存在相当的怀疑。于是,大众化议题的百年冷热,至今仍在吸引着研究者发出无数的追问。

"文艺大众化"论争持续近一世纪,是中国文学发展史上的核心问题②。在不同历史时段,论争侧重点有所歧异。郭国昌认为"文学大众化"论争,"不仅是一个关于文学性质的重新解释过程,而且也是一个与当时的现实

---

① 瞿秋白:《致伯新兄》,见《瞿秋白文集》(文学编)第3卷,北京:人民文学出版社1998年版,第342页。

② 胡风曾说:"八九年来,文学运动每推进一段,大众化问题就必定被提出一次。达表现了什么呢?这表现了文学运动始终不能不在这问题上面努力,这更表现了文学运动始终是在这问题里面苦闷。特别因为日本帝国主义者底压迫、侵略,一天天地加紧、厉害,文学底教育的功能更强烈地被读者所要求,更敏感地被作家自己感到,这苦闷就来得更深更广。文学上的许多努力因为不能拢出这个问题底活的联系,有时候甚至于现出了慌张失措的情形。"(胡风:《大众化问题在今天——提付商讨的纲要》,《胡风评论集》(中),北京:人民文学出版,1984年版,第12—13页)今村与志雄更是指出:"如果我们看一看提倡文学大众化的四个时期,就不难发现,每一次讨论都处在中国民族的存亡危机时期。在这种意义上说,文学大众化的历史也就是中国革命的历史。因而,它构成了中国革命的一环,同时在每一个时期,中国文学也都获得了新的生命。"([日]今村与志雄:《赵树理文学札记》,见黄修己编:《赵树理研究资料》,太原:北岳文艺出版社1985年版,第466页)

状况相关的社会实践过程"①。的确,"文艺大众化"作为社会性、政治性的文学议题,本身已存在三个向度的面相展开:文学社会启蒙的言说、文学消费市场空间的生成和政治革命的文学叙述。"文艺大众化"的议题,它提供的解释空间和社会实践空间对其他议题都是完全开放的,文学本身只不过成为了一个被借重的论阈。20世纪本身是个"非文学的世纪"②,但是,偏偏文学成为各种言说借重的话头。这本身是个值得深思的问题。而文艺大众化,只是这个大问题派生的分问题。那么,文艺大众化何以成为问题?

文艺大众化问题的生成,根本上源于"大众化"口号的模糊多义与复杂历史语境结合产生的魅力。③ 何为"大众化"?"大众化"源自现代日语的后缀复合词,英文 popularization,日语拉丁化表述是 taishÙka④。关于"大众化"概念理解,何秀煌有较全面解释。⑤ 他特别指出:"有的大众化是由于政治上的措施,人为地制造出来,甚至是强制地演作出来的……有的大众化是社会其他的力量(比如经济力量)促成的。"此外,理解大众化概念的含义,除正面的理解,还得有反面的把握,即要把握大众化所反对的。何秀煌认为主要有特权化、贵族化、专门化(或专技化)和高贵化四方面。因此"提倡大众化有一个中心目的,就是要使得一般广大的群众,都有机会去寻求自己生活的意义,改善自己生命的素质;使一般大众不只把自己的人生漫无目的地充当别人生命的养料",所以应努力提倡知识的大众化,权益的大众化,政治的大众化和财富的大众化。

既然单一的"大众化"概念就有如此丰富的阐释空间,那么"文艺大众化"口号所引发的论争之繁杂也就可想而知。对此文学议题引发的论争研

---

① 郭国昌:《二十世纪中国文学的大众化之争》,南昌:百花洲文艺出版社2006年版,第1—3页。

② 朱晓进等:《非文学的世纪——20世纪中国文学与政治文化关系史论》,江苏:南京师范大学出版社2004年版,第3页。

③ 参见旷新年在《中国20世纪文艺学学术史》(第二部下卷)第六章的论述。旷新年:《中国20世纪文艺学学术史》(第二部下卷),上海:上海文艺出版社2001年版,第221—252页。

④ [美]刘禾:《跨语际实践——文学,民族文化与被译介的现代性(中国,1900—1937)》,宋伟杰译,北京:三联书店2002年版,第433页。

⑤ 参见何秀煌:《哲学智慧的寻求》,台北:东大图书公司,1972年版。

究,论者所关注的只能是论争双方的解释立场和侧重点。而更多的时候,也的确是因为论争者侧重点和立场的差异引起论争。再者,"文艺大众化"问题存在的理论张力也相当大。它涉及文学精神深度的层次分野,既有普遍的人性关怀的责任担当,也有个人趣味的耽溺沉醉;既存在获得尽可能多的阅读期待、煽动与感动,又往往面临曲高和寡的现实。因此,出现文艺大众化的美好愿望与文艺化大众的现实功利需要之间的不对等、审美要求与现实渴望不等同的尴尬。可以说,"文艺大众化"的论争史,本质上是文艺审美旨趣与文艺历史或现实使命不对应的绞缠史。

因此,"文艺大众化"既是社会时代和历史发展对文学提出的基本要求,也一直是文学无法达到而又仍需不断努力的历史目标。由于是历史发展和社会变革提出的基本要求,所以与时代转折、社会变迁、历史权势转移密切相关;由于是对文艺(文学)提出的要求,因此与一个世纪以来的语言变革、文化重构、人格(个人、种族、国家)的文化想象,乃至特定区域的文化精神传播与交流都紧密相连。

同时,在对文学提要求的过程中,"大众化"本身充满着接受与变异,有着表里不一的错位,这与文学功能层次的分别有关;由于它是个无法达到而又仍需不断努力的目标,要求成为标准,手段成了目的,媒介成了砝码,问题在历史境域的多个转折口发生畸变。大量努力却无法达到目标的焦虑,使得"大众化"问题成为文艺自身历史和时代长期的内部冲动;大众化尚未成功、文艺家就得继续努力的现实压力,使得"大众化"问题成为艺术发展的口号和标准。一个向度的变革,最终构成体制重压下唯一的价值标准,历史发展的趋势与问题在非文学意义上(启蒙/革命/消费)达成统一,这是百年中国文学"势大于人"①的根本症结。这也是中国走大众路线、一切以趋时求新求变为准的、并一以概之崇尚群体抉择而压制个人选择的缘由。

四

"大众化"成为文艺发展思路,在中国现代历史境域中无疑只是一种斗

---

① 黄修己:《中国现代文学史研究中的"势大于人"》,《东方文化》2002 年第 5 期。

争策略,更是历史的必然之势。郭国昌曾把近一个世纪以来的"文学大众化"论争概括为启蒙式、革命式和救亡式三类,并认为都具有"鲜明的政治化倾向"和"强烈的民间化倾向"①。此概括没有把当时"马路文学"一类的大众文学纳入视野,更不要说把"礼拜六"、"鸳鸯蝴蝶派"等作为考察对象。这种概括其实忽略大众文艺中最常态和最重要的一面——消费意义上的大众文艺。既然20世纪中国文学史"文艺大众化"问题的论争本质,是因论争者发言立场和采用大众化概念侧重点不同而产生和形成,那么,以论说者言说立场和语义重心来分类讨论当是以简驭繁的可行做法。因此,从文学启蒙言说、市场消费空间和革命政治动员这三向度来讨论"文艺大众化"议题论争史,也许是问题深入的办法。

　　大众指称着集体意识的抽象,但大众又是先天具有历史合法性的代码。尽管其本身就包含进步与落后两极端,但都意味着力量。这种力量是由群体造成的势能。本来,文学力量天然与群体势能有所隔离。文学作用的发生,也总是具体到个人。然而,当历史大势挟着群体力量呼啸前行的时候,个体的文学力量就显得相当虚弱,甚至是无法着陆。此刻,文学宣传层面的煽动力量变得前所未有的强大和实用,人性中容易盲从和趋向破坏的本能,迅速在宣传的激情燃烧中一拍即合。启蒙和革命需要的正是破坏本能的现实释放,而消费空间营造的也是生理欲望的本能释放。尽管这些力量释放有虚拟的一面,但与文学深层力量的释放在机制上并无不同。因此,大量文学雅俗之争,都源于是否认同这种共同的力量释放机制,而不是在文学的趣味层级区别上有什么歧见。

　　大众在现实上的可用性,引起研究者对不同向度的"文艺大众化"言说话语的关注,从而使文学形成崇尚宏大叙事的风气。宏大叙事成为中国文学百年来的整体风格,表达着对重塑伟大传统的焦虑。因此,尽管宏大叙事在不同语境里也有不同的面相呈现,但在总体上,"文艺大众化"论争期间的文艺都有构成一些共同特征:因文艺的力量崇拜而将文学夸大为历史变

①　郭国昌:《二十世纪中国文学的大众化之争》,南昌:百花洲文艺出版社2006年版,第1—3页。

革的根本动力,或者将文学宣传功能强化到极致,或将文学娱乐功能运用极致;因强化共性而多塑造群体形象、抹平个体差异、压抑个体独立情感和思考,最终形成艺术抽象观念论争的喜好和集体主义的写作风尚;强调顺应时代和历史是唯一的选择和价值标准,倾于功利的现实主义成为中国百年来最强大的审美思潮。

1942 年,毛泽东的《在延安文艺座谈会上的讲话》对"大众化"进行有革命政权保障下的权威阐释:"什么叫做大众化呢? 就是我们的文艺工作者的思想感情和工农兵大众的思想情绪打成一片。而要打成一片,就应当认真学习群众的语言。"①至此,众说纷纭的"文艺大众化"问题有了定于一尊的政治总结。然而,思想路线的统一表述只是形成革命斗争的旗帜和口号,它形成了在革命语境压抑下语义场的多重交错与纠结,但并没能消解内部多重语义场本身导致的异质思想张力。在中国现代文艺思想史上,"大众化"仍旧是一个至关重要的关键词,对它的阐释、界定,必将与文艺和政治之间的关系讨论一起,二者始终如影随形。②

---

① 毛泽东:《在延安文艺座谈会上的讲话》,见《毛泽东选集》第三卷,北京:人民出版社1991 年版,第 851 页。

② 保罗·皮科威兹在 1976 年发表《瞿秋白眼中的鲁迅——中国三十年代马克思主义文学论争新探》讨论瞿秋白和毛泽东对文艺大众化文艺思想的会通与歧异,认为瞿秋白文艺大众化思想多是一种革命策略,而毛泽东在问题重心上把瞿秋白的"由谁写"转变为"为谁写"的问题。(参见[美]保罗·皮科威兹(Paul G. Pickowicz)."Lu Xun Through the Eyes of Qu Qiu-bai:New Perspectives on Chinese Marxist Literary Polemics of the 1930s",*MODERN CHINA*,Vol,2 No.3,July1976,pp.327−368)

附 录

瞿秋白文学著译编年

（傅修海纂辑）

说明:本编年根据《瞿秋白文集》(文学编·6卷本)(北京:人民文学出版社1998年版)、《瞿秋白文集》(政治理论编·8卷本)(北京:人民出版社1987年—1998年版)、《瞿秋白年谱》(周永祥编写,广州:广东人民出版社1983年版)、《瞿秋白年谱新编》(周永祥著,上海:学林出版社1992年版)、《瞿秋白年谱长编》(姚守中、耿易、马光人编著,南京:江苏人民出版社1993年版)、《瞿秋白年谱详编》(丁言模、刘小忠著,北京:中央文献出版社2008年版)、《中央档案馆馆藏革命历史资料作者篇名索引》(个人部分·第6册·十二画以上,第589—613页)(北京:中央文献出版社1992年版)、《总想为大家辟一条光明的路:瞿秋白大事记述》(朱钧侃主编,南京:南京大学出版社1999年版)、《瞿秋白著译系年目录》(丁景唐、文操编,上海:上海人民出版社1959年版)、《瞿秋白家世》(吴之光编著,北京:中央文献出版社2003年版)等汇编而成。疏漏之处,敬请方家教正。

1899年1月29日,瞿秋白生于江苏省常州府城。族中属老二房一支内四房第十六世懋字辈,谱名懋淼,号熊伯(亦属雄魄),乳名阿双,学名瞿双,后改名瞿爽、瞿霜,改号秋白。1936年6月18日,就义于今福建省长汀县。

1912年　13岁

篇(书)名	体　裁	写作时间	出版地	出版时间	署名	备　注
在宗祠门悬白色灯笼,书"国丧"二字。		10月10日				以示袁世凯窃国

续表

1913 年　14 岁						
篇（书）名	体　裁	写作时间	出版地	出版时间	署名	备　注
咏菊诗	旧体诗					今岁花开盛,宜栽白玉盆。只缘秋色淡,无处觅霜痕。

1915 年　16 岁						
篇（书）名	体　裁	写作时间	出版地	出版时间	署名	备　注
出其东门外,相将访红梅。春意枝头闹,雪花满树开。道人煨榾柮,烟舞湿徘徊,此中有至境,一一入寒杯。坐久不觉晚,瘦鹤竹边回。	旧体诗	游红梅寺题诗				见李子宽:《追忆学生时期的瞿秋白、张太雷两先烈》

1916 年　17 岁						
篇（书）名	体　裁	写作时间	出版地	出版时间	署名	备　注
《哭母诗》:"亲到贫时不算亲,兰衫添得泪痕新。饥寒此日无人问,落上灵前爱子身。"	旧体诗	4 月 5 日清明节				

1917 年　18 岁						
篇（书）名	体　裁	写作时间	出版地	出版时间	署名	备　注
雪意凄其心惘然,江南旧梦已如烟。天寒沽酒长安市,犹折梅花伴醉眠。					魏凝	约作于 1917 年

1919 年　20 岁						
篇（书）名	体　裁	写作时间	出版地	出版时间	署名	备　注
松风自度曲,我琴不须弹,胸中具此潇洒,腕下自有出尘之概,何必苦索解人耶。	旧体诗	1919 年清明				瞿秋白赠李子宽山水一幅并题此诗
不签字后之办法	第一篇政论文		北京《晨报》	7 月 17 日	瞿秋白	篇后注有"瞿秋白投稿"

续表

篇(书)名	体　裁	写作时间	出版地	出版时间	署名	备　注
闲谈(译自托尔斯泰的小说)	第一篇译作		《新中国》第1卷第5期	9月15日		1920年编进《新中国》杂志社出版的《俄罗斯名家短篇小说集》第1集。
《新社会》旬刊(编)	第一份报纸			11月1日		和瞿菊农、郑振铎、耿济之等创办,鼓吹社会改造;1920年5月,被京师警察厅封闭;共出版十九期
欧洲大战与国民自解			《新社会》旬刊第1号	11月1日	瞿秋白	
中国知识阶级的家庭			《新社会》旬刊第2号	11月11日	瞿秋白	
革新的时机到了			《新社会》旬刊第3号	11月21日	瞿秋白	
中国的劳动问题? 世界的劳动问题?			《新社会》旬刊第4号	12月1日	瞿秋白	
林德扬君为什么要自杀呢?			北京《晨报》	12月3日	瞿秋白	
自杀			《新社会》旬刊第5号	12月11日	秋白	
唉! 还不如			《新社会》旬刊第5号	12月11日	秋白	
知识是赃物			《新社会》旬刊第6号	12月21日	瞿秋白	

续表

1920 年　21 岁						
篇（书）名	体　裁	写作时间	出版地	出版时间	署名	备　注
"告妇女文"及"答论驳'告妇女'书"之节录		1 月 13 日译	《解放与改造》第 2 卷第 5 期	3 月 1 日		托尔斯泰作
仆御室		2 月 14 日译	《曙光》第 1 卷第 4 期	2 月		果戈理作
托尔斯泰的妇女观		2 月 12 日作	苏州《妇女评论》月刊第 2 卷第 2 期	10 月 1 日	瞿秋白	
文化运动——新社会		3 月 6 日作	《新社会》旬刊第 15 号	3 月 21 日	瞿秋白	在《文集 1》（理）中新发现的一篇
新的声音——绪言		3 月 6 日作	《新社会》旬刊第 15 号	3 月 21 日		
论普希金的《并尔金小说集》		3 月 15 日作	7 月《新中国》杂志社出版的《俄罗斯名家短篇小说集》第 1 集			为沈颖所译的《驿站监察吏》作序
《俄罗斯名家短篇小说集》序	第一篇序文	3 月 16 日作	《俄罗斯名家短篇小说集》第 1 集	7 月		
将来的社会与现在的逆势		3 月 20 日作	《新社会》旬刊第 16 号	4 月 1 日	瞿秋白	《文集 1》（理）中有写作日期
付过工钱之后		4 月 3 日译	《新社会》旬刊第 17 号	4 月 11 日		都德作
社会之社会化		4 月 13 日译	《改造》第 3 卷第 4—7 期	1920 年 12 月、1921 年 1、2、3 月		伯伯尔作

续表

篇（书）名	体　裁	写作时间	出版地	出版时间	署名	备　注
心的声音——1. 错误		3 月 20 日作	《新 社会》旬刊第 18 号	4 月 21 日		
妇女		10 月译	苏州《妇女评论》月刊第 2 卷第 3 期	11 月 1 日		果戈理作
哈尔滨四日之闻见		10 月 22 日作	《晨报》	10 月 30、31 日	瞿秋白	
哈埠见闻中之珲春事件		10 月 28 日作	《晨报》	11 月 4 日	瞿秋白	
"饿乡纪程"绪言		11 月 4 日作				
俄国远东之统一问题		11 月 6、7 日作	《晨报》	11 月 13、14 日	秋白	《文集 1》中署名秋白
俄国革命周年纪念		11 月 7 日译	《曙光》第 1 卷第 6 期			托摩作
赤塔统一会议与右党		11 月 13 日作	《晨报》	11 月 20、21 日	秋白	依据《文集》（理）添加
远东统一之将来		11 月 19 日作	《晨报》	11 月 24 日	秋白	依据《文集 1》（理）添加
访问俄国工党联合会会长记		11 月 23 日作	《晨报》	11 月 30 日、12 月 1、2 日	澹、秋白	依据《文集 1》（理）添加
远东统一与日俄商务		11 月 29 日作	《晨报》	11 月 29 日	秋白	《文集 1》（理）中出版日期是 12 月 4 日
哈尔滨俄桥之舆论		12 月 5 日作	《晨报》	12 月 10、11 日	秋白、澹	依据《文集 1》（理）署名
东俄之情况与华侨		12 月 20 日作	《晨报》	1921 年 1 月 16、18 日	秋白	《文集 1》（理）中的题目是《东俄之近状与华侨》,写作日期是 12 月 23 日

续表

篇（书）名	体　裁	写作时间	出版地	出版时间	署名	备　注
小小一个问题——妇女解放的问题			《新社会》旬刊第7号	1日1日	瞿秋白	
社会运动的牺牲者			《新社会》旬刊第8号	1月11日	瞿秋白	
读"美利坚之宗教新村运动"			《新社会》旬刊第9号	1月21日	瞿秋白	
社会与罪恶			《新社会》旬刊第13号	3月1日	瞿秋白	
祈祷			《新中国》杂志第2卷第3期	3月15日		托尔斯泰作
谁的利器——"La Greve，La Sabotage"（怠工与罢工）谁知道呢？			《新社会》旬刊第17号	4月11日	瞿秋白	
劳动底福音			《新社会》旬刊第18号	4月21日	瞿秋白	
伯伯尔之泛劳动主义观			《新社会》旬刊第18号	4月21日	瞿秋白	
新的声音——2.战争与和平		3月28日作	《新社会》旬刊第19号	5月1日		
新的声音——3.爱夏			《新社会》旬刊第19号	5月1日		
新的声音——4.劳动？			《新社会》旬刊第19号	5月1日		
世界底新劳动节,中国底新劳动节			《新社会》旬刊第19号	5月1日	瞿秋白	在《文集1》中加的一篇

续表

篇(书)名	体　裁	写作时间	出版地	出版时间	署名	备　注
论教育书			《新中国》杂志第2卷第6期	6月15日		托尔斯泰作
心的声音——5.远!(续)			《人道》月刊创刊号	8月5日		
《人道》月刊(编)	第一份月刊			8月5日		创刊号,旋停刊。
无产阶级运动中之妇女问题			苏州《妇女评论》月刊第2卷第2期	10月1日		
谢军大败后之东俄情形			北京《晨报》	11月3日	瞿秋白	
哈尔滨之劳工大学			上海《时事新报》	11月20日	秋白	依据《文集》(理)添加
欧俄最近实况谈			《晨报》	11月22、30日	仲武、秋白	《文集1》(理)中出版日期是11月22日
中东路工党首领之谈话			《晨报》	11月30日		
俄工党会长对中国之陈情			《晨报》	12月7日		
欧俄归客谈		12月13日	北京《晨报》	12月19、20日	秋白	依据《文集1》(理)出版时间是12月19—21日
哈埠工会联合会会长访问记			《晨报》	12月8、10日	澹、秋白	《文集1》(理)中出版日期是12月8、9日
北大三青年赴俄之旅况——愿赴俄者注意			《晨报》	12月14日	秋白等	依据《文集1》(理)添加的文章

续表

篇（书）名	体　裁	写作时间	出版地	出版时间	署名	备　注
论"不死"书			《曙光》第1卷第4期			马德志尼作

1921 年　22 岁						
篇（书）名	体　裁	写作时间	出版地	出版时间	署名	备　注
旅俄华侨问题		1 月 1 日	北京《晨报》	1 月 14 日	秋白	依据《文集 1》（理）署名
自赤塔至莫斯科的见闻记		1 月 4—26 日作	上海《时事新报》	8 月 26—29 日		9 月 11 日北京《晨报》也曾刊登
中国工人的状况和他们对俄国的期望		1 月			秋白	
致俄国工人和新闻工作者呼吁书		2 月	苏联《消息报》	2 月 6 日	瞿秋白	
黎民		2 月 16 日作				《文集 1》（文）中的题目是"黎明"
无政府主义之祖国		2 月 23 日作				
兵燹与弦歌		3 月 2 日作				
共产主义之人间化——第十次全俄共产党大会（二）外交问题		3 月 4 日作	北京《晨报》	7 月 7 —18 日	瞿秋白	《文集 1》（理）的写作日期是 4 月 4 日
公社		3 月 11 日作				
秋意——题画赠林德女士		3 月 12 日作				
革命之反动		3 月 19 日作				
共产主义之人间化——第十次全俄共产党大会（一）民族问题		3 月 31 日作	北京《晨报》	6 月 22—29 日	瞿秋白	又刊载 6 月 30 日—7 月 5 日上海《时事新报》

篇（书）名	体　裁	写作时间	出版地	出版时间	署名	备　注
社会生活		4月3日作				
烦闷……	诗	4月5日译				莱蒙托夫作
共产主义之人间化——第十次全俄共产党大会（五）小结		4月5日作	北京《晨报》	9月9、23日	瞿秋白	《文集1》（理）的写作日期是4月15日
共产主义之人间化——第十次全俄共产党大会（四）共产党组织问题		4月7日作	北京《晨报》	7月21、24日	瞿秋白	依据《文集1》（理）署名
皓月——题画赠苏菲亚·托尔斯泰女士		4月10日作				
"俄国式的社会主义"		4月11日作				
共产主义之人间化——第十次全俄共产党大会（三）第三国际会		4月12日作	北京《晨报》	9月2、7日	瞿秋白	依据《文集1》（理）署名
苏维埃俄罗斯之经济问题		4月20日作				
苏维埃俄罗斯之经济问题（一）工人酬报·协作社		4月22日作	北京《晨报》	7月26、28日		
俄罗斯之工人及协作社问题		4月22日作	《晨报》	7月26、27、28日	瞿秋白	
宗教的俄罗斯		4月23日作				
莫斯科之中俄外交		4月29日作	北京《晨报》	7月19、20日	瞿秋白	《文集1》（理）的出版日期是9月19、20日
劳工复活		5月1日作				
莫斯科之耶稣复活节及五一节		5月4日作	北京《晨报》	8月24、26日	瞿秋白	又，刊载9月1日上海《时事新报》《文集1》（理）的出版时间是5月24、25日

篇（书）名	体　裁	写作时间	出版地	出版时间	署名	备　注
致俞颂华信		5 月				
苏维埃俄罗斯之经济问题　协作社——货币制度，工钱制度——自由商业		5 月 12 日作	北京《晨报》	9 月 24、25 日	瞿秋白	《文集 1》（理）的出版日期是 9 月 24、29 日
苏维埃俄罗斯之经济问题　三大会之经济政策决议案		6 月 7 日作	北京《晨报》	10 月 26、27 日	瞿秋白	依据《文集 1》（理）署名
"死人之家"的归客		6 月 8 日作				
安琪儿	诗	6 月 8 日译				莱蒙托夫作
贵族之巢		6 月 13 日作				
苏维埃俄罗斯之经济问题　劳农政府之农民政策——新经济政策与人民之舆论		6 月 15 日作	北京《晨报》	11 月 1、6 日	瞿秋白	《文集》（理）的出版日期是 11 月 1—6 日
苏维埃俄罗斯之经济问题　苏维埃政府之国家的资本主义——列宁		6 月 19 日作	北京《晨报》	9 月 27 日	瞿秋白	《文集 1》（理）的写作日期是 5 月 19 日
苏维埃俄罗斯之经济问题　财政改良问题之讨论——货币制度		6 月 19 日作	北京《晨报》	9 月 27 日、10 月 1 日		
俄都记闻		6 月 19 日作	北京《晨报》	9 月 1 日	瞿秋白	《文集 1》（理）的写作时间是 5 月 19 日，出版日期是 8 月 31 日
"劳动者"		6 月 20 日作				《文集 1》（文）的写作时间是 5 月 20 日
莫斯科的赤潮		6 月 23 日作				依据《文集 1》（文）增加的一篇
社会主义运动在中国		6、7 月作			瞿秋白	
列宁杜洛次基		7 月 6 日作				

篇(书)名	体　裁	写作时间	出版地	出版时间	署名	备　注
南国——"魂兮归来哀江南"		8月6日作				《文集1》（文）的写作时间是8月5日
官僚问题		8月12日作				
新资产阶级		8月15日作				
饥		8月29日作				
心灵之感受		9月10日作				
民族性		9月13日作				
"东方"月——中秋作		9月16日作				写作时间也是阴历八月十五
归软		9月25日作				
赤色十月		10月8日作				《文集1》（文）中写作时间是11月8日
知识劳动		10月12日作				《文集1》（文学编）中题目是《智识劳动》
清田村游记 1. 游侣 2. 托尔斯泰邸宅 3. 俄罗斯的农家 4. 托尔斯泰派公社 5. 清田村之残梦 6. 大学生 7. 归途		10月18日作				
"什么！"		10月25日作				
家书		10月26日作				《文集1》（文）的写作时间是11月26日

篇(书)名	体　裁	写作时间	出版地	出版时间	署名	备　注
劳农政府内政外交之新局面		10 月 31 日作	北京《晨报》	1922 年 6 月 24、25 日	瞿秋白	依据《文集1》(理)
饿乡纪程		10 月在莫斯科写就		1922 年 9 月	由友人改题为《新俄国游记》在商务印书馆出版	
《饿乡纪程》跋语	第一篇跋文	10 月				
中国人		11 月 16 日作				
《赤都心史》序		11 月 26 日作				
我		12 月 3 日作				
生存		12 月 10 日作				
中国之"多余的人"		12 月 19 日作				
自然		12 月 24 日作				
访远东交通总长及粮食总长记			上海《时事新报》	1 月 21 日	秋白	依据《文集1》(理)署名
共产主义与文化			《改造》第 3 卷第 7 期	3 月		凯仁赤夫作
校外教育及无产阶级文化运动			《改造》第 4 卷第 1 期	9 月		凯仁赤夫作
痴子			《小就月报(增刊)·俄国文学研究》	9 月		兹腊托夫拉斯基作

续表

篇（书）名	体　裁	写作时间	出版地	出版时间	署名	备　注
可怕的字			《小就月报（增刊）·俄国文学研究》	9 月		阿里鲍夫作
苏维埃俄罗斯之经济问题　国民经济苏维埃职工联合二大会中之二大问题			北京《晨报》	10 月 28、30 日		
北大三青年赴俄之旅况			北京《晨报》	12 月 14 日	秋白等	依据《文集1》（文）添加

1922 年　23 岁

篇（书）名	体　裁	写作时间	出版地	出版时间	署名	备　注
离别		1 月 1 日作		4 月		
一瞬	诗	1 月 9 日译		8 月 17、18 日		丘采夫作
寂	诗	1 月 12 日译		8 月 19 日		丘采夫作
晓霞		1 月 29 日作		8 月 26 日		
彼得之城		2 月 9 日作		8 月 29 日		
俄雪(诗)		2 月 13 日作		7 月 21、22、25、26 日		
译邓肯《新艺术与群众》（又题:《美人之声》)		2 月 17 日译		8 月 12 日		
译高尔基《阿弥陀佛》（诗）		2 月 26 日译		8 月 18 日		后于 1933 年 12 月 2 日重译,改题为《市侩颂》
新村		3 月 1 日作		8 月 19 日—21 日		
海	诗	3 月 10 日作		1923 年 6 月 15 日		

篇（书）名	体　裁	写作时间	出版地	出版时间	署名	备　注
尧子河		3月18日作		7月2—4日		
新的现实		3月24日作		8月29日		
生活		3月30日作		9月6日		按：本文为《赤都心史》最后一章。商务印书馆1924年6月初版本作3月20日，疑有误，待考。
赤俄之第四年		《年表》作4月19日作	北京《晨报》	9月19—21日	瞿秋白	《文集》（理）出版时间为8月16、17、18日
第九次全俄苏维埃大会		《年表》作4月21日作	北京《晨报》	10月7日	瞿秋白	《文集1》（理）出版时间是8月19、20、22、23日
一九二二年之西欧与苏维埃俄罗斯		《年表》作4月22日作	北京《晨报》	10月2日	瞿秋白	《文集》（理）出版时间是8月26日
宗教与道德			《改造》第4卷第8期	4月		托尔斯泰作
无产阶级运动中之妇女			《学灯》	7月2日	瞿秋白译	
全俄共产党第十一次大会		《年表》作4月23日作	北京《晨报》	10月7、8日	瞿秋白	《文集1》（理）的写作时间是4月22日，出版时间8月29日

篇（书）名	体　裁	写作时间	出版地	出版时间	署名	备　注
莫斯科传来日诺亚会议情形		《年表》作5月　12、16日作	北京《晨报》	10月10、11、18、19、20日	瞿秋白	《文集1》（理）的写作时间是5月19日，出版时间7月21、22、24、25、26日
柔鲁会议后之中俄外交		6月8日作	上海《时事新报》	10月12日	瞿秋白	又，刊载8月15日北京《晨报》，《文集1》（理）题目为《日诺亚会议后之中俄外交》，出版时间8月15日
苏维埃俄罗斯之立法		6月8日作	上海《时事新报》	8月17日	瞿秋白	
世界社会运动中共产主义派发展史——世界共产党与世界总工会		6月作	《新青年》季刊第1期	6月	瞿秋白	
少年共产国际		6月作	《新青年》季刊第1期	6月	瞿秋白	
世界劳工之统一战线与莫斯科		6月15日作	上海《时事新报》	8月18日	瞿秋白	据《文集》（理）的出版时间
反对社会革命的社会革命党		6月26日作	上海《时事新报》	8月24、25日	瞿秋白	又，刊载8月24、25日北京《晨报》据《文集1》（理）的出版时间
世界社会运动中共产主义派之发展史 一、第三国际 二、赤色职工国际 少年共产国际(附)		《年表》作6月译	《新青年》季刊第1期	6月	瞿秋白	据《文集1》（理）署名

篇（书）名	体　裁	写作时间	出版地	出版时间	署名	备　注
知识阶级与劳农俄国		7月3日作	上海《时事新报》	9月10、20日	瞿秋白	又，刊载9月10、20日北京《晨报》 据《文集1》（理）出版日期，《晨报》
海牙会议与俄国		7月10日作	上海《时事新报》		瞿秋白	又，刊载9月9日北京《晨报》，题作《海牙会议与俄罗斯》
苏维埃俄国之劳工保险法		7月17日作	上海《时事新报》		瞿秋白	又，刊载11月18日、19日北京《晨报》题作《欧俄新订之劳工保险法》
劳农俄国之国内商业		7月24日作	上海《时事新报》	9月19日	瞿秋白	又，刊载9月22、25日北京《晨报》，题作《欧俄国内商业之新发展》
海牙会议后欧俄经济之前途		《年表》作7月30日作	北京《晨报》	10月7日	瞿秋白	据《文集1》（理）写作日期7月31日
海牙会议后之俄罗斯		7月31日作	上海《时事新报》			
苏俄1922年之丰收		8月8日作	上海《时事新报》	10月7、8日	瞿秋白	据《文集1》（理）出版日期

篇（书）名	体　裁	写作时间	出版地	出版时间	署名	备　注
新经济政策之因，旧政治思想之果		8月13、17、20日作	上海《时事新报》	10月13、17、21、23、24日	瞿秋白	又，刊载10月13、17、21、23、24日北京《晨报》据《文集1》（理）的出版时间
宗教与道德			《改造》第4卷第8期	11月14日		托尔斯泰作
无产阶级运动中之妇女	译文		上海《时事新报·学灯》			
劳农俄国之经济前途			北京《晨报》			
俄国文学史		192—1922年旅俄期间所写。	收录于《瞿秋白文集》第3卷，题作《十月革命前的俄罗斯文学》。1927年蒋光慈曾予删改，作为蒋光慈著的《俄罗斯文学》之下篇，由上海创造社出版部出版。			

续表

俄罗斯革命论		作者在莫斯科时所写。	1932年"一二八"时毁于日寇的炮火中。但是,其中的一篇:"世界社会运动中共产主义派之发展史",曾单独在1923年6月15日《新青年》季刊第1期发表过。作者在《世界社会运动中共产主义派之发展史》的前面有一段话:"此篇为瞿秋白所著《俄罗斯革命论》中之一篇,原题为《世界革命之先驱》。那部《俄罗斯革命论》本是秋白集所作关于'十月革命'的各方面之论文而成。他的体裁,是社会科学的论文,琐屑的史实不载。所以本篇也是如此,——所述至共产国际第三次世界大会止(1921年)。"

1923 年　24 岁

篇(书)名	体裁	写作时间	出版地	出版时间	署名	备注
世界革命中之德国		1月10日作		1月27日	巨缘	又,"档案版"刊载8月15日《向导》第36期
最低问题——狗彘食人之中国	时评	1月17日	北京《晨报》	1月23日	瞿秋白	据《文集1》(理)的出版《晨报》副刊,时间1月27日
赤俄之归途		1月25日作	北京《晨报》	1月31日	瞿秋白	《文集1》(理)《晨报》副刊,出版时间1月30日
政治运动与智识阶级	时评	1月30日	《向导》18期	1月31日	巨缘	"档案版"署名秋白
世界的社会改造与共产国际——共产国际之党纲问题) 一、共产国际诞生以来的世界经济现象 二、共产国际现今在世界政治中之位置 三、共产国际党纲之学理根据及其大纲		《年表》作1月编译	《新青年》季刊第1期	6月15日	瞿秋白	
评罗素之社会主义观		《年表》作2月作	《新青年》季刊第1期	6月15日	秋白	据《文集1》(理)署名《文集1》

篇(书)名	体 裁	写作时间	出版地	出版时间	署名	备 注
现代的劳资战争与革命(共产国际之策略问题) 一、欧战后劳资势力之消长 法塞派之反革命 二、共产派策略之总原则及其运用 三、共产国际最近之革命战术		《年表》作2月编译	《新青年》季刊第1期	6月15日	瞿秋白	《文集 1》(理)署名
东方文化与世界革命		《年表》作3月作	《新青年》季列第1期	4月25日	屈维它	《文集 2》(理)署名,出版日期为6月15日
北京政府之财政破产与军阀之阴谋	时评	4月20日作	《向导》第22期	5月2日	巨缘	"档案版"作4月25日出版
中国之地方政治与封建制度		4月25日作	《向导》第23期	5月2日	秋白	
乐志华案是一幅中国的缩影	时评	4月28日作	《向导》第23期	7月1日	巨缘	"档案版"作5月2日出版
现代中国的国会制与军阀——驳章士钊之"论代议制何以不适应中国"		5月7日作	《前锋》第1期	5月23日	瞿秋白	"档案版"作7月1日出版
俄罗斯革命之五年	译文		《新青年》季列第1期	6月15日		列宁作
共产主义之于劳工运动	译文		《新青年》季列第1期	6月		罗若夫斯基作
中国一周:"文明"的列强,野蛮的中国?		5月21日作	《向导》第26期	6月6日	巨缘	"档案版"作5月23日出版
中国一周:一致团结的反对军阀罢!		5月23日作	《向导》第28期	6月6日	巨缘	
中国一周:中国还没有亡(吗)?		5月26日作	《向导》第28期	7月1日	巨缘	"档案版"作6月6日出版

篇（书）名	体　裁	写作时间	出版地	出版时间	署名	备　注
帝国主义侵略中国之各种方式		5月26日作	《前锋》第1期	7月1日	屈维它	
新青年之新宣言		5月	《新青年》季刊第一期	6月15日		《文集2》（理）写作时间5月
中国之资产阶级的发展		6月2日作	《前锋》第1期	6月13日	屈维它	"档案版"作7月1日出版
致季诺维也夫信		6月21日作			瞿秋白	
现代中国所当有的"上海大学"		7月23日作	《民国日报》副刊《觉悟》	8月2、3日	瞿秋白	
《新青年》（季刊）	第一份季刊	初夏				中共中央机关刊物，瞿秋白任主编。
《前锋》（月刊）		初夏				主编
《向导》（月刊）		初夏				参编
为中国共产党第三次全国代表大会起草党纲草案，并在会上就党纲草案问题作报告。		6月12日至20日				在广州出席中国共产党第三次全国代表大会
飞来峰和冷泉亭	诗	7月作	《民国日报·觉悟》	7月20日	瞿秋白	又，刊载12月20日《新青年》季刊第2期，出版时间12月20日
现代中国所当有的"上海大学"		7月23日作	《民国日报·觉悟》	8月1日	瞿秋白	《文集2》（理）出版时间8月2、3日
国会选举制宪统一的噩梦		7月28日作	《向导》第34期	8月1日	巨缘	"档案版"署名
致胡适	书信	7月30日				

续表

篇(书)名	体　裁	写作时间	出版地	出版时间	署名	备　注
郑振铎《灰色马》序		8月2日作				俄国路卜洵作,郑振铎译《灰色马》于1924年6月由商务印书馆出版
劳农俄国的新作家		8月3日作	《小说月报》第14卷第9号	8月8日		本文系为郑振铎著的《俄国文学史略》而写的,列为该书的第十四章。1924年3月商务印书馆初版。1927年瞿秋白同志自编论文集时,曾将本文收入,题作《劳农俄国的新文学家》。《文集1》(文)出版日期为9月10日
大家都是良民,那里来的匪!		8月3日作	《向导》第35期		巨缘	"档案版"8月8日出版,署名
《赤都心史》引言		8月4日作		9月25日		
国法学与劳农政府		8月7日作	《东方杂志》第20卷第18期	8月20日	瞿秋白	《文集2》(理)出版时间9月25日
浣漫的狱中日记		8月9日作	上海《文学周报》第84期	8月27日		《文集1》(文)出版日期为8月20日

篇(书)名	体裁	写作时间	出版地	出版时间	署名	备注
新的宇宙——纪念德国革命家卢森堡		8月13日作	上海《文学周报》第85期	12月1日		《文集1》(文)出版日期为8月27日
寸铁四则 世界的结局 康有为与许斯,梁启超与芳泽 德谟克拉西的法兰西 好容易!		8月14日作	《前锋》第2期	8月15日	巨缘	"档案版"12月1日出版
太平洋问题与美国钱袋里的中国		9月21日作	《前锋》第2期	12月20日	瞿秋白	"档案版"12月1日出版
自民治主义至社会主义	论文	9月23日作	《新青年》季刊第2期	1924年6月10日	屈维它	又,"档案版"署12月20日在《新青年》季刊第2期出版
赤俄新文艺时代的第一燕		10月4日作	《小说月报》第15卷第6号	1924年6月10日		
铁花	诗	《年表》作10月5日作	上海《文学周报》第92期			又,《文集2》(文)在《时事新报·文学》,出版时间10月15日
欧文的新社会		10月9日作		10月15日		
劳动的汗		10月9日译	上海《文学周报》第92期	11月19日		高尔基作
弟弟的信		10月28日作	上海《文学周报》第97期	12月20日		《文集1》(文)出版日期为9月19日
荒漠里		10月作	《新青年》季刊第2期	11月27日	陶畏巨	"档案版"出版日期为12月20日

续表

篇（书）名	体　裁	写作时间	出版地	出版时间	署名	备　注
好一个江苏省民——驳《时事新报》张君劢之《论新宪法》		11月1日作	《向导》第47期	1924年2月1日	巨缘	"档案版"题目为"好个江苏省民——驳《时事新报》张君劢之《论新宪法》"，出版时间1923年11月27日
现在的满洲经济		11月3日作	《前锋》第3期	1924年2月1日	屈维它	"档案版"署名
俄国经济政策之剖析		11月4日作	《前锋》第3期	11月7日	瞿秋白	"档案版"出版日期1924年2月1日
现代文明的问题与社会主义		11月8日作	《东方杂志》第21卷第1期20周年纪念号	11月24日	瞿秋白	《文集2》（理）1924年1月10日《东方杂志》第21卷第1期
那个城		11月15日作	《中国青年》第1卷第6期	12月19日	瞿秋白	"档案版"出版日期11月24日
国民党改选与中国革命运动		11月15日作	《向导》第49期	1924年8月	巨缘	"档案版"题目，《国民党改造与中国革命运动》，写作日期12月19日，出版日期为12月19日
最近俄国的文学问题——艺术与人生		11月15日作	《星海》（上）	11月17日		《文集1》（文）出版日期为8月
猪八戒——东西文化与梁漱溟吴稚晖		11月15日作	《中国青年》第1卷第5期	11月20日		

189

篇（书）名	体裁	写作时间	出版地	出版时间	署名	备注
猪八戒	小说	11 月 15 日作	《中国青年》第 1 卷第 5 期	11 月 17 日	瞿秋白	依据"档案版"添加
自由世界与必然世界		11 月 24 日			瞿秋白	又，"档案版"12 月 20 日在《新青年》季刊第 2 期出版
中国一周：冯玉祥与吴佩孚			《向导》第 29 期	6 月 15 日	巨缘	《文集 2》（理）出版日期为 6 月 13 日
国际歌			《新青年》季刊第 1 期	6 月 15 日		译歌词
歌曲《赤潮曲》			《新青年》季刊第 1 期	6 月 15 日	秋蘤	含歌词及谱曲
俄罗斯革命之五年——列宁在共产国际第四次世界大会上的演说			《新青年》季刊第 1 期	7 月 1 日		
帝国主义侵略中国之各种方式			《前锋》创刊号	7 月 1 日	屈维它	《文集 2》（理）写作时间 5 月 26 日，《前锋》第 1 期
寸铁三则 上海申报馆里的农业国 无用的人与东方文化 二十世纪的绝妙好辞			《前锋》第 1 期	7 月 20 日		"档案版"作 7 月 1 日出版
摄政内阁卖国卖民之点将录			《向导》第 34 期	8 月 1 日	巨缘	"档案版"署名
中国之所谓"五族共和"			《向导》第 36 期	8 月 15 日	巨缘	"档案版"署名
告研究文学的青年			《中国青年》第 1 卷第 5 期	11 月 17 日	秋士	依据"档案版"添加

续表

篇（书）名	体　裁	写作时间	出版地	出版时间	署名	备　注
美国主张不干涉的好意（！）			《向导》第 36 期	8 月 15 日	巨缘	"档案版"署名
世界革命中之德国			《向导》第 36 期	12 月 1 日	巨缘	"档案版"8 月 15 日出版
一封公开的信——给抱朴			《民国日报·觉悟》	12 月 20 日	又及	《文集 2》（理）写作时间 11 月 16 日，出版时间 11 月 20 日
《灰色马》与俄国社会运动			《小说月报》第 14 卷第 11 期	12 月 20 日		
过去	诗		《新青年》季刊第 2 期	12 月 20 日	巨缘	"档案版"署名
寸铁五则 中国的花车和美国的公使 近东的中国就能如此，远东的呢？ （按：此文后改作"近东的土耳其就能如此，远东的中国呢？"） 这也是"国学" 社会主义行好事假客气 小小一个罪恶		《年表》作作于 1923 年	《前锋》第 3 期		巨缘	又"档案版"1924 年 2 月 1 日在《前锋》第 3 期出版
十月革命与经济改造			《民国日报·觉悟》	1924 年 1 月 10 日	瞿秋白	《文集 2》（理）出版时间 11 月 7 日
社会哲学概论（绪论、总论，四册连载）			《社会科学讲义》1924 年第 1 期	1924 年 2 月 1 日	瞿秋白	又名《唯物哲学与社会现象——总论》（上海大学讲义）

篇（书）名	体　裁	写作时间	出版地	出版时间	署名	备　注
天语	诗		《新青年》季刊第2期	12月20日	双莫	《文集2》（文）出版时间12月20日
万郊怒绿斗寒潮,检点新泥筑旧巢。我是江南第一燕,为衔春色上云梢。	诗					本诗摘自瞿秋白1923年12月在广州给王剑虹的信
鲍罗庭与瞿秋白的谈话记录		12月16日				

1924 年　25 岁

篇（书）名	体　裁	写作时间	出版地	出版时间	署名	备　注
爱	诗					本诗摘自瞿秋白1924年1月13日给王剑虹的信
中国革命史之第二篇		1月16日讲	《民国日报》特刊	1月	瞿秋白	
现代社会学		《年表》作2月作				
致鲍罗廷信	信	2月12日作			瞿秋白	
国民党与下等阶级		2月15日作	《向导》第55期	2月20日	屈维它	"档案版"署名
中国承认苏俄与东交民巷		2月21日作	《向导》第56期	2月27日	巨缘	"档案版"署名,题目为《时事评论:中国承认苏俄与东交民巷》
时事新报之理藩政策		2月28日作	《向导》第57期	3月19日	巨缘	"档案版"署名,题目为《时事评论:时事新报之理藩政策》

续表

篇（书）名	体　裁	写作时间	出版地	出版时间	署名	备　注
过去的人——泰戈尔		《年表》作3月作	《中国青年》第27期	4月19日	秋白	"档案版"署名，题目为《过去的人——太戈尔》，出版时间为4月18日
时代的牺牲						高尔基作
失题						作于1923年冬或1924年春
寄××						作于1923年冬或1924年春
苏联宪法与共产主义——驳心史之俄国宪法上共产主义之变化		3月20日作	《向导》第59期	3月26日	秋白	"档案版"署名
实验主义与革命哲学——驳胡适之		4月作	《新青年》季刊第3期	8月1日		
太戈尔的国家观与东方		4月3日作	《向导》第61期	4月16日	瞿秋白	"档案版"署名，题目为《太戈尔的国家观念与东方》
致鲍罗廷信		4月5日作			瞿秋白	
中国人的言论自由与外国人的上海政府		4月7日作	《向导》第61期	4月16日	巨缘	
谁是帝国主义者		4月17日作	《向导》第62期	4月23日	巨缘	"档案版"署名，题目为《时事评论：谁是帝国主义者》
关税特别会议问题		5月6日				
致鲍罗廷信		5月6日			瞿秋白	
中国解放之公敌		5月22日	《民国日报》	5月22日	秋白	

续表

篇（书）名	体　裁	写作时间	出版地	出版时间	署名	备　注
《社会科学概论》（绪论、总论，四册连载）		夏天	社会科学概论	1924 年	瞿秋白主讲	"档案版"署名、出版地、题目，出版时间为1924 年
社会科学概论		《年表》作6月 18 日作	上海书店印行	10 月		上海夏令讲学会讲义
致鲍罗廷信		6 月 20 日			瞿秋白	
致鲍罗廷信		6 月 26 日			瞿秋白	
致鲍罗廷信		本年			瞿秋白	
致鲍罗廷信		7 月 14 日			瞿秋白	
帝国主义与买办阶级压迫下之孙中山政府（广州通讯）		9 月 23 日作	《向导》第 85 期	10 月 1 日	巨缘	"档案版"署名，题目为《帝国主义与反革命压迫下的孙中山政府》
广州印刷工人罢工之经过（广州通讯）		10 月 2 日作	《向导》第 87 期	10 月 15 日	巨缘	"档案版"署名
国民革命中之土耳其		10 月 10 日作	《新青年》季刊第 4 期	12 月 20 日	瞿秋白	"档案版"署名，题目为《国民革命之土耳其》
十月革命与弱小民族		11 月 1 日作	《向导》第 90 期	11 月 7 日	瞿秋白	"档案版"署名
时代的牺牲——俄国高尔基的短作《说部》集里的（三期连载）（高尔基作）		《年表》作12 月译	《中国青年》第 67、68、70 期	1925 年 2 月 21、28 日、3 月 14 日	秋白（译）	"档案版"署名、题目
《现代社会学》（四册连载）			社会科学讲义	1 月	瞿秋白	"档案版"署名、出版地，出版时间分别为3、5、3、4 月
《社会哲学概论》（绪论、总论，四册连载）			社会科学讲义	1 月	瞿秋白	"档案版"署名、出版地，出版时间分别为3、5、3、4 月

篇（书）名	体　裁	写作时间	出版地	出版时间	署名	备　注
好人			《小说月报》第15卷第1期	1月10日		契诃夫作
国民革命之土耳其（民族问题）			《民国日报·觉悟》	2月13—15日		又，"档案版"1924年12月20日在《新青年》季刊第4期出版
历史的工具——列宁			《民国日报·上海追悼列宁大会特刊》	3月9日	又刊载于3月15日上海大学学生所办的《孤星》第4期《追悼列宁号》瞿秋白	
历史的工具——列宁				3月15日		
李宁与社会主义			《东方杂志》第21卷第6期	3月25日	瞿秋白	按：李宁即列宁。本文系纪念伟大革命导师逝世的纪念论文。
实验主义与革命哲学			《新青年》季刊第3期	8月1日	瞿秋白	"档案版"署名、出版地
五一节之四十年			载《民国日报·觉悟》五一特刊	5月1日	瞿秋白	"档案版"署名、出版时间，题目为《"五一"节之四十年》
自民族主义至国际主义——五七——五四——五一			《上海大学》周刊	5月4日	瞿秋白	

篇（书）名	体　裁	写作时间	出版地	出版时间	署名	备　注
赤都心史			商务印书馆出版	6 月		
新经济政策之意义——上海夏令讲学会讲义			《民国日报·觉悟》	7 月 14 日	瞿秋白	
反帝国主义运动与国民党			《民国日报·觉悟》	9 月 20 日	瞿秋白	
致鲍罗廷信		10 月 8 日			瞿秋白	
致鲍罗廷信		10 月 21 日			瞿秋白	
国民会议与商人			《评论之评论》	11 月 30 日	瞿秋白	
《黎明的台湾》编者按语			《新青年》季刊第 4 期	12 月 20 日		

1925 年　26 岁

篇（书）名	体　裁	写作时间	出版地	出版时间	署名	备　注
瞿秋白致鲍罗庭的信		1 月 26 日				
世界职工运动概况		2 月作				
道威斯计划与世界帝国主义		《年表》作 2 月作	《新青年》月刊第 2 号	6 月 1 日	瞿秋白	"档案版"署名
孙中山与中国国民革命运动		2 月作	《新青年》月刊第 2 号	6 月 1 日	瞿秋白	"档案版"署名，题目为《孙中山与中国革命运动》
一九二三年之"二七"与一九二五年之"二七"		2 月 2 日作	《向导》第 101 期	2 月 7 日	秋白	"档案版"署名
上海小沙渡日本纱厂之大罢工		2 月 11 日作	《向导》第 102 期	2 月 14 日	双林	"档案版"署名
列宁主义概论		《年表》作 2 月 15 日译	《新青年》月刊第 1 期	4 月 22 日	瞿秋白	斯大林作"档案版"署名
民族的劳资斗争		2 月 18 日作	《向导》第 103 期	2 月 21 日	双林	"档案版"署名

篇（书）名	体　裁	写作时间	出版地	出版时间	署名	备　注
帝国主义的佣仆与中国平民		2月26日作	《向导》第104期	2月28日	双林	"档案版"署名
孙中山辛亥革命后之第二功绩——镇压买办阶级商团之反革命		3月作	《向导》第107期	3月21日	双林	"档案版"署名、出版地、出版时间、题目
孙中山之死与孙中山之敌		3月作	《向导》第107期	3月21日	双林	"档案版"署名
列宁主义与杜洛茨基主义		3月作	《新青年》月刊第1期	4月22日	瞿秋白	"档案版"署名
日本对华贸易之经济侵略		3月1日作	《向导》第105期	3月7日	双林	"档案版"署名
胡适之与善后会议		3月12日作	《向导》第106期	3月14日	双林	"档案版"署名
淞沪特别市和淞沪的民权		3月25日作	《向导》第108期	3月28日	双林	"档案版"署名
"五一"纪念与共产国际		4月作	《中国工人》第5期	5月	秋白	
"五一"纪念与国际劳动运动		4月作	《向导》第112期	4月26日	双林	"档案版"署名
五四纪念与民族革命运动		4月作	《向导》第113期	5月3日	双林	"档案版"署名
上海之外国政府与中国臣民——上海纳税外人会议及中国市民之自由权		4月1日作	《向导》第100期	4月5日	双林	"档案版"署名、题目，出版地为"《向导》第109期"
"五七"纪念与日本帝国主义		4月27日作	《向导》第114期	5月10日	双林	"档案版"署名，题目为《"五七"国耻与日本帝国主义》
日本对华之屠杀政策		5月18日作	《向导》第116期	5月24日	双林	"档案版"署名
帝国主义之五卅屠杀与中国的国民革命		6月17日作	《向导》第119期	6日22日	秋白	"档案版"署名，出版日期为6月20日

篇（书）名	体 裁	写作时间	出版地	出版时间	署名	备 注
五卅屠杀后的奉系军阀		6月30日作	《向导》第120期	7月2日	秋白	"档案版"署名，题目为《五卅屠杀后之奉系军阀》
中国国民革命与戴季陶主义		8月	中国国民革命与戴季陶主义	9月	瞿秋白	"档案版"署名、出版时间、出版地，写作时间为9月
英帝国主义对中国的进攻与广州国民政府		8月27日作	《向导》第127期	8月31日	秋白	"档案版"署名
义和团运动中之国民革命与阶级斗争		9月3日作	《向导》第128期	9月7日	秋白	"档案版"署名
五卅运动后之九七屠杀		9月14日作	《向导》第130期	9月18日	秋白	"档案版"署名，题目为《五卅运动后之"九七"屠杀》
反帝国主义运动与国民党		《年表》作10月作	《帝国主义与中国》（中国经济研究会出版、上海新文化书社发行）	7月	瞿秋白	"档案版"署名、出版地、出版时间
反奉战争与国民革命运动		10月23日作	《向导》第134期	10月30日	秋白	"档案版"署名
世界社会革命开始后之第八年		11月1日作	《向导》第135期	11月7日	秋白	"档案版"署名
沪案重查与五卅屠杀的结局(?)		11月27日作	《向导》第137期	12月3日	秋白	"档案版"署名
国际主义者列宁之民族主义			《民国日报·觉悟》	2月8日		
孙中山之死与孙中山之敌			《向导》第107期	3月21日	双林	"档案版"署名、出版地、出版时间

续表

篇(书)名	体　裁	写作时间	出版地	出版时间	署名	备　注
论文:北京政变后的政局与工人阶级	论文		《中国工人》第4期	4月	瞿秋白	"档案版"署名、体裁、题目
论文:评职工运动中的反动派	论文		《中国工人》第4期	4月	巨缘	"档案版"署名、体裁、题目
《热血日报》(主编)	第一份报纸			6月4日		
中国民族解放运动之高潮			《热血日报》第1号	6月4日	维摩	
外人大屠杀之目的			《热血日报》第3号	6月6日	维	
中国人不要做外人爪牙		6月7日	《热血日报》第4号	6月7日	维	
群众歌			《热血日报》	6月6日		
工商学联合会与上海市民		6月8日	《热血日报》第5期社论	6月8日	秋白	"档案版"署名
监督政府的外交			《热血日报》第6期社论	6月9日		
五卅交涉的危机——注意亡国的外交政策！		6月10日	《热血日报》第7期社论	6月10日	秋白	"档案版"署名、题目
政府特派员是何居心?		6月11日	《热血日报》第8期社论	6月11日	秋白	"档案版"署名
警告工商学联合委员会		6月12日	《热血日报》第9期社论	6月12日	秋白	"档案版"署名
巡捕房的假证人		6月12日	《热血日报》第9期社论	6月12日	热	
枪弹究竟应当从那里进去?		6月12日	《热血日报》第9期社论	6月12日	血	

续表

篇（书）名	体　裁	写作时间	出版地	出版时间	署名	备　注
上帝呢，还是财产？		6月12日	《热血日报》第9期社论	6月12日	沸	
贼的伎俩		6月12日	《热血日报》第9期社论	6月12日	腾	
蔡廷幹的表示		6月12日	《热血日报》第9期社论	6月12日	了	
也是一种爱国方法		6月13日	《热血日报》第10期社论	6月13日	热	
江亢虎辟赤化谣		6月13日	《热血日报》第10期社论	6月13日	血	
小吃齐心酒		6月13日	《热血日报》第10期社论	6月13日	沸	
上海总商会究竟要的什么？		6月14日	《热血日报》第11期社论	6月14日	秋白	"档案版"署名，题目为《上海总工会究竟要的甚麻？》
大家都卖气力了		6月15日	《热血日报》第12期社论	6月16日	热	
卖国的不但政府		6月15日	《热血日报》第13期社论	6月16日	热	
蔡督办打扑克		6月16日	《热血日报》第13期社论	6月16日	血	
小言：更可怕的十秒钟			《热血日报》第12期小言	6月15日	默	"档案版"署名、题目，出版时间为6月14日，出版地为《热血日报》第11期

篇（书）名	体　裁	写作时间	出版地	出版时间	署名	备　注
小言:可爱的梁启超!			《热血日报》第12期小言	6月15日	顾	"档案版"署名、题目,出版时间为6月14日,出版地为《热血日报》第11期
全中国人快要受外人屠杀了——上海总商会却还要反对民众的团结			《热血日报》第12期社论	6月16日	秋白	"档案版"署名,出版时间为6月15日,题目为《全中国都要受外人屠杀了!——上海总商会却还要反对民众的团结》
五卅要求中之民众要求——谨防外交当局的狡谋			《热血日报》第13期社论	6月16日	秋白	"档案版"署名,题目为《五卅交涉中之民众要求——谨防外交当局的狡谋》
外交当局的欺人政策——商阀报阀的勾结		6月17日	《热血日报》第14期社论	6月17日	秋白	"档案版"署名
无耻的美国帝国主义者		6月18日	《热血日报》第15期社论	6月18日		
总商会的不合作主义		6月18日	《热血日报》第15期社论	6月18日	热	
糊涂的《民国日报》		6月18日	《热血日报》第15期社论	6月18日	血	
自由的劳动		6月18日	《热血日报》第15期社论	6月18日	沸	

篇（书）名	体 裁	写作时间	出版地	出版时间	署名	备 注
万恶的上海报界		6月18日	《热血日报》第15期社论	6月18日	腾	
虞洽卿与六十万元		6月18日	《热血日报》第15期社论	6月18日	了	
推翻媚外的军阀官僚	社论	6月19日	《热血日报》第16期	6月19日	秋白	"档案版"署名、出版时间、出版地，题目为《推翻媚外的军阀官僚！》
官僚商阀之秘密外交——人民快起来打倒他们！			《热血日报》第16期社论	6月19日	秋白	"档案版"署名、题目
还希望军阀们来救国么？		6月19日	《热血日报》第16期	6月19日	热	
不如是，势必五分钟		6月19日	《热血日报》第16期	6月19日	血	
交涉破裂后我俩怎样——全国对外大罢业		6月20日	《热血日报》第17期社论	6月20日	秋白	"档案版"署名，题目为《交涉破裂后我们怎么办？》
外国皇帝的勋章与中国同胞的血		6月20日	《热血日报》第17期社论	6月20日	热	
一手给钱一手开枪之张少帅		6月20日	《热血日报》第17期社论	6月20日	血	
大老班们好财运		6月20日	《热血日报》第17期社论	6月20日	沸	

续表

篇(书)名	体　裁	写作时间	出版地	出版时间	署名	备　注
死活只有两条路——全民对外大罢业还是做奴隶?		6月21日	《热血日报》第18期社论	6月21日	秋白	"档案版"署名,题目为《死活只有两条路——全国对外大罢业还是做奴隶?》《文集3》(理)署名为维一
谁是敌,谁是友?	社论	6月22日	《热血日报》第19期	6月22日	秋白	"档案版"署名、出版地、出版时间,题目为《谁是敌谁是友?》
全国罢工期与上海开市		6月23日	《热血日报》第20期社论	6月23日	秋白	"档案版"署名,题目为《全国罢工潮与上海开市》
北京政府之修正不平等条约——日本外相之政策可以对照		6月24日	《热血日报》第21期	6月24日	秋白	"档案版"署名
全国大示威的意义——应再有实际上的统一行动		6月25日	《热血日报》第22期社论	6月25日	秋白	"档案版"署名
英帝国主义之阴谋——广州事件		6月26日	《热血日报》第23期社论	6月26日	秋白	"档案版"署名、题目
五卅惨案与废除不平等条约		6月27日	《热血日报》第24期社论	6月27日	秋白	"档案版"署名,题目为《五卅案与废除不平等条约》
五卅后反帝国主义联合战线中的前途	论文	8月13日	《向导》第125期	8月18日	秋白	"档案版"署名、出版地,题目为《五卅后反帝国主义联合战线的前途》

篇（书）名	体　裁	写作时间	出版地	出版时间	署名	备　　注
英国帝国主义对中国的进攻与广州国民政府		8月27日	《向导》第127期	8月31日	秋白	
义和团运动之意义与五卅运动之前途	论文	9月3日	《向导》第128期	9月7日	秋白	"档案版"署名、出版地
五卅运动中国民革命与阶级斗争	论文	9月8日	《向导》第129期	9月11日	秋白	"档案版"署名、出版地，题目为《五卅运动中之国民革命与阶级斗争》
国民革命与阶级斗争（秦邦宪、崔小立记）			《中山主义》第1期	12月20日	瞿秋白	据"档案版"添加
德国革命的失败和苏联建设社会主义的可能问题——从苏联共产党第十三次大会到第十四次党务会议						
苏联发展的总路线和新经济政策的"重新估量"——苏联共产党第十四次全国大会						

1926年　27岁

篇（书）名	体　裁	写作时间	出版地	出版时间	署名	备　　注
现代民族问题——上海大学讲义 1.绪论 2.帝国主义之前的民族问题 3.帝国主义时代的民族问题 4.无产阶级革命时代的民族问题		1月作		1月21日		
唯物论宇宙观概观		1月作		1月21日		
马克思主义之意义		年初				

篇（书）名	体　裁	写作时间	出版地	出版时间	署名	备　注
五卅案重查的结果与国民革命的联合战线		1 月 12 日作	《向导》第 143 期	3 月 25 日	秋白	"档案版"署名，出版地《向导》第 142 期，出版时间为 1 月 14 日
列宁主义与中国国民革命		《年表》作 1 月 17 日作	《向导》第 143 期	2 月 3 日	秋白	"档案版"署名，出版时间为 1 月 21 日，题目为《列宁主义与中国的国民革命》
国民会议与五卅运动——中国革命史上的一九二五年	论文	1 月 22 日	《新青年》第 3 期	3 月 25 日	瞿秋白	"档案版"署名、写作时间、出版地
国民会议与五卅运动		1 月 22 日作	《新青年》月刊第 3 期	3 月 25 日		
国民革命运动中之阶级分化——国民党右派和国家主义派之分析	论文	1 月 29 日	《新青年》第 3 期	3 月 25 日	瞿秋白	"档案版"署名、出版地、出版时间，题目为《国民革命运动中之阶级分化——国民党右派与国家主义派之分析》《文集 3》（理）署名为"瞿维它"
现代民族问题讲案		1 月				

篇（书）名	体　裁	写作时间	出版地	出版时间	署名	备　注
战壕断语——中国革命者的杂记 前　言 一、摩洛哥和叙利亚　2月2日作 二、摩塞尔问题与土耳其、蒙古、瓜哇　2月3日作 三、危机中的波兰　2月9日作 四、德国的革命新潮　2月8日作 五、寡头政治的美国　2月16日作 六、所谓大英帝国主义　2月16日作		2月2—16日作	《新青年》月刊第3期	2月3日	屈维它	"档案版"署名，写作时间为2月，出版时间为3月25日
国民应为国民会议而战！——张、吴联合攻国民军之政局与民众		2月5日作	《向导》第145期	2月10日	秋白	"档案版"署名
中国职工运动战士大追悼周之意义		2月6日作	《向导》第145期	3月17日	秋白	"档案版"署名，出版时间2月10日
怎么实现国民革命		3月27日作	《向导》第147期	3月27日		
苏俄与民族解放		4月	《向导》第148、149期	3月27日、4月3日		
俄国资产阶级革命与农民问题	编写	春天				

篇（书）名	体　裁	写作时间	出版地	出版时间	署名	备　注
战壕断语（二）（※印度的革命工人和蒙古的国民革命党） 一、印度的革命工人　3月6日作 二、蒙古的国民革命党　4月7日作 三、意大利法西斯蒂的侵略政策　4月7日作 四、帝国主义的裁兵和世界的武装　4月10日作 五、法国共产党反对洛迦诺条约　4月15日作 六、德国无产阶级眼中的洛迦诺精神　4月15日作 七、瑞典的共产主义运动　4月20日作 八、新经济政策下的商业和社会主义　4月作		3—4月作	《新青年》月刊第4期	4月13日	屈维它	"档案版"署名、题目，写作时间4月，出版时间5月25日
世界劳工运动现状	翻译		《新青年》月刊第4期	5月25日		洛若夫斯基作
中国境内之华人参政问题——上海工部局总董教训总商会会长		3月18日作	《向导》第147期	5月25日	秋白	"档案版"署名、题目，出版时间3月27日
北京屠杀与国民革命之前途		4月7日作	《新青年》月刊第4期	5月25日	瞿秋白	"档案版"署名
北京屠杀后之中国民族的仁爱性		4月10日作	《向导》第149期	4月23日	秋白	"档案版"署名，出版时间4月13日
中国革命中之武装斗争问题——革命战争的意义和种种革命斗争的方式	论文	4月12日	《新青年》第4号	5月25日	瞿秋白	

篇(书)名	体 裁	写作时间	出版地	出版时间	署名	备 注
中国革命中之武装斗争问题		4月12日作	《新青年》月刊第4期	5月1日	瞿秋白	"档案版"署名,出版时间5月25日
再论中国境内之华人参政问题		4月20日作	《向导》第150期	5月8日	秋白	"档案版"署名,出版时间4月23日
三论阶级斗争——甚么是阶级?		4月12日作	《向导》第150期	4月23日		
中国之革命的五月与马克思主义——五七、五四、五卅、五一——五五		4月27日作	《向导》第151期	5月15日	秋白	"档案版"署名、题目,出版时间5月1日
战壕断语——中国革命者的杂记(二)		4月				
世界革命运动年表战壕断语(三)一、古代各国奴隶平民之暴动——古埃及——古犹太——古希腊——古罗马二、中世纪之农奴暴动及农民战争——基督教共产社——寺院的异端的共产主义——西欧各国农民战争和宗教运动——俄国之哥萨克运动三、十七世纪之英国革命——克伦威尔的革命——美国独立革命四、十八世纪之法国大革命五、世界各国革命及其无产阶级运动——神圣同盟之下——英国察尔替运动——法国1830、1848、1871年三次革命——德奥1848年革命及社会民主党——俄国近代革命史至多数派——帝国主义之初		5月作	《新青年》月刊第4期	7月25日	屈维它	"档案版"署名,出版地《新青年》第5期,题目《战壕断语(三)世界革命运动年表》

篇（书）名	体　裁	写作时间	出版地	出版时间	署名	备　注
六、国际无产阶跋之社会革命运动——第一国际——英国新工会主义运动——法国社会主义及工团主义运动——德国马克思正统派与修正派——俄国1905年——第二国际 七、二十世纪之世界社会革命——共产国际之源始与欧战——俄国1917年之二月革命——世界革命之俄国胜利（十月革命）——十月革命后世界革命运动之第一高潮——十月革命后世界革命运动之第二高潮——第三国际 八、中国革命运动 上古——中世纪——洪杨——辛亥——五卅						
英日吴张战胜后之中国资产阶级		5月4日作	《向导》第152期	5月22日	秋白	"档案版"署名、出版时间5月8日
最近中国之中央政府问题		5月10日作	《向导》第153期	5月30日	秋白	"档案版"署名，写作时间4月10日，出版时间5月15日
五卅周年大示威中之上海问题		5月17日作	《向导》第154期	5月22日	秋白	"档案版"署名、出版时间
五卅周年中的中国政局——五卅屠杀后的民众运动和北京屠杀后的帝国主义统治		5月23日作	《向导》第155期《五卅特刊》	5月25日	秋白	"档案版"署名、题目，出版时间5月30日

续表

篇(书)名	体　裁	写作时间	出版地	出版时间	署名	备　注
国民革命中之农民问题		《年表》作6月作	《我们的生活》第4期	6月9日	秋白	"档案版"署名、出版地,出版时间11月30日。本篇在表中出现两次
北京的巨头会议和政治公开问题		6月1日作	《向导》第157期	6月16日	秋白	"档案版"署名,出版时间6月9日
世界的及中国的赤化与反赤化之斗争		6月7日作	《新青年》月刊第5期	7月25日	瞿秋白	"档案版"署名
颜内阁之大卖国计划		6月8日作	《向导》第158期	6月23日	秋白	"档案版"署名,出版时间6月16日
世界的农民政党及农民协会——赤色农民国际与国际农民运动的历史		6月9日作	《新青年》月刊第5期	6月23日	瞿秋白	"档案版"署名,出版时间7月25日
日本对华屠杀后之中日亲善论		6月18日作	《向导》第159期	7月14日	秋白	"档案版"署名,出版时间6月23日,题目《日本对华屠杀后的中日亲善论》
上海买办阶级的威权与商民——谈谈上海的商会和上海的"华人"		7日10日作	《向导》第162期	7月14日	秋白	"档案版"署名、题目、出版时间
北伐的革命战争之意义		8月7日				送《向导》,未刊
瞿秋白到劳动学院演讲			《工人之路》(特号)第419期	8月27日	瞿秋白	"档案版"署名、题目、出版时间

篇（书）名	体　裁	写作时间	出版地	出版时间	署名	备　注
上海日本纱厂之大罢工			《中国革命问题论文集》（下）	9月	双林	"档案版"署名、题目、出版时间
在共产国际执行委员会远东局代表团与中国共产党中央执行委员会代表团联席会议上的发言记录		8月19日				
在中国共产党中央执行委员会专门委员会、中国共产党中央执行委员会代表团和共产国际执行委员会远东局调查团联席会议上的发言记录		8月20日				
在中国共产党中央执行委员会专门委员会、中国共产党中央执行委员会代表团和共产国际执行委员会远东局调查团联席会议上的发言记录		8月26日				
秋白由粤回来报告（※关于粤省组织情况的报告）	报告	9月15日	《中央政治通讯》第3期	9月15日	秋白	回到上海
中国妇女之白化与赤化——中国妇女运动，恭贺新禧		12月9日作	《赤女杂志》第1期	1927年3月8日	瞿秋白	"档案版"题目为《中国妇女之白化与赤化》
国民会议与联合战线		1月28日作	《向导》第144期	2月3日	秋白	"档案版"题目为《国民会议运动与联合战线》
对于阶级斗争的一个疑问（答明致先生）			《向导》第144期	2月10日		《文集4》（理）出版日期为2月3日

篇（书）名	体　裁	写作时间	出版地	出版时间	署名	备　注
鞘声（寸铁五则） 两副面孔一个公式 大家谢了大家 日本外交部搬家 好个交换条件 苏联真无诚意！			《向导》 第 144 期	2 月 10 日	它	"档案版" 署名，出版 时间 2 月 3 日
寸铁四则 都是犯了圣讳 赤化共产真时髦 原来唯恐我们不快死 不坐牢 法统说的由来原来在 此			《向导》 第 145 期	3 月 27 日	它	"档案版" 署名，出版 时间 2 月 10 日
对于阶级斗争的讨论 （再答明致先生）			《向导》 第 146 期	5 月 25 日		《文集 4》 （理）出版 日期为 3 月 17 日
有利于中国即为侵略 （寸铁）			《向导》 第 159 期	7 月 25 日	它	"档案版" 署名，出版 时间 6 月 23 日
国民革命中之农民问 题	演讲稿		《我们的 生活》第 4 期	8 月中旬	秋白	在广州发表 "档案版出 版时间为 11 月 30 日"
什么是共产主义	演讲稿					
世界职工运动之现状 与共产党之职任（译 文）——1926 年 3 月 在共产国际执行委员 会扩大会议上报告			《新青 年》月刊 第 5 期			

1927 年　28 岁

篇（书）名	体　裁	写作时间	出版地	出版时间	署名	备　注
无产阶级之哲学—— 唯物论	译文	1 月作			瞿秋白	郭列夫作
《瞿秋白论文集》自序		2 月 17 日作				

续表

篇（书）名	体　裁	写作时间	出版地	出版时间	署名	备　注
瞿秋白论文集	自编论文集	2月17日作				收入 1923 年 至 1926 年政治论文和部分文艺杂著约一百三十篇。
《瞿秋白论文集》序	序言	2月17日作				
中国革命之争论问题附录一：上海二月二十二日暴动后之政策及工作计划意见书（起草）		2月22日晚	《六大以前》	1951 年 5 月	瞿秋白	出席中央和区党委联席会议，提交中央特别委员会。"档案版"写作日期为2月24日
在特委会议上的发言		2月				
中国革命中之争论问题	书	2月写完		1928 年 6 月		
《湖南农民运动考察报告》序言	序言	4月11日作				为毛泽东著作写序
论中国革命中之三大问题		5月14日作				
农民政权与土地革命		5月4日作	《向导》第195期	5月8日	秋白	
五卅二周纪念与国民革命联合战线		5月26日作	《向导》第196期	5月30日	秋白	根据"档案版"添加
俄国资产阶级革命与农民问题——俄国革命运动史之一		6月3日作				
长沙政变与郑州开封的克复——革命之胜利与危机		6月5日作	《向导》第197期	6月8日	秋白	根据"档案版"添加
革命的国民政府之危机	论文	6月13日作	《向导》第198期	6月15日	秋白	
在"八七"会议上的报告		8月7日				
在"八七"会议上讨论农民运动决议案时的发言		8月7日				

篇（书）名	体　裁	写作时间	出版地	出版时间	署名	备　注
军阀混战的中国与工人阶级		10 月 26 日作	《布尔塞维克》第1 卷第 2 期	10 月 31 日	秋白	根据"档案版"添加
青天白日是白色恐怖的旗帜！	论文	10 月 29 日作	《布尔塞维克》第1 卷第 3 期	11 月 7 日	秋白	
中国社会的大破裂		11 月 2 日作	《布尔塞维克》第1 卷第 3 期	11 月 7 日	秋白	根据"档案版"添加
十月革命万岁！		11 月	《布尔塞维克》第1 卷第 3 期	11 月 7 日		
江南大暴动之开始		11 月	《布尔塞维克》第1 卷第 4 期	11 月 14 日		
国贼党徒的离合与工农民众		11 月	《布尔塞维克》第1 卷第 5 期	11 月 21 日		
中国革命是什么样的革命？	论文	11 月 16 日作	《布尔塞维克》第1 卷第 5 期	11 月 21 日	秋白	
最近资本家的进攻与工人阶级的斗争		11 月 16 日作	《布尔塞维克》第1 卷第 5 期	11 月 21 日	秋白	根据"档案版"添加
中国革命中无产阶级的新策略	论文	11 月 30 日作	《布尔塞维克》第1 卷第 7 期	12 月 5 日	秋白	
怎么干				1928 年 3 月 10 日		
反对南京政府的工会条例		11 月 30 日作	《布尔塞维克》第1 卷第 7 期	12 月 5 日	秋白	根据"档案版"添加

续表

篇（书）名	体　裁	写作时间	出版地	出版时间	署名	备　注
国民党的中央会议		11 月 30 日作	《布尔塞维克》第 1 卷第 7 期	12 月 5 日	秋白	根据"档案版"添加
三民主义倒还没有什么？	论文	12 月 3 日作	《布尔塞维克》第 1 卷第 8 期	12 月 12 日	秋白	《文集 5》（理）写作日期为 12 月 7 日
反革命的国民党政纲和混战		12 月 7 日作				
马克思主义还是民生主义？（三期连载）		12 月 9 日作	《布尔塞维克》第 1 卷第 11、12、14 期	12 月 26 日、1 月 2 日、1 月 16 日	秋白	根据"档案版"添加
伟大的广州工农兵暴动	论文	12 月 14 日作	《布尔塞维克》第 1 卷第 9 期	12 月 19 日		
为广东工农兵暴动建立苏维埃告民众书		12 月 14 日作				为中共中央起草
武装暴动的问题	论文	12 月 10 日作	《布尔塞维克》第 1 卷第 10 期	12 月 19 日	秋白	
在纪念列宁当中的一个贡献			《工人之路》（特号）第 553 期	1 月 21 日	启凡	根据"档案版"添加
中国革命之争论问题——第三国际还是第〇国际？——中国革命中之孟塞维克主义				2 月（1928 中 4 月再版）		
中国妇女之白化与赤化			《赤女杂志》第 1 期	3 月 8 日	瞿秋白	根据"档案版"添加
民国革命与阶级斗争（马凌山记）			《民国革命与阶级斗争》	5 月	瞿秋白	根据"档案版"添加

篇(书)名	体裁	写作时间	出版地	出版时间	署名	备注
革命失败之责任问题	论文	7月8日	《向导》第200期	7月8日	秋白	
国民党死灭后中国革命的新道路			《布尔塞维克》创刊号	10月24日	秋白	根据"档案版"添加
布尔塞维克·发刊词	发刊词	10月	《布尔塞维克》创刊号	10月24日		
反对南京武汉的军阀斗争	社论	10月20日	《布尔塞维克》创刊号	10月24日		
民众的革命战争反对所谓北伐!	论文	10月24日	《布尔塞维克》创刊号	10月24日	秋白	根据"档案版"添加
中国革命与共产党任务(两期连载)	论文		《布尔塞维克》	10月31日	立夫	
瞿秋白作补充报告				11月9日至10日		主持召开中央临时政治局扩大会议
中国现状与共产党的任务决议案		11月	《布尔塞维克》第6期	11月28日		
布尔塞维克主义万岁!		11月	《布尔塞维克》第6期	11月28日		
广东工农反对军阀混战的争斗		12月	《布尔塞维克》第7期	12月5日		
反革命的国民党政纲和混战			《布尔塞维克》第8期	12月12日		
武装暴动的问题		12月10日	《布尔塞维克》第10期	12月26日		
广州工农兵暴动的信号!		12月18日	《布尔塞维克》第10期	12月26日		
只有工农兵政府能解放中国		12月29日	《布尔塞维克》第12期	1928年1月9日		

篇（书）名	体　裁	写作时间	出版地	出版时间	署名	备　注
答志益信		12月2日		12月2日		论述党的民主集中制问题
中国革命之争论问题附录二：论中国革命中之三大问题			《六大以前》	1951年5月	瞿秋白	根据"档案版"添加
列宁主义克服托洛茨基主义——苏联共产党反对社会民主主义倾向的斗争						
从恢复时期到建设时期——一九二六到一九二七年苏联的经济政治状况						

1928 年　29 岁

篇（书）名	体　裁	写作时间	出版地	出版时间	署名	备　注
广州暴动之意义与教训	决议案	1月3日作				为中央临时政治局起草
悼广州死难的五千七百工农兵士		1月	《布尔塞维克》第12期	1月9日		
中国的苏维埃政权与社会主义	论文	1月10日作	《布尔塞维克》第14期	1月23日		《文集5》（理）出版日期为1月2日《布尔塞维克》第11期
蒋介石上台与肃清共产		1月12日作	《布尔塞维克》第14期	1月16日	秋白	根据"档案版"添加《文集5》（理）出版日期为1月23日
关于政治通告及第六次代表大会问题		1月18日				
最后的假面具	论文	1月26日作	《布尔塞维克》第15期			

篇（书）名	体 裁	写作时间	出版地	出版时间	署名	备 注
民权主义与苏维埃制度（两期连载）		1 月 29 日作	《布尔塞维克》第 15、16 期	1 月 30 日、2 月 26 日	秋白	根据"档案版"添加
国民党大出棺材		2 月 9 日作	《布尔塞维克》第 17 期	2 月 13 日		
两个国内战争		2 月 24 日作	《布尔塞维克》第 19 期	2 月 27 日		
秋白同志致山东省委信		2 月 2 日作	《中央政治通讯》第 22 期	4 月 8 日	秋白	根据"档案版"添加
世界革命中的民族主义（两期连载）		2 月 5 日作	《布尔塞维克》第 17、18 期	2 月 13 日、2 月 20 日	秋白	根据"档案版"添加
从吴佩孚到国民党的杀人政策	论文	2 月 6 日作	《布尔塞维克》第 16 期	2 月 6 日		《文集 5》（理）写作日期为 2 月 1 日
世界革命中的民族主义		2 月 5 日至 11 日	《布尔塞维克》第 17、18 期	2 月 13 日、20 日	秋白	
给国际的报告		2 月 10 日作				
中国革命低落吗？	论文	2 月 15 日作	《布尔塞维克》第 18 期	2 月 20 日		
中国革命与共产党	报告	4 月 12 日作				为六大起草的报告
卖国和剥削的战争		4 月 20 日作	《布尔塞维克》第 20 期	5 月 30 日	秋白	根据"档案版"添加
关于 D.A.郭尔白夫的书论白党侨民的文学	翻译	4 月 5 日作	莫斯科《真实报》	5 月 11 日		高尔基论文
中国共产党第六次全国代表大会开幕词		6 月 18 日				
在中共六大开幕式结束前的讲话		6 月 18 日				

篇（书）名	体　裁	写作时间	出版地	出版时间	署名	备　注
在中国共产党第六次代表大会上的政治报告		6月20日				
在中国共产党第六次大会致法国共产党大会祝词		6月22日				
政治报告讨论后之结论		6月28日				
在讨论组织问题报告时的发言		6月30日				
在讨论农民土地问题时的发言		7月2日				
在讨论职工运动问题结束时的讲话		7月6日				
中国共产党第六次代表大会政治决议案		7月9日				
中国革命与共产党、政治报告讨论后之结论	报告	6月18日至7月11日作				中国共产党在莫斯科召开第六次全国代表大会
关于殖民地和半殖民地国家的革命运动的补充报告	报告	7月17日至9月1日作				出席共产国际在莫斯科召开第六次代表大会，被选为主席团成员。
国际形势和中国革命形势	报告	7月27日				化名：斯特拉霍夫
太平洋战争危机问题	报告	8月4日				
论中国革命		8月14日	苏联《真理报》	8月14日	斯特拉霍夫(中国)	
第二国际和国民党		8月17日				
关于殖民地和半殖民地国家的革命运动问题的结束语	报告	8月21日				
东方各国共产党关于苏联社会主义建设问题的声明		8月23日				
致伍豪同志	信	9月14日			秋白	

篇(书)名	体裁	写作时间	出版地	出版时间	署名	备注
致古巴的中国工友信		9月20日			瞿维它	
苏维埃的中国万岁!		9、10月				
共产国际第六次大会与德国共产党之任务	翻译		《布尔塞维克》第2卷第3期	10月4日		德尔曼作
说文化	翻译		《文化进攻》	9月10日		高尔基论文
给苏联的"机械的公民"——答复来信	翻译		同时发表于苏联《新闻报》《真实报》	10月7日		高尔基论文
再论"机械的公民"	翻译		同时发表于苏联《新闻报》《真实报》	11月27日		高尔基论文
广州暴动和中国革命	论文	10月1日作	《布尔塞维克》第2卷第2期	12月1日	秋白	《文集6》(理)出版时间为10月
战争暴动革命之时代		10月4日作	《布尔塞维克》第2卷第3期	1929年1月1日	秋白	根据"档案版"添加《文集6》(理)出版时间为10月,署名为西绵伊斯
世界的无产阶级独裁——共产国际党纲问题		10月13日作	《布尔塞维克》第2卷第5期	1929年3月1日	秋白	根据"档案版"添加《文集6》(理)署名为瞿秋白
我们的死者:悼张太雷同志			《布尔塞维克》	1月2日	秋白	蓝色字体部分为补充
中国革命与共产党——关于一九二五年至一九二七年中国革命的报告			《中国革命与共产党》	6月1日	瞿秋白	根据"档案版"添加
致政局诸同志	信	11月4日			瞿秋白	

续表

1929　30 岁						
篇（书）名	体　裁	写作时间	出版地	出版时间	署名	备　注
历史的唯物主义	翻译		上海创造社出版单行本		屈章	摩陵作
共产国际执行委员会给中国共产党中央委员会的信	信	2 月 8 日				
给杨之华的信		2 月 26 日			秋白	
给杨之华的信		3 月 12 日			秋白	
致中共中央政治局的信		3 月				
小小的蓓蕾	诗	3 月 15 日作				摘自瞿秋白 1929 年 3 月 15 日在苏联给杨之华的信
致杨之华		3 月 18 日作			秋白	
致岚兄		约写于 1929 年间			易嘉	
致李立三的信	信	4 月 4 日				
致中共中央政治局的信	信	4 月 25 日			秋白	
对于农民问题的意见		2 月至 6 月				
共产国际执行委员会就农民问题给中国共产党中央委员会的信	信	6 月 7 日				
致中共中央政治局的信	信	6 月 15 日			秋白	
反对帝国主义战争的斗争与东方		6 月 20 日			瞿维它	

篇(书)名	体裁	写作时间	出版地	出版时间	署名	备注
《中国问题》(俄文·季刊)	创办	年初				中国共产主义劳动大学附属中国问题研究所成立,创办俄文季刊《中国问题》,由瓦尔加、威格尔、库秋莫夫、马札亚尔、米夫、斯特拉霍夫(瞿秋白的俄文化名)和沃林组成编辑委员会。
市侩	翻译		《文学前哨》2、3月号			
矛盾	翻译		《大家的杂志》4月号			高尔基作
共产国际在目前殖民地革命中的策略	演说词	7月3日至19日作	《布尔塞维克》第3卷第1期	出席共产国际第十次全体执委会议1930年1月15日	瞿秋白	
中国共产党的状况		7月3日至19日作			瞿秋白	
在共产国际执行委员会第十次全会第七次会议上的发言		7月6日			瞿维它	
国际的反机会主义斗争		7月8日				
给杨之华的信		7月15日			秋白	
致中共中央政治局的信		8月1日			秋	
中国职工运动的问题		8月19日作	《布尔塞维克》	1930年3月15日	秋白	根据"档案版"添加
纪念彭湃同志	悼文	8月30日作				

续表

篇（书）名	体　裁	写作时间	出版地	出版时间	署名	备　注
共产国际执行委员会致中国共产党中央委员会的信		8 月 31 日				
中国职工运动的决议案		8 月				
共产国际章程	译文					
共产国际党纲	译文	8 月			瞿秋白	
世界革命高潮之前——共产国际执委第十次全体会议		9 月 4 日作	《布尔塞维克》	12 月 5 日	秋白	根据"档案版"添加
致中共中央政治局的信		9 月 6 日				
中国革命和农民运动的策略		9 月 8 日作	《布尔塞维克》	1930 年 5 月 1 日	秋白	根据"档案版"添加
致中共中央政治局的信		9 月 15 日			秋白	
富农的争论		9 月 18 日				
汪精卫反对蒋介石		9 月 28 日作				
中国革命新高潮和国民党改组派		10 月 5 日	《共产》第 2 期	1030 年 2 月	瞿秋白	
论国民党改组派		10 月 5 日作	《布尔塞维克》	1930 年 5 月 1 日	瞿秋白	根据"档案版"添加
军阀混战和汪精卫		10 月 9 日作	《布尔塞维克》	1930 年 3 月 15 日	瞿秋白	根据"档案版"添加
反对陈独秀机会主义	论文	10 月 9 日作				
中国拉丁化的字母	书	10 月作		1930 年		
中国共产党历史概论	讲义	12 月 18 日作		列宁学院等处讲授，讲授日程排至翌年 6 月。		共十二讲
在中国苏维埃的旗帜下	论文	12 月作				"档案版"上没有
			《土地农民问题指南》	1930 年 6 月		根据"档案版"添加

篇（书）名	体　裁	写作时间	出版地	出版时间	署名	备　注
纪念五卅的责任		7 月 30 日	《亚洲赤色海员》第 3 卷第 2、3 期合刊	7 月 30 日	双林	根据"档案版"添加
共产国际执行委员会给中国共产党中央委员会的信		10 月 26 日				
致中共中央政治局的信		10 月 30 日			秋白	
中国的取消主义和机会主义		11 月 6 日			秋白	
致中共中央政治局的信		11 月 9 日			秋白	
致中共中央政治局的信		11 月 14 日			秋白	
致黄平信		11 月 14 日			秋白	
致联共（布）中央的信		11 月			瞿维它	
《共产杂志》发刊词		11 月				
致中共中央政治局的信		12 月 15 日			秋白	
中国的经济发展和社会阶级		12 月 18 日、28 日				
中国资本主义发展的问题		12 月 28 日				
中国豪绅和农民的对抗问题		本年作				
答复	翻译		苏联《新闻报》	12 月 12 日		高尔基作

1930 年　31 岁

篇（书）名	体　裁	写作时间	出版地	出版时间	署名	备　注
中国的苏维埃革命		1 月作	《红旗日报》	2 月	瞿秋白	根据"档案版"添加
致中共中央政治局的信		1 月 16 日			秋白	
《共产国际》中文版发刊词		1 月 19 日				

续表

篇（书）名	体　裁	写作时间	出版地	出版时间	署名	备　注
致中共中央政治局的信		4月2日			秋白	
清校问题		年初				
告中大学生书草案						
关于妇女	翻译		同时发表《伊兹维斯启亚》《我们的成绩》	3月		高尔基作
国际的反机会主义的斗争			《先锋周报》第2期	4月10日	瞿秋白	据"档案版"添加
中华全国总工会——中国革命职工运动的领导者		4月作	《太平洋工人》第3、4期	4月	维嘉	据"档案版"添加
论叛徒	翻译		苏联《新闻报》	7月31日		高尔基作
同读者的通信	翻译		《我们的杂志》			高尔基通信
三中扩大全会政治讨论的结论		9月24日至28日作	《中共中央文件汇集》1930年第3分册		之夫瞿秋白起草	和周恩来主持召开中国共产党六届三中扩大全会。
中共三中全会关于政治状况和党的总任务决议案	瞿秋白起草	9月24日至28日作				
社论:反对国民会议的欺骗			《红旗日报》第60期	10月17期	秋白	
社论:中国共产党三中全会的意义			《实话》第1期	10月30日	秋白	
辛亥革命纪念和苏维埃政权——拥护中国工农兵会议(苏维埃)第一次全国代表大会	论文	9月30日作	《红旗日报》	10月10日	秋白	

篇（书）名	体　裁	写作时间	出版地	出版时间	署名	备　注
中国革命战争的组织和领导问题——长沙战争的教训和苏维埃根据地建立的任务		11月2日作	《布尔塞维克》	1931年	秋白	根据"档案版"添加
如果敌人不投降——那就消灭他	翻译		苏联《真实报》、《新闻报》	11月15日		高尔基作
在中共中央政治局扩大会议上的报告		11月22日				
吉安的取得和丧失——立三同志路线对于苏维埃区的影响		12月4日作	《实话》	12月9日	秋白	根据《篇名索引》添加
中国革命之前途	译文	12月4日译				斯大林著
给人道主义者	译文		苏联《真理报》、《新闻报》	12月11日		高尔基作
给集体农场的农民通信员的信	译文	12月译				
中央紧急通告（中央通告第九十六号）——为坚决执行国际路线反对立路线与调和主义号召全党		12月23日			瞿秋白起草	
中国职工运动的问题	论文			3月15日		
军阀混战与汪精卫	论文			3月15日		

1931年　32岁

篇（书）名	体　裁	写作时间	出版地	出版时间	署名	备　注
拥护四中全会反对右派的决议案和声明书：秋白同志声明书		1月28日作	《党的建设》第3期	2月15日	秋白	根据"档案版"添加
关于第二次世界大战的问题的答复		1月31日			Maxim Gorky	
无耻主义	译文		苏联《真实报》、《新闻报》	1月30日		高尔基作
致郭质生（一）	信	2月7日作			史继	

续表

篇(书)名	体　裁	写作时间	出版地	出版时间	署名	备　注
致共产国际执委和中共中央的信	信	1月17日	《党的建设》第3期	2月15日	瞿秋白	
声明书		1月28日	《党的建设》第3期	2月15日		
布尔塞维克的进攻和机会主义者的新活动		2月28日作	《布尔塞维克》第4卷第2期	5月	启　凡（译）	根据"档案版"添加
关于小孩子	译文		《我们的成绩》	2月		高尔基作
金矿工人的信	译文		《我们的成绩》	3月		高尔基作
致郭质生(二)	信	3月12日作			瞿秋白	
致迪兄(一)	信	春天			范易	
致迪兄(二)	信	春天			易嘉	
致新兄	信	春天			易嘉	
致伯新兄	信	春天			范易	
"矛盾"的继续		4月4日				本篇未在报刊上发表过，最初编入一九三八年五月上海霞社印行的《乱弹及其他》
关于现实			苏联《真实报》、《新闻报》	4月20日		高尔基作
亲爱的回音	译文		苏联《真实报》、《新闻报》			高尔基作
答复知识分子	译文		苏联《真实报》、《新闻报》	5月21、22日		高尔基作

篇(书)名	体裁	写作时间	出版地	出版时间	署名	备注
马克思的学说	翻译	5月作				《卡尔·马克思》(列宁著)中的部分
哲学的唯物论	翻译	5月作				《卡尔·马克思》(列宁著)中的部分
鬼门关以外的战争		5月30日作				
学阀万岁!		6月10日作				
罗马字的中国文还是肉麻字中国文?		7月24日作				
普通中国话的字眼的研究						
中国文学的古物陈列馆						
中国文和中国话的关系						
汉字和中国的语言						
新中国的文字革命						
画狗罢	书评	8月10日作	《北斗》月刊创刊号	9月	董龙	
哑巴文学		8月15日作				
猫样的温文		8月18日作	《文艺新闻》第32号	10月19日	V.T.	
屠夫文学			《文学导报》第1卷第3期	8月20日	史铁儿	根据"档案版"添加。编入《乱弹时》改题为《狗样的英雄》
致鲁迅、冯雪峰	书信	8、9月间				
乱弹(代序)		9月7日作	《北斗》月刊第1卷第2期	10月20日	史铁儿	

续表

篇（书）名	体　裁	写作时间	出版地	出版时间	署名	备　注
世纪末的悲哀		9 月 10 日作				
吉诃德的时代		9 月 8 日作				
一种云		9 月 3 日作				
菲洲鬼话		9 月 9 日作				
苦力的翻译		9 月 3 日作				
苏维埃的文化革命		秋				
青年的九月		9 月作	《文学导报》第 4 期	9 月 13 日	史铁儿	根据"档案版"添加
东洋人出兵（乱来腔）	通俗作品	9 月下旬作	《文学导报》第 1 卷 第 5 期	9 月 28 日	史铁儿	
大众文艺和反对帝国主义的斗争	论文	9、10 月作	《文学导报》第 5 期	9 月 28 日	史铁儿	
普洛大众文艺的现实问题	论文	10 月 25 日作	《文学》		史铁儿	
铁流·序	翻译	10 月作				应鲁迅邀请，为曹靖华译《铁流》赶译序言。
苏维埃的文化革命	文件	10 月作				为中共中央文化工作委员会起草
中国到哪里去				10 月	秋白	另一版本说出版时间为 2 月 1 日、3 月 1 日《布尔什维克》第 2 卷第 4、5 期署名为向友
陈独秀的"康庄大道"		10 月 21 日作	《红旗周报》第 22 期	10 月 30 日	史铁儿	根据"档案版"添加
中国无产阶级革命文学的新任务	决议	11 月作				11 月指导"左联"起草

续表

篇（书）名	体　裁	写作时间	出版地	出版时间	署名	备　注
托洛斯基派和国民党		《布尔塞维克》第 4 卷第 6 期		11 月 10 日	秋白	
中国人权派的真面目		《布尔塞维克》第 4 卷第 6 期		11 月 10 日	秋白	
巴黎会议和瓜分中国的阴谋——进攻苏联的积极步骤		11 月 24 日作	《红旗周报》第 25 期	12 月 2 日	范亢	根据"档案版"添加
美国的真正悲剧		11 月 25 日	《北斗》月刊第 1 卷第 4 期	12 月	陈笑峰	
恭请列国联军！		12 月 1 日	《中国与世界》第 2 期	12 月 12 日	樊梓生	
五年前是"到黄浦江去"——现在到哪里去？		12 月 8 日	《中国与世界》第 3 期	12 月 19 日	樊梓生	
《铁流》在巴黎		12 月 17 日作	《十字街头》第 2 期	12 月 25 日	Smakin	
满洲的《毁灭》		12 月 17 日作	《十字街头》第 3 期	1932 年 1 月 5 日	Smakin	
写信给鲁迅		12 月 5 日作	《十字街头》第 1 期	12 月 11 日	J.K	信中说："我们是这样亲密的人，没有见面的时候就这样亲密的人。"12 月 28 日鲁迅给瞿秋白回信，就翻译问题进行讨论，以"敬爱的同志"相称。
国民党的两个四全大会——反革命的大竞赛			《红旗周报》第 27 期	12 月 2 日	范亢	

续表

篇（书）名	体　裁	写作时间	出版地	出版时间	署名	备　注
注意巴黎会议的结果——瓜分中国和进攻苏联的急进步骤		12 月 12 日作	《红旗周报》第 27 期	12 月 17 日	范亢	根据"档案版"添加
南京新政府的下马威		12 月 16 日作	《红旗周报》第 27 期	12 月 17 日	范亢	根据"档案版"添加
流氓政策和立宪政策		12 月 26 日	《中国与世界》第 4 期	12 月 26 日	梓生	
新中国文字草案		12 月 28 日作				据《中国拉丁化的字母》修订而成
国民会议上蒋介石说些什么？			《布尔塞维克》第 4 卷第 3 期	5 月 10 日	秋白	根据"档案版"添加
文件处置办法						本年受周恩来委托，为中共中央机关制定。
写信						向共产国际执行委员会和中共中央写信，声明自己承担三中全会的责任。
写声明书						瞿秋白再次向中央政治局写声明书，接受一切指责。
中国拉丁化字母						中国新文字第一次代表大会在海参崴召开。大会以瞿秋白在莫斯科写的《中国拉丁化字母》为基础进行讨论。

续表

篇(书)名	体裁	写作时间	出版地	出版时间	署名	备注
斯大林和文学		12月6日作				未在报刊上发表过
新土地(残稿)	翻译					葛拉特柯夫作
种地的乡下人怎么样过活呢?		约在1931年				
农民要的是什么?苏维埃是什么?红军是什么?		约在1931年				
组织女工代表会的根本原则		约在1931年				
中国无产阶级要做什么?		约在1931年				
反对国民党的鬼法律		约在1931年				
工农兵回忆的劳动法		约在1931年				
谁要国民会议!		约在1931年				
工农兵会议大革命!		约在1931年				
全世界工人联合起来		约在1931年				
苏联是工人的祖国		约在1931年				

1932年　33岁

篇(书)名	体裁	写作时间	出版地	出版时间	署名	备注
三民主义的清算		1月2日	《中国与世界》第5期	1月2日	樊梓	
有国大家卖		1月15日	《中国与世界》第6期	1月15日	樊梓	
当前的重要问题		1月18日	《中国与世界》第8期	1月	樊梓	
论弗理契		1月9日	《文学月报》第3期	9月15日	宋阳	

篇（书）名	体　裁	写作时间	出版地	出版时间	署名	备　注
水陆道场	论文	1月16日作	《北斗》月刊第2卷第1期	1月	司马今	
国民党各派的一致和矛盾		1月17日作	《斗争》第1期	1月21日	范亢	根据"档案版"添加。文集7》（理论）署名为狄康
苏联文学的新阶段	论文	1月16日作				
太平洋战争中的上海问题		2月10日	《中国与世界》第10期	2月26日	樊梓	
财神还是反财神	杂文	1月作	《北斗》月刊第2、3月刊	7月	司马今	
谈谈工厂小报和群众报纸		3月1日作	《红旗周报》第31期	3月11日	范亢	根据"档案版"添加
从马占山到蔡廷锴			《红旗周报》第31期	3月11日	范亢	根据"档案版"添加
大众文艺的问题	论文	3月5日作	《文学月报》第1期	6月	宋阳	"档案版"上没有
国民党出卖上海的无耻勾当		3月6日作	《红旗周报》第32期	3月18日	范亢	根据"档案版"添加
国民党还配谈领导权吗?		3月12日作	《红旗周报》第33期	3月25日	范亢	根据"档案版"添加
工人阶级和上海和平会议		3月26日作	《红旗周报》第35期	4月8日	范亢	根据"档案版"添加
谈谈《三人行》		3月10日作	《现代》月刊第1期	5月1日	易嘉	

篇(书)名	体裁	写作时间	出版地	出版时间	署名	备注
国难会议和民宪协进会的丑态——地主买办军阀资产阶级进攻工农的两种策略		4月9日作	《红旗周报》第37、38期	4月25日	范亢	根据"档案版"添加
日本对苏联的不断挑衅		4月18日作	《斗争》第10期	4月20日	范亢	根据"档案版"添加
革命的浪漫谛克		4月22日作	华汉小说《地泉》卷首			
上海战争和战争文学	论文	4月25日作	为左联出版的小册子《文学》所作		同人	《文集3》(文)为3月作,4月出版
《申报》的武断宣传			《红旗周报》第39期	5月2日	范亢	
"我们"是谁?	论文	5月4日作				
欧化文艺		5月5日作				
冷淡	译文	5月6日作				
关于真实的教育	译文	5月6日				
书报评论:中国大革命史应当这样写的么?——对于华岗的《中国大革命史》的批评		5月8日作	《布尔塞维克》第5卷第1期	7月	范亢	根据"档案版"添加
新英雄			《北斗》月刊第2卷第2期	5月20日	司马今	
中国的经济和阶级关系——对于方亦如的批评		5月21日	《布尔什维克》第5卷第1期	7月	何史文	
孙倬章先生的土地问题		5月30日			A.T.T.	
唯物辩证法的合法主义化		5月31日			A.T.T.	

篇(书)名	体　裁	写作时间	出版地	出版时间	署名	备　注
"自由人"的文化运动	论文	5月18日作	《文艺新闻》第56号	5月23日		
写长信给鲁迅	信	6月10日作				谈中国文学史的整理问题
再论翻译——答鲁迅	信	6月20日作	《文学月报》第1卷第2期	7月10日		
再论大众文艺答止敬		7月作	《文学月报》第3期	9月	宋阳	
文艺的自由和文学家的不自由		7月作	《现代》第1卷第6期	10月	易嘉	
并非浪费的论争		11月10作	《现代》第2卷第3期	1933年1月1日	洛阳	系瞿秋白与冯雪峰商量后代冯执笔,署名为冯雪峰的笔名
赠鲁迅诗文书法作品	旧诗	12月7日作				录旧诗"雪意凄其心惘然,江南旧梦已如烟。天寒沽酒长安市,犹折梅花伴醉眠"赠鲁迅。
高尔基论文选集	翻译	12月7日作				
高尔基创作选集	翻译	12月作				
现实——马克思主义文艺论文集	编译	本年				
暴风雨之前	杂文			1月20日		
上海打仗景致			《白话小报》第1期	3月14日	易阵风	根据"档案版"添加
中国的假革命党和中俄复交问题			《红旗周报》第34期	4月1日	范亢	根据《篇名索引》添加

篇（书）名	体　裁	写作时间	出版地	出版时间	署名	备　注
			《红旗周报》	5 月 15 日		根据"档案版"添加
五四和新的文化革命	论文	5 月作	《北斗》第 2 卷第 2 期	5 月 20 日	易嘉	
马克思和昂格思	随笔	6 月 1 日	《中学生》第 25 期	6 月 1 日	范易嘉	
列宁	随笔	6 月 1 日	《中学生》第 25 期	6 月 1 日	范易嘉	
托洛茨基		6 月 1 日	《中学生》第 25 期	6 月 1 日	范易嘉	
《骷髅杂记》 1. 序 2. "Apoliticism"——非政治主义 3. 美国的"同路人" 4. "爱光明" 5. "向光明"		11 月作				生前未发表过
写信给鲁迅				12 月 28 日		
书七绝诗一首给鲁迅				12 月 28 日		
读《自由谈》有感	诗		《上海周报》第 2 卷第 8 期	1940 年 8 月 3 日		书赠鲁迅的手迹
文艺理论家的普列哈诺夫		12 月 15 日作				
新古董		本年作				未发表过
当前的问题		本年作				未发表过

1933 年　34 岁

篇（书）名	体　裁	写作时间	出版地	出版时间	署名	备　注
帮助团赶上党超过党			《列宁生活》第 18 期	2 月 5 日	铁儿	
我们帮助了团些什么			《列宁生活》第 21 期	2 月 25 日	铁儿	

续表

篇（书）名	体　裁	写作时间	出版地	出版时间	署名	备　注
肖伯纳在上海		2月17日作				和鲁迅合作，鲁迅作序，瞿秋白写卷头语。
一天的工作				3月	文尹	绥拉菲摩维作
岔道夫				3月	文尹	绥拉菲摩维作
王道诗话	杂文	3月5日作	《申报·自由谈》	3月6日	干	用鲁迅的笔名发表
申冤	杂文	3月7日作	《申报·自由谈》	3月9日	干	用鲁迅的笔名发表
曲的解放	杂文	3月9日作	《申报·自由谈》	3月12日	何家干	用鲁迅的笔名发表
《子夜》和国货年	书评	3月10日作	《申报·自由谈》	4月2、3日	乐雯	用鲁迅的笔名发表
迎头经	杂文	3月14日作	《申报·自由谈》	3月19日	何家干	用鲁迅的笔名发表
马克思主义和中国革命		3月14日				未发表过
出卖灵魂的秘诀	杂文	3月22日作	《申报·自由谈》	3月16日	何家干	用鲁迅的笔名发表
最艺术的国家	杂文	3月30日作	《申报·自由谈》	4月2日	何家干	用鲁迅的笔名发表
马克思恩格斯和文学上的现实主义	论文	4月1日作	《现代》	4月1日	静华	《篇名索引》没有
在国立沈泽民苏维埃大学开学典礼上的讲话			《红色中华》第170期	4月3日		
关于女人	杂文	4月11日作	《申报》月刊第2卷第6号	6月15日	洛文	用鲁迅的笔名发表
鲁迅杂感选集	编著	春天				
《鲁迅杂感选集》序言	序文	4月8日			何凝	
大观园的人才	杂文	4月24日作	《申报·自由谈》	4月26日	干	用鲁迅笔名发表

续表

篇（书）名	体　裁	写作时间	出版地	出版时间	署名	备　注
国民党棉麦大借款的目的			《斗争》第45、46期合刊	6月20日	狄康	
临死的呼号		7月20日	《斗争》第48期	7月20日	康	
"自动的"卖国			《斗争》第48期	7月20日	康	
庐山会议的大阴谋			《斗争》第49期	7月30日	康	
又是一笔卖国账			《斗争》第49期	7月30日	康	
国民党的"理论斗争"			《斗争》第49期	7月30日	康	
帝国主义进攻苏联的新鲜把戏			《斗争》第49期	7月30日	康	
四川的军阀混战和上海废战同盟			《斗争》第49期	7月30日	康	
读《子夜》	书评	7月16日作	《中华日报》	8月13、14日	斯蒂尔	
从公债到外债	杂文	7月20日作	《斗争》第48期	7月20日	康	
这回不"自动"了！			《斗争》第51期	8月14日	康	
国民党的"仁爱"			《斗争》第51期	8月14日	康	
宁可送热河，不可失南昌			《斗争》第51期	8月14日	康	
狗抢骨头吃			《斗争》第51期	8月14日	康	
国际反帝大会——反对国民党的外债政策			《斗争》第52期	8月27日	康	
国民党的所谓统制经济			《斗争》第52期	8月27日	康	
最大的奸商——国民党政府！			《斗争》第52期	8月27日	康	
伯纳·萧的戏剧			《现代》第3卷第6期	10月1日	萧参	

篇(书)名	体　裁	写作时间	出版地	出版时间	署名	备　注
"儿时"	杂文	9月28日作	《申报·自由谈》	12月15日	子明	用鲁迅的笔名发表
关于高尔基的书	书评	11月作	《新语林》半月刊第2期	1934年7月	商廷发	
"非政治化"的高尔基	书评	11月作	《新语林》半月刊第2期	1934年7月	商廷发	
市侩颂	翻译	12月2日作	《海上述林》	1936年		高尔基的讽刺诗
茨冈(未完)	翻译	冬				普希金长诗
乱弹(编著)	杂文集	年末				
马克思文艺论底断篇后记	论文	本年				
列甫·托尔斯泰象一面俄国革命的镜子	翻译	本年				列宁的论文
В·С·托尔斯泰和他的时代	翻译	本年				
国民党最近大借款的目的			《斗争》45、46期	6月20日	狄康	根据"档案版"添加
瓜分混战之下的中国西部			《斗争》48期	7月20日	狄康	根据"档案版"添加
			《红旗周报》	8月31日		根据"档案版"添加
关于《红色中华》报的意见	随笔		《斗争》第49、50期	8月7日	狄康	"档案版"出版日期为7月31日
真假董吉诃德	杂文	4月11日	《申报》月刊第2卷第6号	6月15日	洛文	用鲁迅的笔名发表
内外	杂文	4月11日	《申报·自由谈》	4月17日	何家干	用鲁迅的笔名发表
透底	杂文	4月11日	《申报·自由谈》	4月19日	何家干	用鲁迅的笔名发表
中国文和中国人		10月25日	《申报·自由谈》	12月28日	余铭	

续表

篇(书)名	体　裁	写作时间	出版地	出版时间	署名	备　注
读庞龙的《地理》		1933 年 11 月 12 日	《文学季刊》第 1 卷第 1 期	1 月 1 日	商霆	
高尔基论文选集	书		生活书店		萧参	
择吉		本年作			陈逵	
“打倒帝国主义”的古典					陈逵	
鬼脸的辩护					陶吉	
慈善家的妈妈					狄康	
“美”						
1934 年　35 岁						
篇(书)名	**体　裁**	**写作时间**	**出版地**	**出版时间**	**署名**	**备　注**
二十六个和一个	翻译		《文学》第 2 卷第 3 号	3 月 1 日	陈节	高尔基作
解放了的董吉诃德	翻译		上海联华书店	4 月	易嘉	卢那察尔斯基戏剧
阶级斗争中的教育		5 月 20 日作	《斗争》第 62 期	6 月 2 日	瞿秋白	
节省每一粒谷子来帮助战争	短论		《红色中华》第 168 期	3 月 29 日	维嘉	
社论:努力开展我们的春耕运动!			《红色中华》	4 月 3 日	维嘉	据“档案版”添加
纪念“五一”与援助华北工人斗争			《红色中华》	4 月 12 日	维嘉	据“档案版”添加
中国能否抗日?			《红色中华》	6 月 23 日至 7 月 7 日	维嘉	“档案版”标明出版版处为《斗争》日期 10 月 4 日
1935 年　36 岁						
篇(书)名	**体　裁**	**写作时间**	**出版地**	**出版时间**	**署名**	**备　注**
供词		5 月 13 日作				

续表

篇（书）名	体　裁	写作时间	出版地	出版时间	署名	备　注
多余的话	随笔	5月17—22日作	《社会新闻》	8、9月		
未成稿目录		5月22日作				
马尔华	翻译		《世界文库》第5册	9月	陈节	高尔基作
致郭沫若	书信	5月28日				
狱中题照		5月于福建汀州监狱赠给陈炎冰照片上的题词				
《无题》（斩断尘缘尽六根）	集句旧体诗词	1935年初夏录呈国民党少校军医陈炎冰，用章"息为"。				1935年6月录呈《福建民报》记者李克长，用章"息为"。
《浣溪沙》（廿载浮沉万事空）						
《卜算子》（寂寞此人间）						
《梦回》（山城细雨作春寒）						
《忆内　集唐人句》（夜思千重恋旧游）						
《无题》（百年心事向黄昏）		仅《瞿秋白批判集》收录				
《偶成　集唐人句》（夕阳明灭乱山中）		1935年6月18日临刑前录出				
《致杨之华》	信	不明，信件散佚				
《瞿秋白访问记》	访问记	1935年6月4日上午8时，记者：李克长	刊1935年7月3—6日的《福建民报》《上海时事新报》，又刊《国闻周报》1935年第12卷第26期			

瞿秋白就义后的著译刊载情况（1935年6月之后）

篇（书）名	体　裁	写作时间	出版地	出版时间	备　注
没工夫唾骂	翻译		《海上述林》	1936年	
克里摩·萨摩京的生活	翻译		《海上述林》下卷	1936年	

续表

第十三篇关于列尔孟托夫			《译文》第2卷第7期	1935 年 9 月		
瞿秋白致郭沫若的一封遗书			《T.Y.杂志半月刊》	1940 年第 3 期		
江北人拆姘头			《街头集》	1940 年 1 月 1 日		
英雄巧计献上海			《街头集》	1940 年 1 月 1 日		
上海打仗景致			《文艺学习》第1卷第6期	1950 年 7 月 1 日		
题远东第一伟人铜像			《人民日报》	1981 年 5 月 15 日		
茨冈	译		《诗刊》	1980 年第 3 期		（俄）普希金 1937 年武汉时调社版的《五月》收入
北伐的革命战争之意义			《近代史研究》	1982 年第 3 期		
现代中国所当有的"上海大学"			《社会》	1983 年第 3 期		
一笔糊涂账			《鲁迅研究月刊》	1985 年第 6 期		
一笔糊涂账			《当代文坛》	1985 年第 9 期		
一种云			《中学语文》	1985 年第 11 期		
篇（书）名	**体　裁**	**写作时间**	**出版地**	**出版时间**		**备　注**
东方文化与世界革命（摘录）			《人民论坛》	1995 年第 1 期		
浣溪沙			《英语知识》	1997 年第 6 期		

普希金			《俄罗斯文艺》	1999 年第 2 期		
暴风雨之前			《沿海环境》	2000 年第 6 期		
赤潮曲			《诗刊》	2001 年第 6 期		
那个城			《中学语文》	2002 年第 2 期		
那个城			《中学语文》	2002 年第 2 期		
海燕(瞿秋白译)			《散文诗》	2005 年第 13 期		（俄）高尔基
吉诃德的时代			《杂文选刊》（上旬版）	2009 年第 1 期		

参 考 文 献

一、外文文献

（一）专著

（苏联）施奈德（M.E.Shneider）:《瞿秋白的创作道路（1899—1935）》,Moscow：Lzdtel,stvo Nauka,1964．

（美）夏济安（T. A. Hsia）: *The Gate Of Darkness*, University of Washington Press /Seattle and London,1968.

（美）Pickowicz, Paul.:"Marxist literary thought and China：a conceptual framework",Berkeley, Calif.:*Center for Chinese Studies*,*Institute of East Asian Studies*,Universityof California,1980.

（美）Raymond F. Wylie：*The Emergence of Maoism：Mao Tse-tung, Ch'en Po-ta, and the Search for Chinese Theory*(1935–1945),Stanford University Press,Stanford California,1980.

（美）Paul G. Pickowicz.：*Marxist literary thought in China ：the influence of Ch'ü Ch'iu-pai*, Berkeley ：University of California Press, c1981.

（美）Hung, Chang-tai：*War and Popular Culture：Resistance in Modern China*,1937—1945, Publication：Berkeley University of California Press,1994.

（美）Nick Kight：*Marxist Philosophy in China：From Qu Qiubai to Mao Zedong*,1923—1945,Published by Springer Netherlands,2005.

Modern Chinese Literature in the May Fourth Era,Edited by Merle Goldman, Harvard University Press,1977.

（二）博士论文

Intellectuals and Masses ：the Case of Qu Qiubai,by Chi- Kenug Knug,Ph.D.,University of Wisconsin-Madison,1995.Ph.D Adviser：Meisner, Maurice.

The self in dialogue：Refiguring the subject in Chinese modernity,by Liu, Xinmin,Ph.D.,

244

Yale University,1997. Ph.D Adviser:Holquist, Michael.

（三） 期刊论文

（美）保罗·皮科威兹（Paul G. Pickowicz）: *Lu Xun Through the Eyes of Qu Qiu-bai*: *New Perspectives on Chinese Marxist Literary Polemics of the 1930s*, MODERN CHINA, Vol,2 No.3,July1976.

（美）保罗·皮科威兹（Paul G. Pickowicz）: *Ch'u chiiu-pa and the Chinese Marxist Conception of Revolutionary Popular Literature and Art*, The China Quarterly, No.70 (Jun., 1977).

二、中文文献

（一） 译著

（俄）高尔基:《俄国文学史》,缪灵珠译,新文艺出版社 1956 年版。

（美）夏志清:《中国现代小说史》,刘绍铭等译,台湾传记文学出版社 1979 年版。

（美）埃德加·斯诺（Edgar Snow）:《西行漫记》,董乐山译,三联书店 1979 年版。

（日）青木正儿:《中国文学思想史》,孟庆文译,春风文艺出版社 1985 年版。

（美）林毓生（Lin,Yusheng）:《中国意识的危机——"五四"时期激烈的反传统主义,穆善培译,贵州人民出版社 1986 年版。

（英）戴维·莱恩:《马克思主义的艺术理论》,艾晓明等译,湖南人民出版社 1987 年版。

（荷兰）佛克马（Douwe Fokkema）、易布思（Elrud Ibsch）:《二十世纪文学理论》,林书武等译,三联书店 1988 年版。

（英）克莱尔·霍林沃思:《毛泽东和他的分歧者》,高湘泽等译,河南人民出版社 1989 年版。

（美）莫里斯·迈斯纳（Mamtee Meisized）:《李大钊与中国马克思主义的起源》,中共党史资料出版社 1989 年版。

（美）保罗·皮科威兹:《书生政治家——瞿秋白曲折的一生》,谭一青、季国平译,中国卓越出版公司 1990 年版。

（俄）托洛茨基:《文学与革命》,刘文飞、王景生、季耶、张捷译,外国文学出版社 1992 年版。

（美）洪长泰（Chang-tai Hung.）:《到民间去:1918—1937 年的中国知识分子与民间文学运动》,董晓萍译,上海文艺出版社 1993 年版。

（苏联）斯·舍舒科夫:《苏联二十年代文学斗争史实》,冯玉律译,上海译文出版社 1994 年版。

（俄）费德林等:《前苏联学者论中国现代文学》,宋绍香译,新华出版社 1994 年版。

（美）曼瑟·奥尔森（Mancur Olson）:《集体行动的逻辑》,陈郁等译,上海三联书店、上海人民出版社 1995 年版。

（斯洛伐克）玛利安·高利克（Marian Galik）:《中国现代文学批评发生史（1917—1930）》,陈圣生等译,社会科学文献出版社 1997 年版。

（美）周策纵（Chow, Tse-tsung）:《五四运动:现代中国的思想革命》,周子平等译,江苏人民出版社 1999 年版。

（美）马克·斯洛宁（Marc Slonim）:《现代俄国文学史》,汤新楣译,人民文学出版社 2001 年版。

（美）安敏成（Marson Anderson）:《现实主义的限制——革命时代的中国小说》,姜涛译,江苏人民出版社 2001 年版。

（澳）费约翰（John Fitzgerald）:《唤醒中国:国民革命中的政治、文化与阶级》,李霞等译,三联书店 2004 年版。

《"拉普"资料汇编》（上）:张秋华编选,中国社会科学出版社 1981 年版。

《列宁论文学与艺术》:人民文学出版社 1983 年版。

《无产阶级文化派资料选编》:白嗣宏编选,中国社会科学出版社 1983 年版。

（美）费正清主编:《剑桥中华民国史》,章建刚等译,上海人民出版社 1991—1992 年版。

（美）罗德里克·麦克法夸尔、费正清主编:《剑桥中华人民共和国史（1966—1982）》,章建刚等译,上海人民出版社 1992 年版。

（二） 瞿秋白相关的文献

瞿秋白:《瞿秋白文集》（文学编·6 卷）,人民文学出版社 1998 年版。

瞿秋白:《瞿秋白文集》（政治理论编 8 卷）,人民出版社 1987—1998 年版。

周永祥:《瞿秋白年谱新编》,学林出版社 1992 年版。

姚守中、耿易、马光人编著:《瞿秋白年谱长编》,江苏人民出版社 1993 年版。

丁言模、刘小忠:《瞿秋白年谱详编》,中央文献出版社 2008 年版。

周红兴:《秋白诗歌浅释》,广西人民出版社 1981 年版。

王铁仙:《瞿秋白论稿》,华东师范大学出版社 1984 年版。

杨之华:《回忆秋白》,洪久成整理,人民出版社 1984 年版。

丁守和:《瞿秋白思想研究》,四川人民出版社 1985 年版。

冒炘:《瞿秋白研究》,中国矿业大学出版社 1989 年版。

韩斌生:《瞿秋白与中国现代文化》,江苏人民出版社 1989 年版。

邓中好:《瞿秋白哲学研究》,中国文史出版社 1992 年版。

刘福勤:《从天香楼到罗汉岭:瞿秋白综论》,广西师范大学出版社 1995 年版。

唐宝林、陈铁健:《陈独秀与瞿秋白》,中国青年出版社 1997 年版。

季甄馥:《瞿秋白哲学思想评析》,华东师范大学出版社 1998 年版。

许京生:《瞿秋白与鲁迅》,华文出版社 1999 年版。

刘小中:《瞿秋白与中国现代文学运动》,南京大学出版社 2002 年版。

吴之光:《瞿秋白家世》,中央文献出版社 2003 年版。

孙克悠:《瞿秋白平反工作纪实》(内部资料),中国方正出版社 2005 年版。

丁景唐、文操编:《瞿秋白著译系年目录》,上海人民出版社 1959 年版。

《瞿秋白百年纪念:全国瞿秋白生平和思想研讨会文集》,中央文献出版社 1999 年版。

孙淑、汤淑敏主编:《瞿秋白与他的同时代人》,南京大学出版社 1999 年版。

汤淑敏、蒋兆年、叶楠主编:《瞿秋白研究新探》,南京大学出版社 2003 年版。

刘林元等:《瞿秋白对毛泽东思想形成的重要贡献》,中央文献出版社 2005 年版。

萧三、杜静、康生:《瞿秋白、刘华传》,国际图书出版公司 1940 年版。

司马璐:《瞿秋白传》,香港自联出版社 1962 年版。

姜新立:《瞿秋白的悲剧》,台湾幼狮文化事业公司 1982 年版。

王士菁:《瞿秋白传》,四川人民出版社 1985 年版。

王观泉:《一个人和一个时代:瞿秋白传》,天津人民出版社 1991 年版。

陈铁健:《从书生到领袖——瞿秋白》,上海人民出版社 1995 年版。

王铁仙:《瞿秋白文学评传》,百花文艺出版社 1987 年版。

王铁仙主编:《瞿秋白传》,人民出版社 2011 年版。

中国常州瞿秋白纪念馆编:《瞿秋白研究》(1—18),1989—2014 年。

江苏省瞿秋白研究会主办:《瞿秋白研究论丛》,2000—2014 年。

胡明:《瞿秋白的文学世界:马克思主义文艺的理论与实践》,中国社会科学出版社 2013 年版。

（三）其他文献

李何林等:《中国新文学史研究》,新建设杂志社 1951 年版。

蔡仪:《中国新文学史讲话》,新文艺出版社 1952 年版。

丁易:《中国现代文学史略》,作家出版社 1955 年版。

许广平:《鲁迅回忆录》,作家出版社 1961 年 5 版。

鲁迅:《鲁迅全集》(十八卷本),人民文学出版社 2005 年版。

冯雪峰:《回忆鲁迅》,人民文学出版社 1981 年版。

王瑶:《中国新文学史稿》,上海文艺出版社 1982 年版。

萧公权等:《近代中国思想人物论——社会主义》,台北时报出版公司 1985 年版。

杨云若、杨奎松:《共产国际和中国革命》,上海人民出版社 1988 年版。

王宏志:《思想激流下的中国命运——鲁迅与左联》,台北风云时代出版公司

1991 年版。

张起厚:《中共地下党时期报刊调查研究》,台湾永业出版社 1991 年版。

艾晓明:《中国左翼文学思潮探源》,湖南文艺出版社 1991 年版。

张大明:《不灭的火种——左翼文学论》,四川文艺出版社 1992 年版。

朱辉军:《西风东渐——马克思主义文艺理论在中国》,燕山出版社 1994 年版。

程正民:《二十世纪俄苏文论》,百花文艺出版社 1994 年版。

旷新年:《1928:革命文学》,山东教育出版社 1998 年版。

陈永发:《中国共产革命七十年》,台北联经出版事业股份有限公司 1998 年版。

《马克思主义美学思想史》(四册):王善忠主编,中央编译出版社 1999 年版。

刘炎生:《中国现代文学论争史》,广东人民出版社 1999 年版。

杜书瀛、钱竞主编:《中国 20 世纪文艺学学术史》,上海文艺出版社 2001 年版。

王宏志:《鲁迅与"左联"》,新星出版社 2006 年版。

陈福康、丁言模:《杨之华评传》,上海社会科学院出版社 2005 年版。

张小红:《左联与中国共产党》,上海人民出版社 2006 年版。

姚辛:《左联史》,光明日报出版社 2006 年版。

郭国昌:《二十世纪中国文学的大众化之争》,百花洲文艺出版社 2006 年版。

刘永明:《左翼文艺运动与中国马克思主义文艺理论的早期建设》,中国文联出版社 2007 年版。

曹清华:《中国左翼文学史稿(1921—1936)》,中国社会科学出版社 2008 年版。

张大明:《中国左翼文学编年史》,社会科学文献出版社 2013 年版。

(四) 编著

苏汶编:《文艺自由论辨集》,现代书局 1933 年版。

《五四以来汉语书面语言的变迁和发展》,商务印书馆 1959 年版。

马良春、张大明编:《三十年代左翼文艺资料选编》,四川人民出版社 1980 年版。

《左联回忆录》编辑组编:《左联回忆录》,中国社会科学出版社 1982 年版。

《江西苏区文学史》,江西人民出版社 1984 年版。

吉明学等编:《三十年代"文艺自由"论辩资料》,上海文艺出版社 1990 年版。

李衍柱主编:《马克思主义文艺理论在中国》,山东文艺出版社 1990 年版。

《中央苏区革命文化史料汇编》,江西人民出版社 1994 年版。

李文海编:《民国时期社会调查丛编》,福建教育出版社 2004 年版。

《中国共产党早期刊物汇编》,全国图书馆文献缩微复制中心 2005 年版。

《抗日战争期刊汇编》,全国图书馆文献缩微复制中心 2006 年版。

《中国左翼文学国际学术研讨会论文集》,汕头大学出版社 2006 年版。

后　记

这部书稿源起于我的教育部项目,也和我博士后期间的工作有关,当然也是博士论文的衍生扩展的结果。至于为何要加上"1917—1942"的时限,主要是考虑瞿秋白与中国左翼文艺思想的交集而言的。众所周知,在公开发布被视为延安新文学传统开端的《在延安文艺座谈会上的讲话》讲稿之前,毛泽东曾潜心研读瞿秋白文艺论著集大成之作——《海上述林》。

瞿秋白的文学研究,尤其是瞿秋白与中国现代文学思想史的关联,有许多可堪发掘、观照的面相。由于革命事业的艰苦卓绝,瞿秋白的生命历程可谓短暂。但由于他才华早发,又非常刻苦,同时对于时代还有着令人肃然起敬的多方面的担当,这令瞿秋白的生命变得前所未有的浓缩与丰富。这是生活在所谓太平盛世的许多人无法通透理解的。本书的有些思考也就难免有皮毛之憾,徒然贻笑大方了。

为了弥补自己的愚钝,本书做了两项工作:一是做了"瞿秋白文学著译编年",二是整理了"近六年来关于瞿秋白的文学研究主要论著、论文目录概览(2009—2014)"。前者之必要性毫无疑义;后者之所以整理"近六年"。是因为在我的博士论文里已经整理过此前的部分了。近年来心性不定,人在异乡尤其是杂务繁多,很遗憾,上述两项工作都做得不好,反而有徒增烦恼之嫌。于是听从责编的意见,干脆把第二项附录省略了事。

承蒙人民出版社洪琼先生的关注,感念郑州大学文学院提供的出版资助,还有我的研究生许嫩红、申亚楠、张展、袁倩等都做了一些文稿校订工作。尤其要感谢徐正英先生和程光炜先生,其对后学晚辈的不吝扶助和教诲,令人动容。

拙著最终得以成书,衷心感谢上述诸多因缘。

傅　修　海

2015 年 7 月 15 日

责任编辑:洪　琼
版式设计:顾杰珍

图书在版编目(CIP)数据

瞿秋白与左翼文学的中国化进程/傅修海 著. -北京:人民出版社,2015.9
ISBN 978－7－01－015084－0

Ⅰ.①瞿…　Ⅱ.①傅…　Ⅲ.①瞿秋白(1899~1935)-人物研究
　②左翼文化运动-文学研究　Ⅳ.①K827＝6

中国版本图书馆 CIP 数据核字(2015)第 169353 号

瞿秋白与左翼文学的中国化进程
QUQIUBAI YU ZUOYI WENXUE DE ZHONGGUOHUA JINCHENG

傅修海　著

人民出版社 出版发行
(100706　北京市东城区隆福寺街 99 号)

北京龙之冉印务有限公司印刷　新华书店经销

2015 年 9 月第 1 版　2015 年 9 月北京第 1 次印刷
开本:710 毫米×1000 毫米 1/16　印张:16.25
字数:260 千字　印数:0,001-1,500 册

ISBN 978－7－01－015084－0　定价:49.00 元

邮购地址 100706　北京市东城区隆福寺街 99 号
人民东方图书销售中心　电话 (010)65250042　65289539